REINHARD MOHR

Das Deutschlandgefühl

Eine Heimatkunde

ROWOHLT

1. Auflage September 2005
Copyright © 2005 by Rowohlt Verlag GmbH,
Reinbek bei Hamburg
Alle Rechte vorbehalten
Lektorat Frank Strickstrock
Dokumentation Bernd Musa
Satz Life PostScript, InDesign, bei Pinkuin
Satz und Datentechnik, Berlin
Druck und Bindearbeiten Clausen & Bosse, Leck
Printed in Germany
ISBN 3 498 04501 6

Inhalt

Vorwort

Auch dieses Buch wird Deutschland nicht retten. Das ist die schlechte Nachricht. Die gute: Deutschland muss auch gar nicht gerettet werden. Es wird sich schon selber helfen. Deshalb braucht es auch keine weiteren Variationen der martialischen, aber folgenlosen Kopf-hoch- und Hauruck-Prosa, ebenso wenig die Prophetien des nationalen Niedergangs, die nicht aufrütteln und verändern, sondern lähmen und abstumpfen. Wer genau hinschaut, erkennt sowieso unzählige Schattierungen und einen großen Zwiespalt: Während die einen über Stillstand klagen, wird den anderen schon ganz schwindlig von all den rasenden Veränderungen.

Das vorliegende Buch ist weder eine weitere Beschreibung des Abgrunds, vor dem wir angeblich stehen, noch ein flammender Aufruf zu Einkehr und Umkehr. Es versucht vielmehr, einen möglichst genauen Blick auf das eigene Land zu werfen, das vielen inzwischen merkwürdig fremd erscheint. Manchmal wird dazu die Lupe zur Hand genommen, manchmal das Fernglas. Ironische Distanz hilft, wenn man Deutschland aus der Nähe betrachten will – sechzig Jahre nach Kriegsende und fünfzehn Jahre nach der Wiedervereinigung.

Eine angemessene, also realistische Selbstwahrnehmung ist der erste Schritt zur Besserung, sagt man. Da ist was dran.

Das Land, das viele BRD nannten und nun für die meisten wieder Deutschland heißt – manche nennen es auch die «Berliner Republik» –, gehört zu den privilegiertesten, schönsten, wohlhabendsten und, ja, glücklichsten Flecken dieser Erde. Es bietet vielfältige Landschaften, Hunderte hervorragender Biersorten, jede Menge sauberes Wasser und ein fruchtbares Klima; die politischen und sozialen Freiheiten sind einzigartig in der Geschichte der Menschheit, die Zahl von Opern, Theatern und Literaturcafés ist Legende, und selbst das Wetter nähert sich, zumindest im Sommer, den arkadischen Zuständen rund ums Mittelmeer an. Was die wirtschaftliche Stärke dieses Landes betrifft, mag ein harmloser Vergleich genügen: Im Jahr 2003 war das Bruttosozialprodukt des wirtschaftlich aufstrebenden EU-Mitgliedslandes Polen etwa so groß wie das von Hessen.

Und doch äußert sich die Selbstwahrnehmung dieses wunderlichen Landes, seine Identität, vor allem in einem endemischen Jammern und Klagen. Ob «Presseclub» oder «Sabine Christiansen», ob im Bundestag oder an den Stammtischen – Deutschland scheint in ewiger Krise, in andauerndem Unglück gefangen, zum Niedergang verdammt, moralisch niedergehalten, emotional gehemmt, unfähig, sich selbst zu retten. «Reformstau» ist überall. Das Miserere ist Staatsreligion, «Hartz IV» das Menetekel dieser Tage.

Selbst zum Spargelstechen ist der Deutsche kaum noch zu gebrauchen und deshalb auf den wieselflinken, kerngesunden, rückenstarken und auch noch preiswerten «Spargel-Polen» angewiesen. Nahezu kein Faktum, das nicht zum Großen Gesang der Malaise herangezogen würde: die niedrige Geburtenrate ebenso wie das Abschmelzen der Polkappen, genmanipulierter Mais wie das schlechte Fernsehprogramm, Gewalt an den Schulen genauso wie die ungewöhnliche Sommerhitze oder der Dauerregen und die galoppierenden Gesundheitskosten.

Im Sommer 2005 hat man sich immerhin auf einen Schuldigen geeinigt: Rot-Grün, die SPD und Bundeskanzler Gerhard

Schröder. Nun soll es Angela Merkel richten. Als erste deutsche Bundeskanzlerin. Ihre Lösung markiert eine Zäsur des Zeitgeists. «Deutschland dienen!» Ob das die Klagegeister beeindrucken wird?

Denn selbst eine Rückschau auf die vermeintlich besseren neunziger (wahlweise: achtziger oder siebziger) Jahre zeigt: Auch das waren schlimme Jahre des qualvollen Wiederzusammenwachsens nach dem Mauerfall, Stasi, Treuhand und Reformstillstand, Dünnsäure in der Nordsee, Giftschlamm und verseuchte Lebkuchen, Tschernobyl und Pershing II.

Kurz: In dieser Sicht wird alles nur immer schlimmer, egal ob man in die Zukunft oder in die Vergangenheit schaut.

Doch da kommt ein Verdacht auf: Hier kann etwas nicht stimmen. Schon der horizontale Vergleich im Weltmaßstab legt dies dringend nahe – aber auch der vertikale, zeithistorische Vergleich und der schlichte Menschenverstand.

Offensichtlich geht es hier weniger um nachprüfbare Fakten und Zustände, sondern um gefühlte Zustände, um Vorstellungen, (Selbst-)Bilder und diffuse Stimmungen, die von den Massenmedien samt ihrer Strategie der Erregung nur zu gern aufgegriffen und verstärkt werden.

In ganz anderer Zeit, im Herbst 1939, schrieb Sebastian Haffner über die «masochistische Selbstauslieferung» der Deutschen an «Hass, Leiden und schrankenlosen Pessimismus»: «Jeder Deutsche hat in bösen Stunden (seines Privatlebens – oder des nationalen Lebens) mit dieser Versuchung zu kämpfen: ganz und für immer aufzugeben, und sich und die Welt mit einer erschlafften Gleichgültigkeit, die an Bereitwilligkeit grenzt, dem Teufel anheim zu stellen; trotzig und böse moralischen Selbstmord zu begehen, …, die perverse Wollust der Selbstaufgabe, eine wagnerianische Todes- und Untergangsgeilheit.»

Eine Erklärung für diese Grundhaltung lieferte der 1999 verstorbene Publizist und Historiker gleich selbst: Nur eine Minderheit in Deutschland verstehe etwas vom Leben und wisse etwas mit ihm anzufangen – jenseits ideologischer, religiöser oder nationaler Exaltationen: «Wie man aus eigenem lebt, wie man ein kleines privates Leben groß, schön und lohnend machen kann, wie man es genießt und wo es interessant wird» – das hätten die meisten Deutschen nie gelernt.

Stimmt das noch? In diesem Buch geht es um so etwas wie das Deutschland-Gefühl im Wandel der Zeiten, vorwiegend seit 1945, um eine Perspektive auf das Leben, den Alltag und die Mentalitäten in diesem eigentümlichen Land. Und gegen jede Konvention soll erst einmal das zeitgenössische Deutschland gelobt werden: die sanft geschwungenen Kurven der Autobahn in Waldhessen, das deutsche Roggenbrot, die Wiedervereinigung und die bayerischen Voralpen, gerne auch die Mecklenburgische Seenplatte, das KaDeWe und Reichelt, die dritte Filterstufe der Klärwerke, die Renaissance des deutschen Weins und die überraschend gute Qualität des Berliner Trinkwassers.

Vielleicht ist sogar die deutsche Konsenskultur lobenswert, auch wenn sie Berufspolemikern zuweilen gegen den Strich geht und den Hauruck-Apologeten nur ein Hindernis auf dem Weg zum Durchmarsch ist: weil sie ein epochaler, kaum zu überschätzender zivilisatorischer Fortschritt ist, verglichen mit Stammesherrschaft und Ständegesellschaft, Absolutismus, Duodezfürstentum, Kaiserreich, Weimarer Republik, Nazi-Reich und DDR-Diktatur.

Nur eines stört immer wieder an diesem wunderbaren Deutschland: die Deutschen.

Die Deutschen und ihr ewiges Leiden an sich und der Welt, ihre Gratis-Friedensliebe und ihr schweres Schicksal mit Dosenpfand und Mautdesaster, aber auch ihr politisch korrekter

Selbsthass und ein diffus ängstlicher Katastrophismus als Ersatzidentität samt einer endemischen Medienhysterie. Manchmal macht sie all das aber auch schon wieder liebenswert.

Dieser feuilletonistische Essay ist deshalb zugleich eine Skizze des Zeitgeists zwischen historischem Ausnahmezustand und der Sehnsucht nach Normalität, zwischen Patriotismusdebatte, Dauerwahlkampf und multikulturellem Straßenfest – ein Versuch über die «Schwierigkeit, ein Inländer zu sein», wie Hans Magnus Enzensberger schon 1964 bemerkte.

Ein aktueller Zwischenbericht zur Lage der Nation. Eine kleine Heimatkunde.

Berlin, im Juli 2005

1. Kapitel

Wunderbares Deutschland.
Versuch einer Lobrede

Das Winzerdorf Sasbach am Kaiserstuhl im südlichen Baden, kurz vor der französischen Grenze, nicht weit vom elsässischen Colmar gelegen, ist ein kleines, unspektakuläres Paradies. Ein *locus amoenus*, ein anmutiger Ort, in dem schon die Luft weicher zu sein scheint als anderswo. Umgeben von Weinbergen und Obstplantagen, sanften Hügeln und grünen Wiesen leben die Menschen dort in einem südlichen Klima. Dass der Nachbarort Wyhl Anfang der siebziger Jahre zum Symbol der entstehenden Anti-Atomkraft-Bewegung wurde, weil inmitten der Wiesen und Weinberge ein großes Kernkraftwerk geplant war, würde ein unbefangener Betrachter niemals glauben.

So gut wie immer ist es hier fünf bis zehn Grad Celsius wärmer als in Hamburg oder Cuxhaven, die Sonne scheint deutlich öfter als in Kassel und Wernigerode. Das Klima ist bis weit in den Oktober hinein spätsommerlich, und immer noch findet jedes Jahr ein Fischerfest statt, auch wenn der alte Rheinarm nur noch eine Reminiszenz an die guten alten Zeiten vor der großen Flussregulierung ist, an damals, als die Rheinfischerei noch ein einträgliches Geschäft war. Wer beim köstlichen Weißburgunder Spätlese trocken der Sasbacher Winzergenossenschaft unter der ausladenden Kastanie des Gasthofs «Löwen» sitzt, während allenfalls ein im Abendlicht vom Acker zurückkehrender Traktor für Sekunden die milde Ruhe unterbricht, der könnte fast glauben, in einem anderen Land zu sein, ganz weit weg vom Sa-

bine-Christiansen-Merkel-Schröder-Westerwelle-am-Abgrund-
quo-vadis-Germania. Zugleich fühlt man sich, sofern deutscher
Abstammung, wie zu Hause.

Sasbach am Kaiserstuhl in Südbaden ist nur einer von zahlreichen Orten zwischen den bayerischen Alpen und der holstei-
nischen Ostseeküste, in denen selbst beim flüchtigen Besucher
das unabweisbare Gefühl aufkommt, sich auf einem extrem
privilegierten, ja geradezu glücklichen Fleckchen Erde zu befinden. Die schlichte Tatsache, dass diese Fleckchen Erde unbestreitbar zur Bundesrepublik Deutschland gehören, sorgt
allerdings auch bei aufgeweckten Zeitgenossen für eine tiefe
Irritation, wie sie nur hierzulande möglich ist: Kann das überhaupt sein? Ist das möglich? Hat das jemand erlaubt? Darf das
jemand wissen?

Kurz: Geht das: Deutsch, aber glücklich? Einfach so?

Fast alle bekannten Umfragen und Statistiken sprechen dagegen, ebenso Gefühl, Lebenserfahrung und vergleichende Völ-
kerkunde.

Erschwerend kommt hinzu, dass die Frage schon seit Jahrhunderten unerlöst im Raume steht. Metaphysisch, philosophisch
und psychologisch war sie bislang nicht zu klären. Die düster
lastende Schwere großer Begriffe wie Reich, Nation, Republik,
Kultur, Patriotismus und Identität trübt zuverlässig den Blick
auf die Wirklichkeit, und manchmal kommt der Verdacht auf,
dass genau dies der Zweck der endlosen deutschen Selbstbeschäftigung ist: Bloß nicht zugeben zu müssen, dass es sich hierzulande verdammt gut leben lässt – wenn man nur ehrlich wäre
und sich einen Rest an Realitätsbewusstsein und Weltwahrneh-
mung bewahrt hätte.

Anders gesagt: Ist überhaupt ein Zustand denkbar, in dem
eine Mehrheit der Deutschen frei nach Goethes Faust ausrufen
würde: «Verweile doch, du bist so schön!»? Oder hat sich da in

den letzten Jahren vielleicht etwas verändert? Gibt es hier und da so etwas wie ein neues Deutschlandgefühl?

Eigentlich ist die Sache ja ziemlich einfach: Durch einen Glücksfall der Geschichte ist Deutschland seit fünfzehn Jahren wieder vereinigt – ein souveräner Nationalstaat in der Mitte Europas mit der bei weitem stärksten Wirtschaft innerhalb der Europäischen Union, das drittreichste Land der Welt, größter Nettozahler der 25 Staaten umfassenden Gemeinschaft, ohne Feinde weit und breit, geachtet in aller Welt. Das private Nettovermögen der Deutschen summiert sich auf fünf Billionen Euro; im statistischen Durchschnitt, jenseits der faktisch ungleichen Verteilung, verfügt also jeder Haushalt über 133 000 Euro Privatvermögen – ein unglaublicher gesellschaftlicher Reichtum. Die offizielle «Armutsgrenze» liegt bei 1600 Euro netto im Monat für eine vierköpfige Familie.

Der Außenhandelsüberschuss übertrifft regelmäßig den der USA und Japans, und die Zahl der Opern, Theater, Philharmonieorchester wie die der Datenschützer, Ausländer- und Frauenbeauftragten sucht ihresgleichen auf der Welt. Die wahren Helden dieses neuen Deutschlands sind weder fanatische Parteiführer, korrupte Minister noch kriegswütige Generäle, sondern Günther Jauch und Thomas Gottschalk.

Längst schon können die unzähligen Straßencafés von München bis Hamburg mit denen in Paris konkurrieren – und wenn im Herbst, trotz Klimakatastrophe, die Temperaturen sinken, werden eben die Heizstrahler angestellt, um südliches Flair herbeizuzaubern. Die Touristen aus aller Welt staunen – und genießen es. Selbst Wim Wenders, Filmregisseur und notorisch sensibler Schmerzensmann im Banne deutscher Befindlichkeiten, seit Jahren in Los Angeles wohnhaft, zeigte sich jüngst «angenehm überrascht», wie liberal und demokratisch es in Deutschland zugehe. Auf seine angestammte Heimat sei er «stolzer» als auf seine Wahlheimat Amerika unter George W. Bush.

Ein anderes, eher natürliches Wunder: Der Nordseelachs springt schon wieder in der zu DDR-Zeiten völlig verseuchten Elbe herum, so, als hätten die Chemiekombinate des real existierenden Sozialismus nicht jahrzehntelang Hunderttausende Tonnen Giftfracht in den Fluss geleitet, und im Speisewagen des ICE Hildegard von Bingen erwartet den Fahrgast tatsächlich häufiger als früher ein «freundliches Mitropa-Team».

Nur jeder 20. Deutsche, so eine Studie der «Europäischen Stiftung zur Verbesserung der Lebens- und Arbeitsbedingungen» in Dublin aus dem Jahr 2004, klagt über Lärm oder Luftverschmutzung in seiner Umgebung – viel weniger als in allen anderen EU-Staaten. Bei aller Häme über Mautdesaster, Mülltrennung, Dosenpfand und Windkraft – die Erfolge der deutschen Umweltpolitik sind unübersehbar. Inzwischen werden sie schon in alle Welt exportiert – bis nach China.

Angst verbreitet dieses Deutschland weiß Gott nicht mehr, es sei denn durch seine Schwäche: Die einstige Konjunkturlokomotive lahmt. Ziemlich besorgt beugt sich die Welt über Deutschland und fragt, was er denn hat, der Kleine mit der chronischen Wachstumshemmung.

Alles wäre also durchaus in Ordnung, wenn nur die historische «Krauts»-Falle nicht wäre, die Geburtszange der deutschen Wahrnehmungsstörung. Deutschland, so der Publizist Henryk M. Broder, soll stets zwei gegensätzliche Erwartungen erfüllen: Es soll «beweisen, dass es ganz anders» ist als vor sechzig Jahren und gleichzeitig, bitte schön, zeigen, dass es «doch das alte geblieben ist». Einerseits effizient, diszipliniert und gern ein wenig schnarrend, andererseits locker und libertär, einerseits «typisch deutsch» auftrumpfend, fast bedrohlich, und dann wieder so lässig und cool wie die Gäste auf der Grand-Opening-Party eines neuen «Mini-Cooper»-Outlets in Berlin-Mitte, also immer zugleich Helmut Schmidt und Harald Schmidt.

Wenn sie allerdings eines Tages Wirklichkeit würde, diese teuflische Mixtur aus alten deutschen Tugenden und neuer deutscher Leichtigkeit – es wäre wahrhaft zum Fürchten. Dann gnade Gott der Weltwirtschaft. Immerhin hat die deutsche Wirtschaft bereits «ihre Wettbewerbsfähigkeit im Vergleich zum Rest der Euro-Zone wiedererlangt» – so jedenfalls das Urteil des europäischen Chefökonomen der Investmentbank Goldman Sachs, David Walton, vom März 2005. Eine Studie der Welthandelsorganisation WTO wenige Wochen später ergab, dass Deutschland mehr als andere von der internationalen Arbeitsteilung profitiert und seine Exportwirtschaft die massive Euro-Aufwertung der vergangenen Jahre besser verkraftet hat als Frankreich, Italien und Spanien.

«What's right with Germany» titelte schon mal vorsorglich die Europäische Ausgabe des US-Nachrichtenmagazins *Time* im Sommer 2004 und trug auf zwölf Seiten alles zusammen, was, jenseits der Schwierigkeiten mit Steuern, Renten und Gesundheitskosten, für ein «Revival» Deutschlands spricht: «But it's time – at last! – for optimism.»

Kurz zuvor hatte der *Stern* bereits die branchenunüblich aufmunternde Parole «Deutschland – Deine Stärken» ausgegeben und in seiner Titelgeschichte sogar den Geschäftsführer des deutschen Weltmarktführers im Bereich Maschinen zur Wellpappen-Produktion dazu gebracht, die stets geschmähte deutsche Bürokratie zu loben: «Das deutsche Verwaltungssystem mag kompliziert und zäh sein, aber es ist sehr verlässlich. In China ist eine Verwaltung, wie wir sie kennen, nicht existent, in den USA ist sie löchrig, und in Osteuropa ist sie eine Katastrophe.»

Ein Trend war geboren. Nun zogen andere nach. Die *Financial Times Deutschland* präsentierte ihre frisch renovierte Sicht auf die Republik im Umbruch unter dem Logo «Neues Deutschland». Vorwiegend ältere Mitbürger dürfte freilich irritiert haben, dass dies der Name des einstigen Zentralorgans der Sozialistischen Einheitspartei Deutschlands war, die nicht allen DDR-Bürgern in ausgesprochen guter Erinnerung geblieben ist.

Egal, Hauptsache «neu».

Im trüben November 2004, wenige Tage nach dem überwältigenden Wahlsieg von George W. Bush, der eine amerikanische Mitarbeiterin von *Spiegel-online* in Berlin zu einem Essay animiert hatte, in dem sie ihr vorläufiges Verbleiben in Deutschland begründete («Warum ich nicht nach Hause kann»), startete plötzlich auch die *Süddeutsche Zeitung* eine große neue Serie zum Thema Nummer 1: «Vorsprung Deutschland. Die Stärken der Republik und ihrer Menschen». Dass in derselben Zeitung wenige Wochen zuvor eine dreiteilige Serie die inhaltlich entgegengesetzte Botschaft übermittelte – Titel: «Patient Deutschland» – gehört zur hochentwickelten und liebenswerten deutschen Kultur der Selbstkritik. Der Genesungsprozess war offenbar doch schon recht weit vorangeschritten. In der ganzseitigen Auftakt-Reportage über die verborgenen Stärken des Landes wurde das schwäbische Furtwangen porträtiert, ein Ort im tiefsten Hochschwarzwald, in dem es kaum Arbeitslosigkeit gibt, allerdings auch wenig Möglichkeiten zur Ablenkung: «Keine Szene, keine Mädels – und trotzdem läuft's» hieß es in der Unterzeile. «Deutschland im Aufbruch» fasste der Leitartikel zusammen.

Es geht also doch.

Sampath Satishkumar, indischer Student an der «Technischen Fachhochschule Furtwangen», zeigte sich am meisten von der erstaunlich robusten Verfassung seiner deutschen Kommilitoninnen beeindruckt, die auf Partys bis tief in die Nacht dem Alkohol zusprechen und am nächsten Morgen dennoch fit und pünktlich zur Vorlesung erscheinen. Von wegen «keine Mädels» ...

Sind das womöglich jene deutschen Sekundärtugenden, mit deren Hilfe dem Globalisierungs-Ansturm der Computer-Inder und Billig-Chinesen Einhalt geboten werden kann? Die fesche Alm-Zenzi aus Todtmoos mit dem Laptop unterm Arm, die virtuelle Wiedergeburt der Trümmerfrau aus dem Geist des Tec-Dax?

Man müsste Hans-Olaf Henkel fragen, den Zuchtmeister des deutschen Wiederaufstiegs («Die Kraft des Neubeginns»). Oder Friedrich Merz («Nur wer sich ändert, wird bestehen», «Mut zur Zukunft»), jenen hochbegabten konservativen Sauerländer, der als Jugendlicher mit dem Moped über die heimischen Äcker bei Brilon bretterte, die «deutsche Leitkultur» erfand und Angela Merkel trotzdem bis heute nicht leiden kann.

In der großen weiten Welt jedenfalls hält man immer noch gerne am überkommenen Deutschland-Bild fest. Man vertraut blind dem Altbewährten, im Guten wie im Schlechten. Vom Standpunkt des englischen Fernsehens aus gesehen zum Beispiel herrscht immer noch der Führer über seine Nazi-Untertanen, die in kackbraunen SA-Uniformen herumlaufen, Fritz Müller heißen und blaue Augen haben; im arabischen Raum wiederum kann der deutsche Tourist, der unschuldig im Basar zwischen den riesigen Gewürzsäcken herumstöbert, gar nicht so schnell weglaufen, wie ihm ein lieb gemeintes «Hitläärr gutt!» hinterhergebrüllt wird.

Im Übrigen aber stehen die wirtschaftlichen und sportlichen Leistungen im Vordergrund der internationalen Deutschlandbegeisterung. Das belegen aktuelle Erhebungen. Neben trinkfesten Studentinnen und Marathon laufenden schwäbischen Maschinenbau-Tüftlern, die alles können außer Hochdeutsch, repräsentieren offenbar Sport-Ikonen wie Michael Schumacher, Franz Beckenbauer, Steffi Graf und Boris Becker den schier unzerstörbaren Glauben an die urgermanische Tradition von Selbstbehauptung, Disziplin und Siegeswillen.

Im Klima dieses Megatrends fällt es dann kaum noch auf, wenn Professor Hermann Simon, der an der «London Business School» lehrt, zum unverschämten Gesamtlob ansetzt: «Die Qualität der Arbeit und die Qualifikation der Mitarbeiter sind in Deutschland nach wie vor besser als überall sonst auf der Welt.»

Auch die Stuttgarter Wirtschaftsprüfungsgesellschaft «Ernst & Young» fand überraschend Positives, als sie im Frühjahr 2004 mehr als 500 international tätige Unternehmen nach dem besten Wirtschaftsstandort fragte. Hinter China und den USA landete Deutschland auf dem dritten Platz weltweit. Bei den Patentanmeldungen lag Deutschland 2003 mit 22 700 Anträgen gar an zweiter Stelle hinter den USA (31 860) und weit vor Japan (18 500) – und das trotz des berüchtigten «brain drain», des angeblichen Abflusses deutschen Forschergeistes ins Ausland, für den es allerdings keinerlei verlässliche Zahlen gibt, wie eine Tagung an der Berliner Humboldt-Universität im November 2004 ergab. Im Gegenteil. Am Ende könnte sich sogar ein «brain gain», ein positiver Saldo wissenschaftlicher Einwanderung nach Deutschland, herausstellen. Denn viele deutsche Wissenschaftler kommen nach ein paar Jahren in den USA oder England gerne wieder zurück.

In Sachen Weltläufigkeit und einschlägiger Fremdsprachenkenntnisse mag ein freundlicher Hinweis auf französische Verhältnisse genügen: Nur 6 von 43 Mitgliedern der Regierung in Paris sprechen gut oder passabel englisch, glaubt man einer regierungsinternen Erhebung, die annähernd repräsentativ für das stolze Nachbarland sein dürfte. Auch ohne den Titel einer

Aufklärungsschrift von Michael Rutschky – «Wie wir Amerikaner wurden» – allzu wörtlich zu nehmen: Nicht nur in der Bundesregierung, auch bei der deutschen Bevölkerung scheinen die Englischkenntnisse im Schnitt deutlich besser zu sein als jenseits des Rheins, auch wenn die korrekte Aussprache des «th» vielfach zu wünschen übrig lässt. Unter den jungen Deutschen bis dreißig ist die Beherrschung der englischen Sprache geradezu selbstverständlich und oft sogar deutlich beeindruckender als der Umgang mit der deutschen Orthographie.

Reicht es fürs Erste? Oder hätten wir schnell noch die wunderbare Institution der Bundesliga-Schlusskonferenz in den «angeschlossenen Funkhäusern» erwähnen sollen, die Stiftung Warentest und die elektronischen Anzeigetafeln an vielen deutschen Straßenbahnhaltestellen, die den wartenden Menschen auf die Minute genau sagen, wie lange sie noch frieren müssen, bis die nächste Bahn kommt?

Wie auch immer: Wem all das bisher zu positiv ist, penetrant optimistisch, geradezu fahrlässig beschönigend, der hat vollkommen Recht. Dem sagen wir: Uns auch. Pardon: Es ist ja unser erster Versuch einer Lobrede auf Deutschland. Zur Erholung legen wir deshalb eine kleine Pause ein und kritisieren erst einmal wieder.

Das können wir, das haben wir gelernt.

Außerdem wissen wir, dass Affirmation und Negation, Gut und Böse, auf geheimnisvolle, leider auch schwer entwirrbare Weise zusammenhängen. Besonders in Deutschland. Selbst die Urheber der schwärzesten Untergangsszenarien von einem hoffnungslos ausgebrannten, politisch gelähmten und zukunftslosen Land können sich darauf verlassen, dass die robuste Wirklichkeit den Furor der maßlosen Übertreibung abfedert wie eine Mehrschicht-Latexmatte im Turnunterricht den zweifach geschraubten Doppelsalto.

Der Fall ist klar: Ein Lob deutscher Zustände gewinnt erst richtig Gestalt, hält man es vor die üblichen Jeremiaden, die, man muss es zugeben, nicht selten auch der eigenen sorgenvollen Brust entweichen. «Acht Monate Schnee, zwei Monate Regen, und das nennt die Bande Vaterland!» – so soll Napoleon über Deutschland einst gelästert haben, und merkwürdigerweise hält sich dieses Vorurteil des kleinwüchsigen Korsen bis heute, ja, es hat seitdem Karriere gemacht. Auch bei uns.

«Eine Suchmaschine, in deren Maske man das Stichwort ‹Deutschland› eingäbe», bemerkte Hans Magnus Enzensberger vor einigen Jahren, «müsste vermutlich Hunderttausende, wenn nicht Millionen von Titeln auswerfen. Eine Schrift über die Vorzüge Deutschlands wäre nicht dabei.» Der Grund ist offenbar ganz schlicht: «Es hat sich einfach keiner getraut.»

Auch wenn inzwischen einige Publikationen versuchen, den herrschenden Trend der «Contraphobia» zu durchkreuzen: Viel leichter fällt es den geplagten Mitbürgern, auf der Website *www. deutscherfrust.de* ihr vielfältiges Leid zu klagen. Das Jammern ist endemisch, ein wahrer Volkssport. Daran konnte nicht einmal die in Sachen Deutschland-Kritik unübertroffene Tageszeitung *taz* etwas ändern, die jüngst festgestellt hat, dass «auch die schönste Depression irgendwann langweilig» wird. Zu groß – und zu schön – ist schließlich das, was die Psychoanalyse den «Krankheitsgewinn» nennt, den Spaß an der Beständigkeit der eigenen Neurosen, die das Leben, bei allem Leid, zuverlässig strukturieren und nebenbei ein bisschen Sinnstiftung bewirken.

Wenn in gemütlicher, womöglich weinseliger Runde beinah alle wohlfeilen Ressentiments über Deutschland erschöpfend ausgetauscht worden sind – selbstverständlich auch das vom autoritären Untertanengeist, dem Spießertum und schlechter Geschmack angeboren sind – und plötzlich eine unangenehme Gesprächspause eintritt, dann bleibt immer noch das Wetter, ein wunderbares und unerschöpfliches Thema. Die Wetterberichte im Fernsehen übertreffen inzwischen die Länge des «Worts zum Sonntag» bei weitem.

Am Wetter zeigt sich das wahre Gesicht des Landes.

Was immer jedenfalls die Deutschen politisch, sozial und kulturell, materiell und religiös voneinander trennt, ob arm oder reich, schön oder hässlich – wenn es um Patriotismus und Heimatliebe geht, trifft sie das Schicksal in gleicher Weise. Denn die härteste und zuverlässigste Herausforderung an das Bewusstsein, ein Deutscher zu sein – abgesehen von der Nazi-Vergangenheit – ist ja gar nicht das jahrelange Chaosmanagement der rot-grünen Bundesregierung, Hartz IV oder der unabsetzbare DFB-Präsident Gerhard Mayer-Vorfelder alias «Müller-Thurgau», weder das Fernsehprogramm von RTL 2 noch jahrzehntelang sich hinziehende Planfeststellungsverfahren bei öffentlichen Bauvorhaben. Es ist der Winter.

Jener deutsche Winter, der irgendwann im Oktober fast unmerklich beginnt, sich nach dem nasskalten Waschküchen-November ächzend über Weihnachten und Silvester schleppt, den 31 Tage langen Januar schier endlos dehnt, im Februar noch einmal alles zu Eise erstarren lässt, was kreucht und fleucht, und sich nicht selten bis tief in den April hinein zieht, wenn die Hoffnung auf den Frühling schon längst religiöse Züge angenommen hat. – Deutschland, ein Wintermärchen. Von wegen. Ein Albtraum. Er scheint wirklich so lange zu währen wie tausendundeine Nacht.

«Ein feuchter Wind, ein kahles Land/ Die Chaise wackelt im Schlamme» klagte schon Heinrich Heine in seiner klammen Reisekutsche, und auch die ewige Spenderin von Licht und Leben hatte es schon damals besonders schwer in den matschgeplagten deutschen Gefilden. Vor allem in Ostwestfalen: «Die Sonne ging auf bei Paderborn/ Mit sehr verdrossner Gebärde./ Sie treibt in der Tat ein verdrießlich Geschäft:/ Beleuchten die dumme Erde.»

Gewiss, auch woanders bringt diese Jahreszeit manch Ungemach mit sich. In Skandinavien werden die Tage extrem kurz, in Russland extrem kalt, und auch in Frankreich wird es unwirtlich. In Deutschland aber scheint alles zusammenzukommen: Dunkelheit, Kälte und ein grauer Schleier, der sich wie ein unsichtbares Tuch über die chronisch verstopften Innenstädte legt.

Depressive Verstimmungen, sowieso schon auf dem besten Weg zur Volkskrankheit Nummer 1, scheinen dann völlig außer Kontrolle zu geraten. Nicht wenige Deutsche fragen sich im Februar bei Rotwein, Kerzenlicht und wachsender Verzweiflung, warum sie bloß, beim heiligen Jakobus von Santiago de Compostela, keine Spanier oder Italiener sind, keine Griechen oder Portugiesen mit eigenem Olivenbaum, weder Südschweizer noch zypressengesegnete Zyprioten, meist nicht einmal Südbadener oder gewöhnliche Saarländer, die in dringenden Fällen binnen weniger Autostunden wenigstens am Comer See sein können.

Eine ausgesprochen dumme Frage natürlich, die man allenfalls an die Eltern oder Großeltern richten könnte, die sich nicht rechtzeitig zu einer persönlichen Völkerwanderung entschließen konnten. Vielleicht auch an die katholische Kirche, soweit es um die Geburtenplanung geht.

Hierzulande, so die lieb gewordene Legende, zwischen Nebel, Nässe, Wind und Kälte, kann eigentlich kein Mensch auf Dauer leben. Graugesichtige Menschen mit schweren, hässlichen Aktentaschen eilen Morgen für Morgen unterm aufgespannten Regenschirm missgelaunt in ihre Büros, wo sie von der schlecht frisierten Sekretärin mit dünnem Filterkaffee aus der Maschine empfangen werden, was Missmut und depressive Antriebslosigkeit ebenso steigert wie die Wahrscheinlichkeit eines unaufhaltsam wachsenden Magengeschwürs.

Dass wenig später der Chef von irgendwo her «Meier!!! Wo bleiben die Akten?!!» brüllt, ist nur normal, typisch deutsch eben. Abends dann, zu Hause auf dem Cordsofa mit bereitliegender Fernbedienung, wird die erste Pfandflasche Bier aufgemacht – ein aus urgermanischen Zeiten angestammter Vorgang, dem ein Teil der Bürger mangels anderweitiger Beschäftigung inzwischen auch schon morgens frönt.

Doch es hilft kein Jammern und kein Klagen. Die Natur kennt kein Pardon. Dafür hält das harte klimatische Schicksal eine Prüfung bereit, an der das Land wachsen und reifen kann. Denn eines ist sicher: Heimatliebe unter Palmen – das kann jeder. Doch im fünf Monate währenden deutschen Winter zeigt sich, wer wirklich ein Patriot ist. Das ist der Lackmustest. Da heißt es Standhalten, Mütze, Schal und Ostfriesennerz anlegen. Der Rest ist Glaube Liebe Hoffnung.

Dass ausgerechnet diese trostlose Ecke auf dem europäischen Kontinent seit Jahrzehnten Millionen von Asylsuchenden und Einwanderern aus sonnenverwöhnten südlichen Gefilden anzieht, mag auf den ersten Blick unlogisch erscheinen, gewiss. Die Leute müssen eigentlich verrückt sein. Doch die Erklärung ist ganz einfach: Es zeigt nur, wie groß die Not in der Welt ist. Wer hierher flieht, dem muss es wirklich schrecklich gehen.

Ist das deutsche Selbstgespräch erst einmal derart fortgeschritten in seiner stammeskundlichen Weltweisheit, dann kommt man gerne auf die Sehnsucht nach dem Süden, auf Auswandern und La Dolce Vita ganz weit weg. Ach ja. Spätestens seit Goethe liegt der bessere Teil Deutschlands südlich von Florenz, Siena und Neapel, irgendwo in Arkadien. Millionen Deutsche suchen Jahr für Jahr danach und verirren sich dabei nicht selten an die bulgarische Schwarzmeerküste, in die Dominikanische Republik oder auf Bali. Oft kehren sie dann mit Durchfall, Hautausschlag und Regressforderungen an den Reiseveranstalter zurück.

All das hält sie freilich nicht davon ab, es im nächsten Jahr wieder zu versuchen. Es muss sein, das Ritual; ein bisschen wie früher Kaffee und Kuchen am Sonntagnachmittag, draußen nur Kännchen. Man fährt in den Süden, der auch mal der Norden Dänemarks oder New Mexico sein kann, auf jeden Fall weit weg, außer Landes, hasta la vista. Basta. Wäre ja noch schöner.

Nicht zufällig ist «Das Traumschiff» eine der erfolgreichsten deutschen Fernsehserien seit Beginn der Programmaufzeichnung. Der gute Deutsche, so viel steht fest, ist der Deutsche auf Reisen, unterwegs, on the road again. Er glaubt fest daran, vor Wind und Wetter, vor der dunklen Enge seiner Heimat, vor Sauerbraten, Linseneintopf und Rippchen mit Kraut fliehen zu müssen.

«Alles klagt und malt schwarz», bemerkte der ethnologisch versierte Berlin-Korrespondent der *Neuen Zürcher Zeitung* im Spätherbst 2004 leicht pikiert, «zugleich sind die Ferienflieger in den Süden bis auf den letzten Platz von Urlaubern besetzt.» Dem braven, calvinistisch erzogenen und streng rational denkenden Schweizer mag dies als Widerspruch erscheinen, dem leidenschaftlichen deutschen Beschwerdeführer in eigener Sache keineswegs: ‹Das ist es doch›, wird er ungehalten antworten. ‹Weil es bei uns zu Hause so schlimm ist, müssen wir ja so oft nach Kreta fliegen!›

Aber da taucht schon das nächste Problem auf: Die Erfahrung zeigt leider, dass kaum etwas schlimmer ist als der Deutsche auf Reisen. Er benimmt sich peinlich, läuft in kurzen Hosen und weißen Socken herum und verlangt «ein Bier, aber eiskalt!», bevorzugt in seinem Heimatdialekt. Man möchte gar nicht hinschauen. Deshalb verstecken sich andere reisende Deutsche, die weiterhin als gute, weltläufige und stilsichere Zeitgenossen gelten wollen, im Ausland gern hinter englischen, französischen oder spanischen Zeitungen, während sie an ihrem «Ristretto» nippen.

Zugegeben: Das sind natürlich alles billige Klischees, die sich

auch noch widersprechen. Aber es macht Spaß, sie niederzu-
schreiben. Inzwischen kann man auch sehr schön mit ihnen
spielen. Mal bestreitet man vehement, dass sie die Realität beschreiben, mal beobachtet man Szenen auf der Straße, die das
Klischee perfekt erfüllen. Ob das auch ein Grund für Lob wäre –
Humor, Selbstironie? Vielleicht doch ein Volk mit Witz? Oder
passt das wieder nicht zum Klischee?

Eines steht fest: Seit Mitte der neunziger Jahre hat sich manches
geändert.

Urlaub in Deutschland zum Beispiel, und seien es nur ein
paar Tage zwischendurch, ist nicht mehr von vornherein uncool,
spießig, provinziell oder ein Zeichen mangelnder Einkünfte und
schlechter Aussichten. Plötzlich schwärmen intelligente und
aufgeklärte Menschen von Heiligendamm und Hiddensee, vom
Elbsandsteingebirge und vom Walchensee, vom sanierten Wei-
mar und von der wilden Eifel. Geheimtipps über verwunsche-
ne Brandenburger Seen werden ausgetauscht, Abenteuer und
Entdeckungen im Herzen des Hunsrück versprochen und der
Oder-Neiße-Weg nahe der polnischen Grenze empfohlen, eine
angeblich phantastische Radtour. Auch die Hochrhön sei sehr
schön, dort, wo ein anständiges Hirschgulasch mit Rotkraut und
Kroketten noch 6,80 Euro kostet und die Einheimischen mit ihrem rollenden «R» nur schwer zu verstehen sind.

Das eigene Land wird exotisch. Die Suche nach dem Anderen
und Fremden, diese Einsicht hat sich seit dem Fall der Mauer
ganz allmählich durchgesetzt, kann auch innerhalb der Landes-
grenzen vonstatten gehen – umso mehr, als sich die Fernweh-
Phantasien im Lauf der Jahre durchaus abgenutzt haben.

Manch genervter Urlaubsheimkehrer aus Djerba oder Malta
freut sich, wieder zu Hause zu sein – oder er bleibt gleich hier.

«Deutschland ist eigentlich ein ziemlich schönes Land»,

rutscht es derweil manch einem heraus, der ein halbes Leben lang jede französische Dorftankstelle faszinierender fand als den Rhein bei Rüdesheim und abfällig von «Disneyland» und «Butzenscheibenkitsch» sprach, wenn ein alter Marktplatz mit Fachwerkhäusern und Renaissancegiebeln frisch herausgeputzt worden war. Es ist ein Bekenntnis, das immer noch seltsam klingt und den zuerst erstaunt, der es ausspricht, auch wenn es als Ergebnis reinster Anschauung gemeint ist – ganz so, als sei es einem nicht recht geheuer.

Dieses charakteristische Zögern, den eigenen Beobachtungen und Empfindungen zu trauen, ist nicht neu. Denn da gibt es immer noch die anderen, jene mit den viel gröberen Empfindungen. «Das Bekenntnis erstirbt auf den Lippen», schrieb Joseph Roth 1931, «weil es von andern in den Straßen gebrüllt wird.»

Dem jüdischen Schriftsteller Roth, der 1939 im Pariser Exil starb, ging es am Vorabend der Nazi-Herrschaft allerdings ums ganze «Vaterland». Angesichts der hysterischen Bekenntnisse im Banne des aufziehenden Nationalsozialismus fügte er fast flehend hinzu: «Wie schwierig ist es da, ein Patriot zu bleiben!»

Wie schwierig es seit 1945 ist, erst einmal ein Patriot werden zu können, haben mehrere deutsche Nachkriegsgenerationen am eigenen Leibe erfahren – von einer unmöglichen und unheimlichen Sache namens «Nationalgefühl» bis zu dem eigentümlichen Gefühl im Bauch, wenn der Stadion-Nachbar mit krächzender Kehle in die dritte Strophe des Deutschlandliedes einfällt. Das Gute daran: Es ist immerhin nicht die erste Strophe.

Wie stets, wenn es brenzlig und deshalb allzu ernst zu werden droht, springt uns Hans Magnus Enzensberger bei. Augenzwinkernd und altersmilde plädiert er höchstpersönlich – es macht ja sonst keiner – für «ein bisschen mehr Patriotismus», für einen «Patriotismus im Plural» sozusagen, der die Vorzüge des eigenen Landes ruhig mal zur Kenntnis nehmen darf, darunter «die phantastische Auswahl an rohen und gekochten Schinken, die stets geöffneten Tankstellen, der brave Buchhändler an der Ecke, der wild blühende Frauenschuh und die jederzeit erreichbare Telefonseelsorge».

Gerne fügen wir an: die großartige Vielfalt der Brotsorten, ob Roggen-, Weizen- oder Mischbrot, hell und dunkel, rund, länglich oder eckig, mit unzähligen Körnern versetzt oder nicht, dazu die wunderbare Welt der bayerischen Laugenbrezel und die unergründliche Tiefe des osthessischen Sauerteiglaibes, der, anders als Baguette und Ciabatta, schier endlos frisch bleibt. Und natürlich den deutschen Riesling, ob von Mosel, Saar und Ruwer, aus der Pfalz, von Saale und Unstrut oder aus dem Rheingau. Überraschendes Winzer-Lob kommt inzwischen sogar von höchster Stelle: Als Außenminister Joschka Fischer im Flugzeug nach New York auf dem Weg zu einer deutschen Weinpräsentation im Kreise Rheingauer Spitzenwinzer mit einer 1994er Spätlese anstieß, entfuhr dem einstigen Straßenkämpfer ein unerhörtes Wort intensiv geschmeckter Vaterlandsliebe: «Aaah, das können nur die Deutschen!»

Allein, selbst solche lukullisch-feuilletonistischen Lockerungsübungen beseitigen noch nicht alle metaphysischen Irritationen, wenn es um das eigene Land geht. Welcher Franzose würde wohl die 223 verschiedenen Käsesorten als maßgeblichen Grund für seinen Nationalstolz anführen? Oder die Vielfalt des Austernangebots und die blau-weiß gestreiften Markisen an den Epicerien?

Vielleicht ist dies aber auch der Königsweg: Mahlzeit statt Metaphysik, Form und Geschmack statt Identitätsgrübelei, handfeste Wirklichkeit statt idealistischem Furor. So fand auch der in Frankfurt am Main geborene Schriftsteller Martin Mosebach nach einigen kritisch-diskursiven Umwegen seinen «Ursprung der Vaterlandsliebe» in jenem stadtbekannten Lokal

«Gemaltes Haus», das als Oase obstinater Apfelweinseligkeit alle Zeitenwechsel überdauert hat: «Wo ein solcher Handkäs mit Selbstverständlichkeit auf den Tisch kam,» schwärmt Mosebach (im Kursbuch 141), «da war vielleicht nicht gleich das Gelobte Land, aber doch ein durchaus menschenwürdiger Aufenthalt.» Für deutsche Nachkriegsverhältnisse ist dies ein geradezu ekstatischer Ausbruch an Patriotismus.

Liebevoll beschreibt der polyglotte Autor die Kellner in ihren weißen Jacken, die «einer anderen Zeit anzugehören scheinen» und sich gleichwohl «wie Bienen» vor dem Speiseaufzug tummeln: «Jede Bestellung wird in Minuten ausgeführt, ohne dass der Kellner schwitzt oder rennt. Sie sind allgegenwärtig, mit halbausgebreiteten Armen, als wollten sie sich zu einem Möwenflug dicht über den Köpfen der Gäste erheben.»

Dieser poetischen Aufwallung ging, wie auch anders, eine unnachsichtige Skizze der Frankfurter Stadtlandschaft voraus, die, wie im Brennspiegel, die ganze Härte des Kampfes um die eigene Vaterlandsliebe erbarmungslos vor Augen führt: «Typisch ist eine uncharakteristische Ausgesogenheit, Niemandslandluft. Die Blässe, die über den Straßenzügen liegt, hat etwas von ausgebleichten Fotografien. Unskulptural, zweidimensional, aus Ersatzstoffen hergestellt erscheinen die Häuserwände.» Kurz: «Frankfurt ist das mittelmäßige, unspezifische Chaos.»

Harte Worte. Hier aber setzt die rettende Dialektik von Gesellschaftskritik, Lokalpatriotismus und utopischer Vaterlandsliebe ein, die sich an Handkäs und Apfelweinglas festhält, um nicht in den 10-Liter-Bembel von Nihilismus und Nationalismus zu fallen. Denn selbstverständlich zeichnet es den gebürtigen Frankfurter aus, der auch ein Kölner sein könnte, dass er dieses unspezifische Chaos nicht einfach fluchtartig und feige verlässt, sondern standhält. Er bleibt da und stellt sich der uncharakteristischen Ausgesogenheit.

Er entwickelt Widerstandskräfte gegen die eigene Bedeutungslosigkeit, wird stoisch oder rebellisch, geht ins Wirtshaus oder auf die Straße. Dabei weiß er, dass das ungeordnet graue Mittelmaß der Verhältnisse ungeahnte Möglichkeiten der kreativen Selbstentfaltung bietet.

Ganz offensichtlich gedeihen in ihm nicht nur präzise sozialmorphologische Studien in glänzender Prosa, sondern auch – die vergangenen Jahrzehnte haben es unwiderleglich gezeigt – revolutionäre Leidenschaft, hochfliegende Theorien, gewagte Utopien, atemberaubende Karrieren, brillanter Witz, erfolgreiches Varieté und gute Küche, kurz: die neue und die alte «Frankfurter Schule».

«In Frankfurt ist gegen den Willen seiner Bewohner etwas Wunderbares geschehen», schrieb der im März 2002 verstorbene Frankfurter Kabarettist Matthias Beltz: «Die Zerstörung des Völkischen. Hier liegt keine Kultur danieder, sondern Tabula rasa vor.»

Der lateinische Begriff ist durchaus wörtlich zu nehmen: 1945 lag die alte Goethestadt mit ihrem Gassengewimmel aus Fachwerkhäusern und Patriziervillen fast komplett in Trümmern. Auf dieser Tabula rasa hat sich Anfang der sechziger Jahre nicht nur die «Frankfurter Schule» von Adorno und Horkheimer, Habermas und Mitscherlich entwickelt, sondern ein komplexes Mikroklima aus Geist und Geschäft, in dem der Streit über das «richtige Leben» umso intensiver geführt wurde, als keinerlei Ästhetik des Schönen vom «unwahren Ganzen» abzulenken vermochte. Frankfurt war ungeschminkt und hässlich, bot keinen Halt romantischer Verklärung.

So konnte kein verführerischer Talmiglanz einer Schickimicki-Szene die Unerbittlichkeit der kritischen Theorie überstrahlen, keine Schwabinger Nächte den revolutionären Geist im lebenslustigen Weißbierdunst ertränken. Kein Viktualienmarkt und keine Maximilianstraße wie im barocken München, keine Außenalster und kein Elbstrand wie in der vornehmen Kaufmannsstadt Hamburg konnten darüber hinwegtäuschen, dass die bestehende kapitalistische Gesellschaft böse war, weil sie die Möglichkeiten eines glücklichen und freien Daseins aller Menschen untergrub.

Das wild expandierende Frankfurter Bankenviertel schien diese Wahrheit ebenso zu bezeugen wie der flagrante Abriss prächtiger Bürgerhäuser im Westend – die Zerstörung einstiger Repräsentationsbauten der Bourgeoisie durch ihre historischen Nachfolger, die spätbürgerlichen Immobilienspekulanten.

So war die Besetzung der alten Gründerzeit-Villen durch linke Studenten in den frühen siebziger Jahren ein bemerkenswerter (lokal-)patriotischer Rettungsakt: politischer Protest, städtebaulicher Konservativismus und revolutionäre Lebensperspektive in einem, geboren aus dem unspezifischen Chaos der Mittelmäßigkeit.

Es war kein Zufall, dass genau hier die so genannte Spontiszene samt ihrer «Alternativkultur» entstand: Man leistete Widerstand, erkämpfte sich Freiräume und entwickelte Ideen und Strukturen für ein «anderes Leben». Während ständig von «Gegengesellschaft» und «Gegengewalt» die Rede war, entfaltete das rund um die Uhr tätige politische «Kollektiv» ungeahnte Kräfte des Aufbaus.

Im Abstand der Jahrzehnte ist deutlich erkennbar, dass mitten im wilden revolutionären Treiben, bei dem so viel von Überwindung und Zerstörung der bestehenden Verhältnisse die Rede war, ernsthaft und fleißig Nestbau betrieben wurde. Schon Mitte der siebziger Jahre war ein ganzes Netzwerk aus sozialen Einrichtungen, Wohngemeinschaften, Verlagen, Cafés, Off-Theatern, Alternativbetrieben und -zeitungen entstanden, das den Alltag Tausender «Szene»-Mitglieder bestimmte. Mehr noch:

Es war ihre – beileibe nicht nur politische – Heimat geworden: ein richtiges Zuhause. Ihr so ganz anderes, neues Deutschlandgefühl bildete sich irgendwo zwischen Chile und Frankfurt-Bockenheim, spannte den Bogen des politisierten Lebens von der Siesmayerstraße im Westend nach Nicaragua und vom Friedberger Platz bis zum Peloponnes, wo das griechische Obristen-Regime herrschte.

Ein eigenartiges Leuchten lag über der «Szene», die sich mit der Welt zugleich die eigene, zunächst so feindliche Stadt aneignete und zurückeroberte. «Aneignung» war überhaupt ein Zauberwort, eine Art «Bei-sich-selbst-Sein-im anderen».

Ziemlich hegelianisch, ziemlich deutsch.

Plötzlich verloren die Straßenzüge ihre uncharakteristische Ausgesogenheit, ihre Niemandslandluft und wurden zu vertrauten Orten. Sie füllten sich mit einer neuen Lebendigkeit, mit dem Licht einer «konkreten Utopie», an der gerade das Ungefähre so schillernd und vielversprechend war. Selbst das pure Gehen und sich Bewegen in dieser Stadt wurde selbstbewusster, nicht nur im schützenden Kordon der Demonstrationen. Immer öfter war von «unserer Stadt» die Rede, nicht allerdings von «unserem Land». Davor lag noch der lange zähe Kampf für Frauenbeauftragte, Biomülltonnen, Homo-Ehe, Atomausstieg und den Weltfrieden. Schon damals sprachen manche allerdings von einem neuen linken Patriotismus. Ein publizistisches Gespenst, das schnell wieder verschwand.

Viel prägender für diese Zeit war, dass der nicht selten recht abstrakte politische «Internationalismus» sich mit dem unmittelbaren Gefühl für den eigenen Kiez verband, eine nie ganz fassbare gegenseitige Durchdringung extrem unterschiedlicher Sphären. Der gemeinsame Traum von einer anderen Welt erleuchtete auch die WG-Küche, in der sich das schmutzige Geschirr stapelte. Dort entstand es, das alternative deutsche Heimatgefühl. Bis heute tendiert es dazu, Recht behalten zu wollen – auch bei der Beurteilung von Konflikten in weit entfernten Weltregionen.

Oft befanden sich mehrere Wohngemeinschaften in einem Haus, ein Kinderladen daneben und die Alternativkneipe schräg gegenüber. An der nächsten Ecke bot der Bioladen seine 16-Körner-Müslis feil, und die Stadtteilgruppe traf sich im so genannten Häuschen, wo einmal in der Woche portugiesisch gekocht wurde. Am Samstagvormittag ging es gemeinsam zur Demo, danach wurde noch schnell der WG-Einkauf fürs Wochenende erledigt, wenn es nicht zu umfangreicheren Straßenschlachten gekommen war, die die haushälterischen Kräfte des kämpfenden Kollektivs allzu sehr gebunden hatten.

In diesem Fall emigrierte man kurzfristig zum Griechen in der Parallelstraße, der meist Kostas hieß und fast jeden Tag «frischen Mittelmeerfisch» anbot. Das irritierte niemanden, denn die Mikis-Theodorakis-Kassette lief ja auch jeden Tag. Alles fügte sich zu einem gesellschaftlichen Biotop, das seine Spuren bis heute hinterlassen hat.

Im milden Abendlicht des Rückblicks legen sich die Konturen eines fast romantischen Genrebilds über die harten ideologischen Auseinandersetzungen und politischen Parolen dieser Zeit. Eine schwer zu beschreibende Stimmung von Hoffnung und Aufbruch hatte damals dafür gesorgt, dass trotz aller weltgeschichtlichen Krisenszenarien ein prinzipieller Optimismus herrschte, der – gewiss auch der Jugend geschuldet – oft genug in grundlose Fröhlichkeit ausartete. Auch mitten im Liebeskummer war klar: Wie immer er auch beschaffen sein mochte, der Horizont, irgendwo dahinten lag er.

Wer sich heute über die staatstragende Rolle der Grünen und ihrer regierungsamtlichen Protagonisten wundert und darin womöglich einen Verrat an alten linken Idealen sieht, der unterschätzt die affirmativen und konstruktiven Elemente, die all die

Protestbewegungen mit dem beliebten Präfix «Anti» schon in den siebziger und achtziger Jahren prägten.

Das «Positive» war ihnen gar nicht fremd. Es war nur anders definiert. Man diskutierte und werkelte herum, an «kollektiven Strukturen», gewiss, aber auch an neuen Formen sozialer «Autonomie», die dreißig Jahre später als «neue Selbständigkeit» und «Ich-AG» fröhlich Urständ feiert. Der «1-Euro-Job» von heute war die alternative Selbstausbeutung im autonomen «Druckladen», «Hartz IV» der karge Einheitslohn im Zuge der «Selbstverwirklichung» in der selbstbestimmten Autowerkstatt – und die spät akzeptierte parlamentarische Demokratie war immerhin schon früh dialektisch mit der basisdemokratischen Leidenschaft fürs Debattieren verwoben, kurz: Das «Prinzip Hoffnung» wirkte auch im Kleinen als geschichtsmächtiges Regulativ. «Schritt für Schritt ins Paradies», sangen «Ton, Steine, Scherben». Einer nach dem anderen. Es kommt der Tag. Utopie und Akribie waren keine Gegensätze.

Wie deutsch diese linken Protestanten waren, zeigen jedenfalls nicht nur nationalistische und neonazistische Irrläufer wie Horst Mahler, einst RAF-Anwalt, dann RAF-Terrorist, nun ein führender Kader der NPD. Vor allem verrät es die Konsequenz, mit der eine Sache bis zum Ende durchgezogen wurde. Gerd Koenens Fallstudie über den Beginn der RAF – «Vesper, Ensslin, Baader. Urszenen des deutschen Terrorismus» (2003) – legt davon eindrucksvoll Zeugnis ab, bis hin zur untergründigen Kontinuität nationalsozialistischer Motive. Wenn Deutschsein heißt, eine Sache auch einfach mal um ihrer selbst willen zu tun, selbst wenn sie sich schon als falsch erwiesen hat, dann war (und ist) die deutsche Linke alles andere als unpatriotisch. Sie hat es nur nicht gemerkt.

Kein Zweifel: Die Revolte der siebziger Jahre, ob in Frankfurt, Berlin oder Hamburg, war auch ein sozialer Gründungsakt, ein Teil des neuen Deutschland, wie es sich im Jahr 2005 präsentiert – übrigens auch eine fulminante Integrationsleistung von beiden Seiten, jenseits und diesseits der alten Barrikaden.

Die berühmten «Tatort»-Folgen aus den achtziger Jahren mit Kommissar Schimanski alias Götz George und Eberhard Feik als Kollege Thanner, in denen Currywurstbuden, flapsige Sprüche und eine immer leicht schmuddelige Windjacke ziemlich wichtig waren, reflektierten schon damals dieses irgendwie neue Deutschland. Muff und Mief waren auf dem Rückzug. Dafür regierte eine halbproletarische Schnoddrigkeit, der alltägliche Gestus, mit dem von gesellschaftlichen Problemen gesprochen wurde, und ein Hauch von sozialer Romantik zwischen den stillgelegten Fördertürmen.

Schimanskis rührend raubeiniges Ruhrgebiet war eine symptomatische Mischung aus wildem Abenteuerland und gesellschaftlichem Laboratorium, aus frisch gezapftem Pils, dessen Schaumkrone am Schnauzer hängen blieb und mit dem Ärmel abgewischt wurde, und einer ungeschliffenen Ästhetik des Widerstands im Wohlstandsparadies – jene westdeutsche «BRD», an die sich viele noch mit einiger Wehmut erinnern. Von heute aus gesehen erscheinen die achtziger Jahre, in denen die «Generation Golf» ihre Gummibärchen vertilgte, während sie über Loriots Knollenmännchen in der Badewanne lachte, wie ein geschichtliches Moratorium – eine Windstille vor dem Sturm, der 1989 den gemütlich progressiven Alltag der Bonner Republik durcheinander wirbelte.

Ein merkwürdiges Land in einer merkwürdigen Zwischenzeit. Wirtschaftlich mächtig, politisch bedeutend, aber überwiegend mit sich selbst beschäftigt. Zugleich schien es da immer noch irgendeinen Horizont zu geben, und sei es der rötlich gefärbte Sonnenuntergang im Duisburger Frachthafen, am liebsten noch mit einer Ballade von Herbert Grönemeyer oder Marius Müller-

Westernhagen unterlegt: Das kleine Westdeutschland als tapfer kämpfender David «Schimmi» – mit «Theo gegen den Rest der Welt».

Und wenn der Horizont einmal nicht zu sehen war, dann ging es auf die Autobahn. Die Autobahn war Freiheit. Eine neue Art von Freiheit, die grenzenlos schien. Man konnte jederzeit weg, ganz weit weg. Oder auch nur in der tiefsten Nacht auf der Stadtautobahn herumcruisen wie die Heldin in Heinrich Bölls Roman «Die verlorene Ehre der Katharina Blum», wenn sie verzweifelt war und sich einsam fühlte. Irgendwie ging es immer weiter.

Egal, was die Leute sonst zu schimpfen haben: Die deutsche Autobahn ist ein wahres Wunder der Technik, eine Pioniertat, weltweit nachgeahmt – allerdings auch ein Symbol der Nazi-Ära. Lange Zeit galt frei nach Max Horkheimer: Wer von der deutschen Autobahn redet, darf vom Faschismus nicht schweigen. Und es wurde einem stets ziemlich leicht gemacht, nicht zu schweigen. «Aber er hat immerhin die Autobahn gebaut!», hieß es noch viele Jahre nach Hitlers schmählichem Ende, wenn von den angeblich «guten Seiten» der Nazi-Zeit die Rede sein sollte.

Gegen die Autobahn, so ging es bis in die siebziger Jahre hinein, hatten die Millionen Toten von Auschwitz einen schweren Stand. Schließlich hatte der «Führer» 1935 den in Rekordzeit fertig gestellten Autobahnabschnitt zwischen Frankfurt am Main und Darmstadt höchstpersönlich eingeweiht. Damals war der Fortschritt noch keine Schnecke, sondern ein Spaten des Reichsarbeitsdienstes.

Heute ist die deutsche Autobahn Alltag für Millionen, und trotz der ellenlangen Staumeldungen ist immer wieder erstaunlich, wie gut, schnell und angenehm man auf ihr vorankommt. Mit ein wenig Glück, versteht sich.

Sanft und sechsspurig schwingt sie sich durch Waldhessen

zwischen Bad Hersfeld und Göttingen, strebt hinter Neumünster klaren Himmels der Ostsee entgegen und lässt bei Ragow schon den nahen Spreewald ahnen. Im Ruhrgebiet zwischen Duisburg und Dortmund knäuelt sie sich, zugegeben, auf engstem Stau-Raum zusammen, und vor lauter Zubringern, Kreuzen und Abzweigungen kann dem Automobilisten schon mal die Orientierung abhanden kommen; hinter Freiburg aber, zwischen Vogesen und Schwarzwald, lockt nur noch der Süden, die Schweiz, Frankreich und Italien, sanfte Hügel, Weinberge und schneebedeckte Gipfel.

Doch auch, wenn der Blick geographisch in die andere Richtung geht, kommt ein Gefühl der Befreiung auf. Wenn etwa die deutsche Journalistin E. mit Arbeitsort Zürich die Grenze bei Basel passiert hat, muss sie «ganz dringend erst mal fünf Minuten Tempo zweihundert fahren», um das schweizerische Phlegma abzuschütteln. Danach fühlt sie sich gleich wieder wie zu Hause, dann geht es ihr wieder gut. Womöglich auch eine Art von PS-gestütztem «Heimatgefühl»?

«Fahrn, fahrn fahrn auf der Autobahn» – der eingängig monotone Refrain der deutschen Popgruppe «Kraftwerk», der in den achtziger Jahren in unzähligen gebrauchten Opel Kadetts und VW-Käfern aus den selbst montierten Boxen dröhnte, war schon nicht mehr geistig-moralisch kontaminiert, sondern vor allem ein musikalischer Vorläufer der Techno-Ära, die in der Berliner «Love Parade» der neunziger Jahre ihren fleischlichen, spärlich bekleideten Höhepunkt fand; womöglich war er aber auch ein ironisches Zitat des amerikanischen Mythos von der «Route 66» mit einem kräftigen Schuss Zivilisationskritik, der die alte Trucker-Romantik überdeckte, natürlich nicht, ohne sie gebührend zu zitieren.

Doch, es gibt tatsächlich Augenblicke, in denen man nirgends besser nachdenken kann als beim Fahren auf der Autobahn, dem konzentriert abwesenden Dahingleiten über das durch die Landschaft schwingende Asphaltband.

1973, auf dem Höhepunkt der Ölpreiskrise, geriet die deutsche Autobahn allerdings in ihre schwerste Bredouille: Einige Sonntage lang durfte überhaupt niemand auf ihr fahren. Die neu entstandene Ökobewegung nutzte die Gunst des Augenblicks und forderte, dass es am besten wäre, wenn auch Montag bis Samstag niemand auf ihr Gummi gäbe, sofern er mit einem luftverpestenden Otto-Motor auf die Piste gehen wolle – und wenn, dann allenfalls mit Tempo 100.

Dieser Rigorismus hat sich nach all den Jahren von flammendem Protest und dunkler Prophezeiung weithin gelegt, und, o Wunder, der deutsche Wald steht noch immer, teils grüner als zuvor, auch wenn die Schäden durch Luftverschmutzung und Trockenheit anhalten. Der Waldschadensbericht 2004 hat zwar wieder Alarm geschlagen, aber der Waldbestand zwischen 1987 und 2003 ist gleichwohl um 17 Prozent gewachsen. Eigentlich sollte der deutsche Tann schon 1988 nahezu verschwunden sein – nach den Prognosen von 1980 jedenfalls. Die Hauptsorge im Jahr 2005 richtet sich eher auf die Absatzprobleme der deutschen Autoindustrie. VW und Opel, Ikonen des deutschen Wirtschaftswunders in den fünfziger Jahren, befinden sich im harten Abwehrkampf gegen Peugeot, Citroën, Honda und Toyota.

Als Hauptverursacher des «sauren Regens» gilt nun nicht mehr das weithin abgasreduzierte Auto, sondern das gemeine deutsche Mastschwein mit seinem unverantwortlich hohen Methangas-Ausstoß. Von den zig Millionen Masthähnchen und Puten, Millionen Rindern und Schafen samt ihren hochgefährlichen Exkrementen gar nicht zu reden. Inzwischen arbeiten deutsche Forscher aber schon daran, mithilfe genveränderter Bäume Umweltgifte aus den Waldböden zu saugen. – Auch hier sehen wir wieder die charakteristische Mischung aus apokalyptischer

Untergangsbeschwörung, romantischer Sentimentalität und akribischem Forscherdrang.

Wenn die eine Katastrophe ausbleibt, dann wird eben die nächste gesucht. Da lässt man sich weltweit nichts vormachen. In der Zwischenzeit bis zu ihrem Eintreffen – oder ihrer Abwendung – versucht man, eine so gut wie 99-prozentige Filterwirkung in den mehrstufigen Klärwerken zu erreichen, die Parkraumbewirtschaftung in den Großstädten zu vervollkommnen und die Recycling-Quote von Verbund-Verpackungen zu erhöhen. Nicht zu vergessen in diesem Zusammenhang: das «Kärchern», eine Lieblingsbeschäftigung technisch hochgerüsteter Hausmeister und Eigenheimbesitzer – das wassergestützte Säubern von Gegenständen und Hausfassaden mit dem extrem wirksamen Hochdruckreiniger, der auf den bereits 1959 verstorbenen schwäbischen Tüftler Alfred Kärcher zurückgeht. Unter massivem Einsatz dieser deutschen Wunderwaffe wurden vor einiger Zeit sogar die Freiheitsstatue und die Memnonkolosse im ägyptischen Luxor von antiken Schmutzpartikeln befreit.

Besonders für die Franzosen mit ihrem stets ambivalenten Verhältnis zum einstigen «Erbfeind» ist dieses Land gerade deshalb so faszinierend, weil hier selbst das Genie eine praktische Ader hat. Denken wir nur an Goethe. Mögen sie sich intellektuell und politisch über viele Eigentümlichkeiten «chez les Allemands» mokieren, über ihren moralischen Rigorismus oder ihre nachlässige Kleidung etwa – Anerkennung, Interesse und Bewunderung zollen sie dieser eigenartigen Kultur zwischen Kant und Kärcher nach wie vor.

Gewiss: Auch die Wohngemeinschaft mit Müslizwang und Putzplan als Lebensform war den individualistischen Baguette-Liebhabern im Pariser Quartier Latin stets ein Buch mit sieben Siegeln geblieben – doch bis heute existiert ein flirrendes Interesse für die schräge deutsche Mischung aus Kommune 1 und

Holocaust-Mahnmal, RAF und Määnzer Fassenacht, mittelalterlichen Ritterburgen und sozialistischer Novemberrevolution, Preußen und Gründerzeit, Weimarer Republik und «Roaring Twenties», Hitler und Honecker, altem Westberlin und neuer Mitte.

Der Fokus dieses französischen Deutschlandgefühls ist Berlin. Dass die deutsche Hauptstadt der historische Ort war, an dem sich vor 15 Jahren die Teilung Europas und der Kalte Krieg, die gegenseitige atomare Vernichtungsdrohung und der Wettlauf der Systeme wie durch ein Wunder in Luft auflösten, sorgt immer noch für eine gleichsam magische Anziehungskraft – Nachhall der tausendfachen «Wahnsinn»-Rufe in der Nacht vom 9. auf den 10. November 1989; ein Ereignis, dessen unerklärliche Transzendenz wie der blaue Himmel Brandenburgs über der historischen Stätte des Sieges über die Unwahrscheinlichkeit liegt.

Noch für den Rheinländer Konrad Adenauer lag die 28 Jahre lang geteilte Stadt kurz vor der sibirischen Steppe, am Rande eines ewigen kommunistischen Mongolenreichs – heute macht sie glitzernden Metropolen in aller Welt Konkurrenz. Gewiss, kunsthistorisch und stadtästhetisch kann Berlin Paris, Rom und London nicht wirklich das Wasser reichen, trotz Brandenburger Tor, Stülers Nationalgalerie und Reichstag, trotz Kreuzberger Kiez und Wochenmarkt am Kollwitzplatz.

Dafür ist es eine atemraubende Geschichtscollage, die Pathos und Prosa, (Alb-)Traum und Historie, Mythos und Gegenwärtigkeit auf einzigartige Weise verbindet. Das Weltstädtische bedarf – jenseits der legitimen Marketing- und PR-Strategien, wie sie in allen Metropolen gepflegt werden – keiner besonderen Inszenierung mehr. Es ist selbstverständlich geworden, beinah normal. Diese neue Urbanität entsteht teils hinterrücks wie durch eine unsichtbare Hand der ungezählten Wirkungen und

Einflüsse, chaotisch und fast zufällig, teils durch die vielen historischen Schichten, die hier übereinander liegen und ihre eigene Reibungsenergie erzeugen. Die aufwendige, milliardenteure Sanierung vor allem des bis 1989 unaufhaltsam verfallenden Ostteils, die das Gesicht der Stadt furios verändert hat, ist ein Wunder für sich.

Selbst dort, wo Berlin noch wie eine vorsibirische Steppe aussieht – rund um den Alexanderplatz –, füllt sich das Auge des Betrachters immer wieder mit Bildern seiner eigenen Vorstellungskraft. So weht Alfred Döblins Jahrhundertroman «Berlin Alexanderplatz» und seine legendär dunkle Fernsehverfilmung durch Rainer Werner Fassbinder bis heute nach.

Die Hackeschen Höfe im ehemaligen Judenviertel sind ebenso Anziehungspunkt wie die Oranienburger Straße und die Karl-Marx-Allee. Dort, wo einst der DDR-Volksaufstand vom 17. Juni 1953 begann, ist nun, nach einer umfassenden, milliardenschweren Renovierung, ein kilometerlanger Boulevard entstanden, der in Europa seinesgleichen sucht.

Touristen aus aller Welt zieht es in diese postkommunistische Zuckerguss-Champs-Élysées von Berlin, die einst Stalinallee hieß, die sozialistische Prachtmeile der Massenaufzüge am 1. Mai. Heute treffen sich dort, umzingelt von trendigen Szenegängern, immer noch überzeugte Altkommunisten, ehemalige Abschnittsbevollmächtigte der Volkspolizei und frühere Stasi-Offiziere, die nun als rüstige PDS-Rentner im alten DDR-Café «Sibylle» vor ihrem Kaffee mit Schlagsahne sitzen, dem Sozialismus nachtrauern und über Rentenkürzungen schimpfen, die jüngste Ausgeburt des menschenfeindlichen Monopolkapitalismus.

Nirgends in Deutschland begegnet man den unterschiedlichen Epochen auf engstem Raum derart unvermittelt: Ein höchst lebendiges Palimpsest, ein vielfach über- und umgeschriebenes Original, ständig im Werden und nie wirklich fertig.

Der Feuilletonist und Berufsflaneur Franz Hessel versuchte schon zu Beginn der dreißiger Jahre, das eigentümlich Ungreifbare dieser Berliner Zustände im Wandel der Zeiten zu fassen und schrieb schließlich mit lokalpatriotischer Entschlossenheit: «Wir wollen es uns zumuten und das Ding Berlin in seinem Neben- und Durcheinander … so lange anschauen und schön finden, bis es schön ist.» Der Philosoph Walter Benjamin glaubte damals sogar, noch «um die Weinberge von Capri» herum die Berliner Luft zu atmen, «eben diese Luft, in der die Bilder und Allegorien stehen, die über meinem Denken herrschen wie die Karyatiden auf der Loggienhöhe über die Höfe des Berliner Westens».

Heute noch meint man zuweilen, diese Luft zu atmen, wenn man zwischen Lietzensee, Stuttgarter Platz und Kurfürstendamm durch die ruhigen, großzügigen Straßen flaniert, und tatsächlich ist hier auch ein Stück des zart wachsenden bürgerlichen Selbstbewusstseins zu spüren, das in dieser «jungalten Stadt» (Ernst Bloch) nach all den politischen Katastrophen des 20. Jahrhunderts keineswegs eine Selbstverständlichkeit ist. Es entsteht wieder so etwas wie ein hauptstädtisches, gesellschaftliches Leben.

Für diesen erfreulichen Zustand könnte es kaum eine bessere Bestätigung geben als die pünktliche Rückmeldung feuilletonistischer Berlin-Hasser, die sich über das ungeschliffene Alltagsleben und jene Partys lustig machen, zu denen sie nicht eingeladen sind oder auf denen sie nicht im Mittelpunkt stehen. Titel eines einschlägigen Sammelbandes: «Hier spricht Berlin. Geschichten aus einer barbarischen Stadt». Das Niveau von New York ist also in Sichtweite. Wenn «Cool Britannia» ein Label für das neue England war, dann ist die Rede vom «hippen Berlin» durchaus das symbolische Äquivalent eines anderen, neuen Deutschlands. Mitten im ortsüblichen Dauerkrisengejammer und trotz einer Rekordverschuldung des Berliner Landeshaushalts kletterten die Tourismus-Zahlen 2004 mit zweistelligen Zuwachsraten auf ein historisches Allzeit-Hoch – nicht zuletzt eine Folge der sensationell erfolgreichen «MoMA»-Ausstellung in der Neuen Nationalgalerie, zu der über eine Million Menschen pilgerten. Inzwischen gehört Berlin zu den drei beliebtesten Städtereiseizielen Europas, was nun auch jenseits des Atlantik wahrgenommen wird: «Berlin, Berlin», eine erfolgreiche TV-Produktion, die das neue Lebensgefühl der Hauptstadt kongenial eingefangen hat, errang als erste deutsche Fernsehserie überhaupt den New Yorker «Emmy Award» 2004.

Wer erinnert sich da eigentlich noch an den erbitterten Grundsatzstreit im Bonner Bundestag, ob die Regierung nach Berlin ziehen soll?

Wer erinnert sich noch an die düsteren Prophezeiungen, Bonn werde veröden und Berlin zur bombastischen Repräsentanz eines preußisch-reaktionären «Vierten Reiches» avancieren, eine potenzielle Gefahr für die friedliebende Menschheit?

Und wer erinnert sich noch an die eher gegenteilige These von der deprimierenden Stadtwüste im Brandenburger Treibsand nahe der polnischen Grenze – die neue Friedrichstraße als urbane Totgeburt, der Potsdamer Platz als lebloses Kunstgebilde im Niemandsland? Wahrscheinlich kaum jemand.

Dass sich Deutschland geändert hat, ahnen selbst jene amerikanischen Touristen, die manchmal noch nach dem Führer fragen und sich nicht ganz sicher sind, ob Joseph Goebbels noch lebt. Hitlers «Wolfsschanze», Honeckers «Wandlitz» und «Das Wirtshaus im Spessart» mit Liselotte Pulver – das war gestern. Heute ist «Zum Goldenen Hirschen» und «An einem Sonntag im August», in Berlin, am Prenzlauer Berg: dort, wo sich die Jungen und Hippen in der warmen Vormittagssonne an ihrem Milchkaffee festhalten und die Gesichter eines neuen, unverkrampften Deutschlands zur Schau stellen.

Und kaum etwas liebt der aufgeklärte Franzose oder der neugierige Engländer so wie die schier unübersehbare gastronomische Landschaft in der einstigen Preußenmetropole und Beinah-Welthauptstadt «Germania», das unübersichtliche Gewimmel zwischen dunklen Hinterhöfen und schicken Bars mit seinem weltrekordverdächtigen Angebot. Anders als viele Bistros in Paris oder Pubs in London schließen sie eben nicht schon um Mitternacht, und inzwischen bekennen selbst Hollywoodstars wie Matt Damon, Tom Cruise und Dustin Hoffman, dass sie besonders gerne in Berlin drehen, weil hier das Nachtleben aufregender sei als in Los Angeles. Eine deutsche Erfolgsgeschichte also, sollte man meinen. Ein kleiner Grund zur Freude nach den schier unausrottbaren Vorurteilen über die spießige deutsche Jägerschnitzel-Feierabend-Biertrinkerwelt.

Doch bei aller Begeisterung – so leicht kann man es sich natürlich nicht machen.

Die andere Seite des modernen Deutschseins, weitab von Café Latte, Glamour Gala und Club Culture, ist und bleibt die deutsche Tugend von Strenge und Ernsthaftigkeit, Disziplin und strikter Sachorientierung. Wer häufiger im ICE durchs Land fährt, ob erster oder zweiter Klasse, kann die deutschen Sekundärtugenden in Ruhe studieren, gleichsam in Echtzeit bei der Arbeit erleben. Vor allem aber kann er sie hören.

Auch wenn das böse Wort vom «Freizeitpark Deutschland» immer noch die Runde macht und alle davon reden, dass die Einführung der 35-Stunden-Woche, Nachtschichtzuschläge ab 14 Uhr nachmittags und die bezahlte Zigarettenpause folgenreiche Fehler waren – im IntercityExpress hört die Arbeit niemals auf.

Da wird gebrütet, gerödelt und gewerkelt bis zur Endstation, mindestens aber, bis der Zielbahnhof des nächsten Meetings erreicht ist – selbstverständlich zu allen Tages- und Nachtzeiten.

Und die Unermüdlichen sind überall. Meist tragen sie Anzug und Krawatte oder wenigstens Jackett und achten nicht derer, die immer noch verzweifelt nach ihren reservierten Plätzen suchen oder schon den ersten Apfel schälen und das mitgebrachte Butterbrot auspacken.

Kaum hat der Zug den Bahnhof verlassen, werden auf den kleinen Tischen Pilotenkoffer und Aktentaschen geöffnet, Laptops aufgeklappt, flimmernde Zahlenkolonnen aufgerufen, wichtige Vorlagen studiert und Vermerke angefertigt, während unentwegt die Handys klingeln, die portablen Büros unserer Zeit: «Informieren Sie bitte ganz dringend Herrn Kabulske ...»

Da die Gespräche mindestens in Zimmerlautstärke stattfinden, kann auch der eher schläfrige, vor sich hin dösende Reisende an der steten Steigerung des Bruttosozialprodukts teilhaben und sich nebenbei über Details einer ausgefeilten Marketing-Strategie für eine ganz neue Staubsauger-Generation und logistische Schwierigkeiten bei der Lieferung von Spezialgasröhren informieren.

Immer wieder erstaunt dabei die sachorientierte Formulierungssicherheit und die versierte Klarheit der Artikulation dieser reisenden Angestellten der Deutschland AG.

Kein scherzhaftes Wort, das vom Problemkern ablenken könnte, entringt sich ihren Lippen, kein Witzeln und kein Nuscheln, das die geschäftliche Angelegenheit ins Lächerliche ziehen würde. Noch im sanften Wegdämmern erfasst den unfreiwilligen Mithörer deshalb das wohlige Gefühl, um Deutschlands Zukunft könne es nicht wirklich schlecht bestellt sein, solange derart kompetente, ihrer beruflichen Aufgabe inbrünstig hingegebene Fach- und Führungskräfte im ICE unterwegs sind und dabei nicht der vorbeifliegenden Landschaft nachsinnen, sondern dem Schnittpunkt ihrer Tabellenkurven.

Nicht selten diskutieren gleich zwei oder drei Kollegen Aug' in

Aug' und in gemeinsamer Leidenschaft fürs Fach – zum Beispiel über komplizierte Schaltkreise einer automatisierten Prozesssteuerung von Filtrieranlagen oder schwere rechtliche Probleme bei der steuerlichen Verfolgung von Offshore-Firmen. Nebeneffekt für Mitlauschende: Beschämt werden sie der bitteren Tatsache gewahr, dass sie selbst eigentlich nicht die geringste Ahnung davon haben, was die Welt im Innersten zusammenhält.

Zuweilen erfassen den ebenso harmlosen wie hedonistischen Mitreisenden auch noch Gewissensbisse, weil er seinen Feierabend längst dezent und völlig eigenmächtig eingeläutet hat und ein bisschen vor sich hin träumt, während sich die anderen auch noch am späten Freitagabend unerschrocken den Herausforderungen der Globalisierung stellen. Soll doch niemand glauben, der Chinese schlafe im Shanghai-Express. Sie wissen es besser.

In diesen Augenblicken scheint es, als habe es 1968 nie gegeben, keine umherschweifenden Haschrebellen, keine Neue Deutsche Welle in der Popmusik und keinen Comedy-Boom im Fernsehen. Es ist dann nur ein kleiner gedanklicher Schritt, und schon ertappt sich der untätige ICE-Reisende bei dem Wunsch, die Kollegen würden doch endlich auch Schluss machen mit ihrer grässlichen Arbeitswut, dem Standort Deutschland eine winzige Atempause gönnen, in Ruhe die ungelesene Tageszeitung aufschlagen oder vielleicht mal mit der eigenen Frau telefonieren.

Andererseits ist es aber eben jene deutsche Gründlichkeit & Verlässlichkeit, die das Land groß gemacht hat. Nirgends auf der Welt sind Mülltonnen ein schöner Anblick. In Deutschland aber stehen sie wenigstens in einer Reihe und werden pünktlich abgeholt – fast so wie die Milchkannen in der inneren Schweiz. Das gilt auch für falsch geparkte Autos, Altkleider-Container und noch nicht ganz, aber schon fast völlig abgegessene Teller im Restaurant, die die nette Bedienung mit dem Kampfruf

«Hat's denn geschmeckt?!» in einer blitzartigen Armbewegung abräumt. Die deutsche Verlässlichkeit, oft als reaktionäre Spießerhaltung verschrien, mit der man auch Freibäder, Atomkraftwerke und weit Schlimmeres betreiben könne, ist ein Grundpfeiler des deutschen Daseins, den inzwischen auch jene nicht missen möchten, die ihn früher unbedingt zum Einsturz bringen wollten.

«Bloß nicht in ein australisches Krankenhaus!», fasste unlängst eine Freundin ihre unangenehmen Erfahrungen zusammen, nachdem sie sich *down under* eine Lungenentzündung geholt hatte. Die gleichen Warnrufe ereilen die deutschen Barmer-Ersatzkassen-Bürger immer wieder aus Italien, England und anderen zivilisierten Ländern des freien Westens. «Wenn du ernsthaft krank wirst, geh bloß zurück nach Deutschland!», lautet der lebensweise Ratschlag, der sich von keinen internationalen Rankings und ortsüblichen Kassandra-Rufen irritieren lässt.

Wer immer nur das Lamento über die steigenden Kosten, die «Zwei-Klassen-Medizin», die Profitgier der Pharmaindustrie und die verkrusteten Strukturen des deutschen Gesundheitswesens im Ohr hat, vergisst leicht den hohen Standard der Krankenversorgung in der Bundesrepublik. Man hat sich eben daran gewöhnt und findet nichts Besonderes dabei.

Einstmals leuchtende Errungenschaften verschwinden einfach im Strauß der Selbstverständlichkeiten. Und so liest man im Wartezimmer des Hals-Nasen-Ohren-Arztes Nachrichten wie diese mit einiger Verwunderung: In Irland, jener jungen blühenden westeuropäischen Insel, der das Londoner Forschungsinstitut «Economist Intelligence Unit» kürzlich die weltweit höchste Lebensqualität attestierte (Deutschland landete wieder einmal abgeschlagen auf Platz 26, knapp vor Slowenien), warten die Patienten auch in dringenderen Fällen ein halbes Jahr auf ein

Krankenhausbett. Hierzulande beschwert man sich, wenn es ein paar Tage oder mal zwei Wochen länger dauert.

Und so läuft es oft, wenn es um die gesellschaftliche Grundsicherheit geht, das Grundgefühl der Bevölkerung, sich auf das Funktionieren der sozialen Systeme verlassen zu können. Gerade das hohe Niveau des deutschen Sozialstaats verleitet dazu, jeden Korruptionsskandal und jeden Schwachpunkt als Ausweis seines totalen Versagens zu interpretieren.

Dabei lenkt auch berechtigte Kritik die Aufmerksamkeit vor allem auf den Umstand, dass es viele Sozialleistungen, um die hierzulande leidenschaftlich gerungen wird, in den meisten anderen Ländern niemals gegeben hat. Von der «Künstlersozialkasse» (KSK) zum Beispiel, eine weltweit einmalige Institution, die freien Autoren, Schauspielern und Musikern die Existenz erleichtert, können die Kollegen in Frankreich, Italien und England nur träumen.

Die Autofahrer dieser schönen Nachbarländer werden sich andererseits eher freuen, dass es bei ihnen keinen unnachsichtigen TÜV gibt, der strenge Mängellisten aufstellt, unerlässliche Reparaturen fordert und «verkehrsgefährdende Kraftfahrzeuge», die woanders noch 100 000 unbeschwerte Kilometer fahren würden, mitleidlos stilllegt. Von der allfälligen Abgasuntersuchung ganz zu schweigen.

Der «Technische Überwachungsverein», wenn auch jüngst etwas in die Kritik geraten, ist so recht eine jener deutschen Institutionen – ähnlich wie DIN-Norm oder ADAC –, die nahezu blindes Vertrauen und jede Menge Ehrfurcht genießen. Da kann der Zeitgeist wehen, wie und wo er will: Der TÜV ist der siebente Sinn der Deutschen und zugleich Ausdruck ihres kollektiven Über-Ichs. Nicht nur Autos, sondern technische Anlagen aller Art werden hier einer derart strengen Prüfung unterzogen, dass die analoge Vorgehensweise in anderen Ländern zur Stilllegung des gesellschaftlichen Lebens führen würde. Städte wie Athen oder Thessaloniki müssten, baustatisch und sicherheitstechnisch gesehen, nahezu komplett abgerissen werden. Nur die Akropolis bliebe stehen. Wie oft schütteln deutsche Touristen angesichts maroder Steigleitungen und abenteuerlicher Betonkonstruktionen in südlichen Gefilden den Kopf und murmeln: «Bei uns würde das nie genehmigt/sofort wieder dem Erdboden gleichgemacht/mit Gefängnis bestraft ...»

Nicht umsonst lautet in Deutschland die allererste Frage bei einem technisch bedingten Großunglück irgendwo in der Welt: Könnte so etwas auch hier passieren? Die beruhigende Antwort folgt meist auf dem Fuße: Selbstverständlich nein!

Und tatsächlich, großflächige Stromausfälle wie in Italien, Portugal oder Amerika, gar totale «Black-outs» wie in Kalifornien, sind hierzulande praktisch unbekannt. Das Gleiche gilt für berstende Staudämme oder explodierende Feuerwerks-Fabriken. In China zum Beispiel, dem gefeierten, dynamisch-modernen Wachstumsmotor der Weltwirtschaft, sterben immer noch jährlich mindestens 10 000 Bergleute wegen der mangelnden, genauer: katastrophalen Sicherheitsbedingungen. Auch sonst zählen Menschenleben nicht viel.

Anders in Deutschland: Schon in den siebziger Jahren hörte man immer wieder von einer so genannten «Redundanz», einem technischen System mehrfacher, voneinander unabhängiger Sicherheitsfunktionen für ein und dieselbe Gefahrenlage – ein beliebter Begriff der «Reaktorsicherheitskommission», die damit jedes «Restrisiko» von Atomkraftwerken so gut wie ausschließen wollte. Über Redundanz verfügt inzwischen aber auch eine moderne Waschmaschine oder eine halbautomatische Gehhilfe.

Wie konsequent und umfassend das deutsche Sicherheitsdenken ausgeprägt ist, zeigt sich auch im weiten Feld der «Vorsichtsmaßnahmen», die das alltägliche Leben bestimmen. Vom

Hochofen bis zum Kinderspielplatz, von der Mikrowelle bis zum Aussichtsturm, vom Autotunnel bis zur Aufhängung einer Weihnachtslichterkette reicht das unübersehbare Arsenal der systematischen Sicherheitsvorkehrungen.

Während in Amerika die Schadenersatzforderungen leicht zwei- und dreistellige Millionenbeträge erreichen, geht man in Deutschland lieber präventiv vor. Der Hinweis auf «Gehwegschäden» ist ein in Berlin derzeit äußerst beliebtes Schild, das überall dort fein säuberlich montiert wird, wo alte DDR-Platten und anderes Ungemach den allzu flinken Stöckelschuh bedrohen könnten. Dafür dürfen sich die Bautrupps dann Zeit lassen mit dem Verlegen eines neuen Pflasters. So hat jeder was davon. Manchmal bleibt das Warnschild auch dann stehen, wenn der Gehweg vorbildlich repariert worden ist. Merke: Gefahr droht immer.

Welch wunderbare Blüten dieses Denken treiben kann, veranschaulicht der Entwurf einer Verordnung des Bundesverkehrsministeriums Ende 2004, die Binnenschifffahrt betreffend: Sie verlangt die Anschaffung von Rettungsflößen nach Hochsee-Standards auch für Ausflugsdampfer auf dem Rhein. «Stabilität» und «Sinksicherheit» gingen hier vor, heißt es, auch wenn Sicherheitsexperten jahrzehntelang nicht einmal preiswerte Rettungsringe für unabdingbar gehalten haben und darauf verweisen, dass die weißen Rheingau-Kähne sich bislang eher selten in die stürmische Nordsee verirrt haben. Mit Mehrheit wies schließlich die «Zentralkommission für die Rheinschifffahrt» in Straßburg das absurde Ansinnen zurück, für viele Millionen Euro neunhundert harmlose Binnenschiffe hochseetauglich zu machen.

Im Prinzip aber gilt: Wenn es um das hohe Gut der Sinksicherheit geht, kennt die Bürokratie kein Pardon. Eher geht sie selbst unter. Denn Stabilität und Sinksicherheit sind die Leitmotive der Bundesrepublik von Anfang an, ihre Staatsraison *par excellence.* Neben Demokratie, Rechtsstaat und Schlechtwetter-geld, gewiss.

Nach dem schrecklichen Resümee, das 1945 gezogen werden musste, sollte Deutschland eine Insel der Sicherheit und des Friedens werden, möglichst verhaltensunauffällig, behütet, be-rechenbar, ein zuverlässiger Partner des Westens mit Freunden in aller Welt, kurz: brav und strebsam.

Staunend sehen die Deutschen deshalb immer wieder in den Fernsehnachrichten, welche unglaublichen Zustände im Rest der Welt herrschen. Krieg, Terror, Elend, Chaos und der Kampf ums nackte Überleben.

Selbst in bevorzugten Urlaubsländern der Deutschen wie Italien, Frankreich und Griechenland streiken regelmäßig Bade-meister, Fluglotsen, Richter, Staatsanwälte und Eisenbahner und legen ohne Rücksicht auf Verluste wochenlang das öffentliche Leben lahm. «Sciopero generale», «Generalstreik», gehörte zu den ersten Wörtern, die beim «Italienisch für Anfänger» ganz leicht zu behalten waren.

Wie anders war es da stets zu Hause. Wenn die Mülltonnen mal drei Tage nicht geleert wurden, war Schluss mit lustig, und der Notstand brach aus. Der Gestank auf den Straßen schien schon leicht nach Bürgerkrieg zu riechen. Nachbarn schmiede-ten bereits Katastrophenpläne und holten ihre Arbeitshandschu-he aus dem Keller.

Bald aber kehrte der schwergewichtige ÖTV-Boss Heinz Kluncker, der Reiner Calmund der Gewerkschaft «Öffentliche Dienste, Transport und Verkehr», an den Verhandlungstisch zu-rück. So blieb es bis heute. Nur Österreich, die Schweiz und Japan zählen weniger Streiktage als Deutschland – fünf pro 1000 Beschäftigte im Jahresschnitt. In den USA sind es 45 Tage, in Portugal 174 und in Spanien 252. Selbst der spontane, knapp einwöchige Streik bei Opel in Bochum im Oktober 2004 ging ohne größere Turbulenzen in eine Verhandlungslösung über – wie bitter sie auch für die Betroffenen war. Für die große Karstadt-Krise fand sich ebenfalls ein rettender Ausweg. So hat sich das deutsche System von Tarifautonomie, Friedenspflicht und Mitbestimmung trotz aller Schwächen und Schwerfälligkeiten bewährt: ein klarer strategischer Standortvorteil.

Auch die Probleme einer dramatisch alternden Gesellschaft packt man hier zuweilen sehr vorausschauend und ganz praktisch an. Bei DaimlerChrysler in Stuttgart zum Beispiel werden seit einiger Zeit modernste Fitnessgeräte direkt zu älteren Arbeitern ans Band gebracht. Ein «Personal Trainer» überwacht die Übungen, die vor allem die Rückenmuskulatur stärken sollen. Die Prozedur hilft am Ende Arbeitnehmer und Arbeitgeber gleichermaßen: ein Fünftel aller Krankschreibungen gehen auf Rückenbeschwerden zurück. Die modernen Manager des Kapitalismus wissen: Erfahrene Facharbeiter ohne chronische Schulterschmerzen sind kostbar. Welcher aufrechte Marxist hätte sich das je vorstellen können – Physiotherapie statt Klassenkampf.

Hier zeigt sich exemplarisch die deutsche Mentalität von Mäßigung und Wohltemperiertheit, der Geist des sozialen Ausgleichs und des gesellschaftlichen Konsenses, die intuitive Einsicht, dass am Ende aller Streitigkeiten doch ein Kompromiss stehen muss. Es hilft ja nichts: Man braucht sich eben gegenseitig.

Womöglich ist dieses oft widerwillige Eingeständnis eine unbewusste späte Lehre aus den mörderischen Abgründen des 20. Jahrhunderts, aus Klassenhass und Massenhysterie, politischem Fanatismus und ideologischem Vernichtungswillen. Jedenfalls ist es kein Zufall, dass nun eher zivile Begriffe wie Föderalismuskommission, Vorsorgeuntersuchung, Jugendschutz, Umweltschutz, Tierschutz und Arbeitsschutz einen elementaren Komplex des untrüglichen Gefühls ausmachen, in Deutschland zu leben. Zahllose Bürgerinitiativen und Vereine wie die «Schutzgemeinschaft deutscher Wald e.V.», die «Schutzgemeinschaft der Kleinaktionäre», die «Schutzgemeinschaft Libellen in Baden-Württemberg», die «Bayerische Hausfrauenvereinigung des Katholischen Deutschen Frauenbundes e.V.», der «Allgemeine Patienten-Verband», die «Deutsche Gesellschaft für Ernährung», die «Schutzgemeinschaft Deutsches Wild» oder die «Schutzgemeinschaft Fluglärm Dortmund» sorgen dafür, dass möglichst niemand unter die Räder kommt, ob Mensch oder Baum, ob Tier oder Aktienbesitzer.

Die Zivilgesellschaft lebt und passt auf – nicht zuletzt mit Hilfe von freiwilliger Feuerwehr, Technischem Hilfswerk, Aktion Mensch, Caritas, DLRG, Greenpeace, Foodwatch, Ökotest, dem Bund Umwelt- und Naturschutz und der Deutschen Umwelthilfe.

Irgendwann aber ist Feierabend in Deutschland. Dann geht es, wenn nicht gleich nach Hause zu Frau, Kind oder Freund, in die Gaststätte, zum Stammtisch, in die Kneipe, in die Bar, in die Lounge, ins Restaurant, in den Club. Es wird ein Kölsch gezischt oder ein Weißbier, Pils getrunken oder Riesling, Ebbelwoi oder Tecquila Sunrise. Es wird geschimpft, geschaut, getratscht und gechilled. Man entspannt und macht sich Luft, trifft Freundinnen und Freunde, redet sich den Kopf heiß oder sinnt den Fragen des Lebens nach.

Die deutsche Kneipe, eigentlich ein Oberbegriff für sämtliche Lokalitäten, in denen Flüssiges, vorrangig Alkoholisches ausgeschenkt wird, ist ein steter Quell des Lebens, ein Hort der gepeinigten Seele, Urmutter des sozialen Daseins, Anker im Alltag, Sozialstation mit Zapfhahn. Darauf gründet ihr Weltruf. Selbst trinkfeste Schotten, verwöhnte Pariserinnen und schwer geprüfte Schweden sind begeistert, weil hier alles so wunderbar ineinander greift: Essen und Trinken, Nachmittag und Nacht, altdeutsche Tradition und neuer Underground, Herumlärmen und sprachloses Vor-sich-hin-Stieren. Egal, wie das Leben gerade spielt: Die Kneipe nimmt jeden auf. Sie ist therapeutischer Ort und eine prinzipiell klassenlose Gesellschaft.

Doch es gibt eine Institution, die der deutschen Kneipe immer wieder den Rang streitig macht, im Grunde aber – ethnologisch wie kulturanthropologisch – absolut außer Konkurrenz läuft: Der deutsche «Italiener» – die Pizzeria, die Trattoria, das Ristorante, die Salumeria, die Enoteca, die Vinoteca, kurz, das italienische Restaurant, wie die Deutschen es lieben und niemals mehr missen möchten.

Schon seit den siebziger Jahren ist der Italiener die zweite Heimat des Bundesbürgers, sein lukullisches, intellektuelles und emotionales Rückzugsgebiet, seine mediterrane Oase, sein Dolce Vita, sein Arkadien von A bis Z, von Anchovis bis Zuppa Inglese, von Prosecco bis Ramazzotti. Dies gilt für alle Schichten und Klassen, für Junge und Alte, für Reiche wie für Arme, Schöne und Hässliche, Berühmtheiten und Namenlose.

Die soziale Integrationskraft des Italieners in Deutschland ist ein einziges Ruhmesblatt der jüngeren Zeitgeschichte. Es besteht, unter anderem, aus Speisekarten, die ganze Bibliotheken füllen würden, aus Tausenden Begegnungen und Gesprächen und aus zahllosen Chiantis, Brunellos, Barolos, Vernacchias, Gavi di Gavis, Barbera d'Albas, Montepulcianos, Orvietos, San Gimignanos, Terre di Tufos und Tignanellos. Der Italiener ist das schlagendste Argument gegen jede Ausländerfeindlichkeit. Was wäre, Gott bewahre, Deutschland ohne ihn?

Dabei erscheint das wunderbare Phänomen zunächst ganz profan und unspektakulär: Es kann sich um eine Pizzeria handeln oder um ein Edelrestaurant, um einen winzigen Raum mit fünf Tischen oder um einen ausladend prunkenden Saal mit weißen Tischdecken, einer riesigen Weinkarte und Vorspeisenvitrinen von der Größe eines Delphinbeckens. Manchmal geht man mittags hin, manchmal verbringt man dort ganze Abende, manchmal gesteht man nach Stunden und einer Flasche «Riserva» seine große Liebe. Manchmal auch sagt Giuseppe einfach nur: «Kann ich heute frische Mittelmeerfisch leider nichte empfehle ...»

Der Italiener, ob in Kiel oder Kaufbeuren, ist nichts anderes als die glückliche Synthese aus deutschem Fernweh und deutscher Sesshaftigkeit, das Refugium einer Sehnsucht nach Welt und Geborgenheit, eine romantische Bühne, auf der man sich dennoch wie zu Hause fühlt.

In seinem grandiosen Film «Rossini» hat Helmut Dietl dem Italiener ein Denkmal gesetzt: Eine einzige Lebensoper aus Gefühl, Streit und Kerzenlicht, Hoffnung und Enttäuschung, Frutti di Mare und Rosso di Montalcino, zu der der berühmte Schriftsteller in seiner einsamen Stube im Angesicht der schönen Kellnerin die sprichwörtliche Antithese parat hat: «Io scribo, non vivo!»

Fast jeder Deutsche aber, der seinen «Italiener» um die Ecke hat, den er gern Luigi oder Giovanni nennt, hält voller Überzeugung dagegen: «Io vivo, non scribo!» Selbst in den tristesten Momenten novembriger Weltverlorenheit, wenn es auch draußen nur noch trüb und dunkel ist und selbst die deutsche Eiche nackt und schutzlos dasteht, erinnert auch die kleinste Trattoria mit ihren rotweiß karierten Tischdecken daran, dass es all das irgendwo noch gibt: das Meer, die sanfte Brise am heißen Strand, die weiß gekalkten Mauern auf der Piazza in der Mittagshitze, Zypressen und Zitronen und diesen blauen Himmel, der am Abend eines langen Sommertages allmählich ins Orangefarbene oder Violette übergeht.

Es ist ganz einfach: Der Italiener erinnert die Deutschen immer wieder daran, dass es das Leben da draußen wirklich noch gibt. Und das Glück.

Manchmal aber erinnern sie sich auch selbst daran. Meistens dann, wenn für einen Augenblick das unendliche Gejammer und Geblöke aufhört so wie in den kurzen Tagen und langen Nächten der Freude nach dem 9. November 1989 oder an einem blütenweißen Maisonntag, wenn die Kirchenglocken wie von ganz großer Ferne vertraut herüberklingen oder wenn an Weihnachten im Vorübergehen aus dem Frankfurter Dom ein Bach-Choral herausdringt, den man schon lange nicht mehr gehört hat oder beim Neujahrsspaziergang an der Elbe zwischen Teufelsbrück und Blankenese, am Wannsee zwischen Pfaueninsel und Potsdam oder längs der Isar, wenn die Menschen, egal, ob sie gerade deutsch, englisch oder französisch miteinander sprechen, ernst und fröhlich zugleich sind, das «Seid umschlungen, Millionen» von Beethovens Neunter noch halb im Ohr, während sie den Schiffen, Paaren und Passanten nachschauen.

Deutsch, aber glücklich. Warum nicht?

Und klammheimlich kriecht ein kleines bisschen Stolz die Kehle hinauf.

2. Kapitel

Zittern, Jammern, Klagen – die Deutschen und ihre Liebe zum Unglücklichsein

Der Oktober 2004 bescherte Deutschland einige sehr schöne Tage: mit den letzten wärmenden Sonnenstrahlen des Jahres und jenem unverwechselbaren Duft gefallenen Laubes, der in mediterranen Gefilden kaum anzutreffen ist. Doch die deutsche Seele, sonst gerne bereit, sich elegischen Herbstgefühlen hinzugeben, strömte zu dieser Zeit lieber massenhaft zu «Hugendubel», «Dussmann» und «Kaufhof», um sich die Bestseller der Saison zu besorgen. Auf den ersten drei Plätzen der einschlägigen *Spiegel*-Liste rangierten «Mein Rückenbuch», der populäre Ratgeber von Dr. Dietrich Grönemeyer für Schmerzgeplagte aller Kassen, «Moppel-Ich», das intime Tagebuch einer Fernsehmoderatorin, der es gleichzeitig gelang, ihr Körpergewicht und die Ausdrucksmöglichkeiten der deutschen Sprache auf ein persönliches Mindestmaß zu reduzieren – und Frank Schirrmachers «Methusalem-Komplott», ein Weck- und Alarmruf an die dramatisch alternde Gesellschaft, in der die Hundertjährigen unaufhaltsam auf dem Vormarsch sind.

Unschwer erkennt hier auch der ungeübte Laie das Grundprofil der bevorzugten Lektüre, das man im kritischen Geist der Zeit auch ein synergetisches «Problembündel» nennen könnte: Übergewichtige Deutsche mit chronischen Rückenschmerzen fürchten sich vor Alter und Tod.

Das wäre für sich genommen nichts wirklich Neues, denn die unerträgliche Leichtigkeit des Seins hat ihr frivoles Luder-Lager noch nie in germanischen Gefilden aufgeschlagen. Doch seit ein paar Jahren fällt auf, dass eine Sorte populärer Dauerklage überhand nimmt, deren Gegenstand fast austauschbar geworden ist. Sie scheint sich selber zu genügen und lebt aus eigener Kraft. So ist sie praktisch autonom, ein vollkommen autarkes Betriebssystem wie Emma, die Lokomotive, die von einem Magneten gezogen wurde, der an ihr selbst befestigt war. Das Motto der deutschen Dauerdepression ist ganz einfach: Ob Sonne, ob Regen – wir sind dagegen.

Lummerland ist abgebrannt.

Mit Argumenten ist der Klage nicht beizukommen, weil es hier vorrangig um Gefühle geht, um Ahnungen, Vorstellungen und Befürchtungen. Selbst positive Erfahrungen im privaten Umfeld ändern kaum etwas, denn es geht ja ums schlechte Ganze. Und jeden Tag findet sich irgendwo eine Statistik, eine Umfrage oder eine wissenschaftliche Studie, die bestätigt, dass die ganze Sache völlig schief laufen wird (auch wenn sie noch gar nicht richtig begonnen hat), dass wir total auf dem falschen Dampfer sind und sich die Dinge, ohne einen radikalen Kurswechsel, in verhängnisvoller Weise zuspitzen werden. Es war auch nichts anderes zu erwarten. «Prädestination», Vorherbestimmung, nennt das der zuständige Theologe, der schwarze Abt der Apokalypse exklusiv aus deutschen Landen.

In der Disziplin «prinzipielle Negation» sind die Deutschen, meist ohne es zu wissen, längst ein Volk von Adorniten geworden. Sind auch noch die persönlichen Umstände schwierig, wird die Beweislage vollends erdrückend: das Ich und die Welt im Elend (un)glücklich vereint. Die deutsche Dauerklage weiß manchmal selbst nicht, wo ihr der Kopf steht vor lauter Beschwerden. Eines aber weiß sie ganz sicher: dass alles schlecht ist und höchstwahrscheinlich noch viel schlechter werden wird. Spätestens im nächsten Jahr. Oder im übernächsten.

Aus einstmals produktiver Kritik und berechtigter Empörung über bestimmte Zustände, aus lebendiger Neugier und Lust auf Veränderung ist weithin ein diffuses Gefühl geworden, eine unangenehm prickelnde Taubheit. Sie weiß nichts Genaues, ahnt aber Schlimmes.

Einerseits ist man unentwegt in Aufruhr und stets empörungsbereit, andererseits verliert sich die allgemeine Aufwallung immer wieder rasch in bräsiger Abgestumpftheit und aggressiv gestimmter Resignation. Wie ein schwerer Hochnebel, dem selbst kräftige Sonnenstrahlen nichts anhaben können, liegt diese merkwürdige Stimmung der Selbstlähmung über Deutschland. Viele Bürger sind ihr inzwischen überdrüssig geworden, dennoch hält sie sich zäh und tapfer.

Das zahlende Publikum kann sich aber auch im unerschöpflichen Angebot von Krisengetöse und Dauerdepression, schlechter Laune und abenteuerlicher Niedergangsprophetie geradezu suhlen. Was wird dem einstigen Volk der Dichter und Denker nicht alles prophezeit: das Schwinden, ja Aussterben von Rasse und Klasse, dem freilich ein langes, qualvolles Siechtum vorangehen werde; wahlweise muslimische Überfremdung: Moscheen statt Morgenandacht; der wirtschaftliche Abstieg des früheren «Superstars» auf das Niveau afrikanischer Stammesgesellschaften; fortschreitende Verdummung und geistige Verödung; schleichende Vergiftung durch Chemie und Abgase jedweder Art und eine allgemeine, vorwiegend kulturell bedingte Degenerierung, die sich schließlich bis ins verpfuschte Erbgut fortpflanzt; kurz: Finis Germaniae! Deutschland – ein Dschungelcamp voll Känguruhoden kauender Lemuren.

Wer dies für eine unverschämte Übertreibung hält, hat keinen Fernsehapparat und liest keine Zeitung.

Man schalte alle paar Wochen donnerstags nur einmal das ARD-Magazin «Monitor» ein – seit Jahrzehnten so etwas wie das televisionäre Flaggschiff der bundesdeutschen Warn-, Mahn- und Klagekultur: Vom schadstoffbelasteten Lebkuchen bis zur Folter in der Bundeswehr, von der klaffenden «Armutsfalle» bis zur galoppierenden «Bildungsmisere» wird hier in wenigen Sendeminuten regelmäßig ein Bild des Landes gezeichnet, das nur eine Konsequenz nahe legt: Wer sich nicht gleich erschießen will, der sollte fluchtartig die Koffer packen.

Dabei ist nicht die kritische Grundhaltung dieses missionierenden Fernsehjournalismus bemerkenswert, sondern die geradezu triumphal selbstgerechte Präsentation der Wirklichkeit als einziges Verhängnis, in das kein noch so kleiner Lichtstrahl dringt. In der angeblich alltäglichen Apokalypse unhaltbarer Zustände spiegeln sich die journalistischen Aufdecker und Durchblicker stolz als überlegene Zeitgenossen und Ritter des Weltgeists. Nebenberuflich sind sie noch Mitglieder eines schwarzen Strafgerichts, das seine Urteile im Minutentakt vollstreckt.

Gewiss, auch in den guten alten Zeiten des progressiven deutschen Fernsehjournalismus, Ost wie West, war es eine Selbstverständlichkeit, Fäulnis und Verfall des spätkapitalistischen Gesellschaftssystems anzuprangern. Aber damals war immerhin mit wissenschaftlicher Präzision klar: der Kapitalismus hat ausgedient. Es muss eine andere Gesellschaft her, eine positive Perspektive, eine Idee, eine Alternative, soweit zur Hand: eine Utopie, am besten die von Gleichheit und Sozialismus, Champagner & Kaviar für alle.

Auch wenn der eine oder andere diese grundsympathische Haltung heute noch für sich beanspruchen mag, so steht beim aktuellen Wettlauf um die krachendste Enthüllung etwas ganz Anderes im Mittelpunkt – die Funktion des Mediums als öffentliches Erregungsorgan.

Der permanente Alarm-Ton in den Massenmedien hat eben nichts mit leidenschaftlicher Polemik oder einem ideologischen

Streit der Geister zu tun – denn der zielt immerhin auf die argumentative Auseinandersetzung, auf Diskurs, Begründung und Überzeugung. Der neudeutsche Alarmismus will vor allem überwältigen – zuerst die Zuschauer, dann womöglich auch das eigene schlechte Weltgewissen derer, die andere anklagen, um sich selbst moralisch bequemer platzieren zu können. Ein Phänomen, das jeder Journalist kennt, wenn er ehrlich zu sich selber ist.

Dann fällt zum Beispiel auch gar nicht mehr auf, dass im internationalen Steuer-Vergleich, bei dem die Bundesrepublik angeblich weit hinter den USA rangiert, entscheidende Steuerarten und die außerordentlich hohen deutschen Sozialabgaben überhaupt nicht berücksichtigt worden sind. Genauso wenig spielt eine Rolle, dass das statistische «Armutsrisiko» laut dem offiziellen Armutsbericht 2005 der Bundesregierung das drittgeringste in der gesamten Europäischen Union ist. Aber auf Fakten kommt es der medialen Überrumplungs- und Empörungsmaschinerie nicht vorrangig an. Nur wenn dem durchschnittlich informierten Zuschauer kein Ausweg mehr gelassen wird, keine vernünftige Möglichkeit zu Relativierung und Einordnung, dann ist der Auftrag der Fernsehpriester erfüllt.

In den Wohnstuben bleibt in der Regel ein eigenartig schales Gefühlsgemisch aus Erregung, Schuldgefühl und Ratlosigkeit zurück, das gewöhnlich in Bier oder Wein ertränkt wird. Der Rest ist Vergessen und eine dumpfe Ahnung von der Schlechtigkeit der Welt.

In seinem Buch «Erregte Gesellschaft. Philosophie der Sensation» analysiert Christoph Türcke den «Sensationismus als zentrale Wahrnehmungsform moderner, urbaner Gesellschaften». Was nicht spektakulär ist, exorbitant oder Furcht erregend, wird kaum noch wahrgenommen. Und die Dosis muss immer wieder erhöht werden. Kein Wunder, denn Aufmerksamkeit ist eine der wichtigsten Währungen unserer Zeit. Am besten erringt man sie dadurch, dass stets das Schlimmste annonciert wird: SARS breitet sich weltweit aus, BSE jetzt auch bei Menschen, Handys fräsen Strahlenlöcher ins Gehirn, Atombomben in den Händen islamischer Terroristen oder ein möglicher Ausfall von Michael Ballack bei der Fußballweltmeisterschaft 2006 wegen akuter Gesäßmuskelprobleme.

Vor allem die immer ungreifbarer werdenden Ängste einer hochkomplexen Zivilgesellschaft eignen sich ideal für das Reiz-Reaktionsschema des medialen Ausnahmezustands. Die blutroten Laufbänder bei n-tv und N 24 lassen dem Fernsehzuschauer keine ruhige Minute. Jede Sekunde können neue Hiobsbotschaften auf dem elektronischen Bandwurm des weltweiten Unglücks erscheinen. Dabei wird sorgfältig darauf geachtet, dass jeder Erdrutsch, jeder Dauerregen, jeder Waldbrand, jede Sturmflut und jeder Tornado «der Schlimmste seit Menschengedenken» beziehungsweise «seit der Wetteraufzeichnung» war. Vor allem bei den Privatsendern hat man an bestimmten Abenden den Eindruck, von der Erde, wie wir sie kennen, sei eigentlich kaum noch etwas übrig – ganz so, als sei das wirkliche Ausmaß von außergewöhnlichen Naturkatastrophen wie der verheerenden Seebebenflut in Südasien Ende 2004 nicht schlimm und tragisch genug.

Was unsere Väter und Großväter noch als erklärbare Naturereignisse verstehen konnten, wie bedrohlich sie zuweilen waren, ist heute eine heimtückische Attacke unbekannter böser Mächte, die uns alle umbringen wollen. Mörderische Hitze über 40 Grad Celsius wechselt mit tödlicher Kälte ab, sintflutartige Sturzbäche, die ganze Regionen unter Wasser setzen, weichen zerstörerischer Trockenheit.

Im Zusammenschnitt der Katastrophenbilder erscheint die Welt als ein tägliches Werk der Zerstörung. Die Kraft der Natur zur Regeneration und die Lernfähigkeit des Menschen kommen hier nicht vor. Dass der technische Fortschritt, neben neuen Problemen, die er immer wieder mit sich bringt, auch jede Menge alte löst und neue, bislang unbekannte Möglichkeiten eröffnet, wird einfach ausgeblendet.

Im Gegenteil: Um die gefühlte Gefahr zu steigern, werden sogar ganz neue Begriffe erfunden. Was früher schlicht eine vereiste Landstraße war, ist heute böses «Blitzeis», der Horror aus dem Nichts. Das fiel auch der jungen Schriftstellerin Juli Zeh auf: «Seit neuestem leiden wir unter Blitzeis. Hand aufs Herz: Wer hat je eine Eisschicht gesehen, die fünf Wochen braucht, um glatt zu werden ... Blitzeis passt zur allgemeinen Lage der Nation. Temperaturen werden überwacht wie der Blutdruck eines Kranken. Wir haben kein Wetter mehr, sondern eine Klimakatastrophe.»

Und es wird täglich schlimmer. Das ist die Logik der Steigerung. Wenn einmal irgendetwas unbestreitbar besser wird, hakt man es wortlos ab. Das ist selbstverständlich. Das zählt nicht. Das ist ja das Mindeste. Und kurze Zeit später ist es vergessen. Was zählt, ist die schönste Katastrophe, die eloquenteste Klage und die überzeugendste Erzählung vom bevorstehenden Untergang. Manchmal scheint es wie ein Wunder, dass die Menschen immer noch morgens aufstehen, zur Arbeit gehen und sich abends zum gemütlichen Essen im Restaurant verabreden.

Das Vitale, Positive, Optimistische, leidenschaftlich und fröhlich vorwärts Drängende hat es schwer in Deutschland. Dabei ist Vitalität, etwa so, wie sie der Philosoph Ernst Bloch einst formulierte, eigentlich völlig normal, sozusagen von Natur aus erlaubt, ja erwünscht: «Wir regen uns, sind warm und scharf. Was lebt, ist erregt, und zwar zuerst durch sich selbst. Es atmet, solange es ist und reizt uns auf.»

Erregt und scharf aber ist in Deutschland vor allem die Klage. «Wir sind nur noch Futter für Vampire, Geier und Ratten!», rief

eine gut gekleidete alte Dame in Magdeburg, die mit ihrem Fahrrad zur spätsommerlichen «Montagsdemonstration» gekommen
war. «Die Wessis haben den Osten kaputtgemacht!»

In zahllosen Städten wurden die Fäuste geballt und der Stinkefinger gezeigt, Eier geworfen und Spitzenpolitikern fast aller
Parteien mit wutverzerrtem Gesicht die Botschaft des gepeinigten Volkes entgegengeschleudert: «Lügner, Volksbetrüger und
Verbrecher!» Es schien, als habe die rot-grüne Bundesregierung
einen Vernichtungsfeldzug gegen das eigene Volk geplant. «Weg
mit Hartz IV» war der Kampfruf der Saison, ein Amalgam aus
Angst und Hysterie, notorischer Politikverdrossenheit und dem
tiefen Bedürfnis einer emotionalen Entladung, die von den Massenmedien, Fernsehen und *Bild* voran, nach Kräften geschürt
wurde («Jetzt geht es sogar an die Sparschweine der Kinder!»),
bevor die große allgemeine Erregung wieder in sich zusammen-
sackte und *Bild* begann, für «Hartz IV» zu werben. Selbst das
vergleichsweise paradiesische Bayern blieb nicht vom Protest-
sturm des Volkes verschont. Als die CSU-geführte Landesregie-
rung erwog, den Trachtenvereinen die Subventionen zu kürzen,
erhob sich ein großes Jammern und Klagen unter den betroffenen Lederhosenträgern.

Im allgemeinen Klagekonzert den «Standort Deutschland»
betreffend wollte nicht einmal *Focus*, das Nachrichtenmagazin
der kurzen Texte und ewig guten Laune, zurückstehen und ver-
meldete auf dem Titelblatt: «Steuer-Alarm: Deutschland fällt
hinter Haiti zurück».

Dass diese Art der gespenstischen Realitätsverdrehung inzwischen auch bei jenen Schule macht, die sich sonst gegen jede
ideologische Miesmacherei zur Wehr setzen, ist das eigentliche
Phänomen. Monatlich werden die jeweils neuesten Arbeitslosen-
zahlen, die oft genug eher Negativrekorde markieren, fanfaren-
haft gemeldet, so, als dürfe man sie auf keinen Fall auch nur

eine Sekunde lang vergessen. Das Gleiche gilt für immer neue Haushaltslöcher und Steuerausfälle, für die Überschreitung der Maastricht-Kriterien und die Unterschreitung der «Pisa»-Standards. Dumm, dümmer, am dümmsten, schlimm, schlimmer, am schlimmsten.

Der Superlativ ist der Liebling jener «geisterhaften Wirklichkeitsverdünnung», wie sie der verstorbene Autor Dietrich Schwanitz überall am Werke sah. Bei ihr paart sich die Rhetorik der maßlosen Übertreibung aufs Schönste mit einer fast wonnevollen Opferhaltung des klagenden Kollektivs, das sich seinen Tunnelblick nicht nehmen lässt.

Das Praktische an der Position des klagenden Opfers ist die eigene Unschuld. Sie steht a priori fest. Auf wundersame Weise verbindet sich hier eine aggressive Grunddisposition mit regressiven, fast infantilen Tendenzen. Weil die Dauerklage zur Selbstreflexion unfähig ist und Schuld grundsätzlich nur bei anderen, oft bei kaum durchschauten anonymen Mächten erkennen kann, besteht sie im Kern aus narzisstischer Energie und bloßem Ressentiment.

Und so wird am Ende auf die beste Tradition verzichtet, die Europa, nicht zuletzt Deutschland, in den letzten 2000 Jahren hervorgebracht hat: Kritik und Skepsis als fröhlich-optimistischer Ausgang aus selbst verschuldeter Unmündigkeit. Inzwischen nämlich hat es sich die Unmündigkeit im Dauerskeptizismus gemütlich gemacht, genauer: er ist ihre populärste Ausdrucksform. «Skepsis als intellektuelles Verfahren wechselt so seine Funktion», meint der Autor Michael Rutschky. «Im Aufgang der modernen Welt diente sie der Aufklärung; sie weichte religiöse Gewissheiten auf und ermächtigte das Individuum, erlaubte Erfahrungen und Erkenntnisse, die bis dahin unerhört waren. In dieser neuen Form aber wehrt die Skepsis neue Erfahrungen und Erkenntnisse ab.»

Heute badet man lieber in bösen Vermutungen, weit ausgreifenden Anklagen und komplizierten Verschwörungstheorien, sei es in Partygesprächen, bei denen über die Terroranschläge des 11. September 2001 in den USA philosophiert wird, die höchstwahrscheinlich der CIA in Zusammenarbeit mit dem Bush-Clan angezettelt habe, oder an der Käsetheke im Supermarkt, wenn wieder einmal neue gefährliche Keime im Rohmilchkäse gefunden worden sind und der blauschimmelnde Roquefort noch unheimlicher wirkt als sonst.

Überhaupt, die Käsetheke – es kann auch ein bemanntes Kühlregal sein, eine Sandwich-Station oder eine Herrenboutique in Wuppertal; oft ist sie auch eine Wurst- oder Fischtheke: auf jeden Fall eine deutsche Kampfzone, eine gnadenlose Front des Alltagslebens. Hier tritt das deutsche Klagekollektiv, den Autor selbstverständlich eingeschlossen, auf beiden Seiten zum Strafvollzug an. Die ressentimentgeladene Skepsis macht sich dabei allerdings in Form gewohnheitsmäßiger Verdrießlichkeit bemerkbar. Ihre Botschaft: Was immer da kommen mag, es ist mit größtem Misstrauen zu behandeln. Denn meist ist es nichts Gutes.

Exemplarisch für diese Konstellation präventiver Abschreckung ist etwa das eigentlich harmlose Zusammentreffen eines Kunden mit einer Verkäuferin in der Feinkostabteilung eines Kaufhauses. Der Kunde ist sich ziemlich sicher, dass er weiß, was er will: 200 Gramm San-Daniele-Schinken, dünn geschnitten, eine Ecke Parmeggiano Gran Padano und eine kleine Wildschweinsalami. Es ist früher Abend, und der Kunde freut sich schon auf die kleine Gourmandise, zu der noch ein schönes krosses Weißbrot samt einer guten Flasche Rotwein gehört – Belohnung für den harten Arbeitstag. Man gönnt sich ja sonst nichts.

Doch er hat die Rechnung ohne die gut ausgebildeten deutschen Thekenkräfte gemacht.

Denn sie sind leider gerade unabkömmlich. Mit ihren Kolleginnen haben sie sich festgeschwatzt – über zu lange Arbeitszeiten, unangenehme Kollegen, aufsässige Kinder und den arroganten Abteilungsleiter. Man weiß es nicht ganz genau, offensichtlich aber geht es um wichtige Dinge. Zwar steht der Kunde ganz allein und gut sichtbar vor Parmaschinken und Pasteten, doch er wird vorläufig keines Blickes gewürdigt. Erst einmal wird zu Ende diskutiert. So viel Zeit muss sein. Die rechte Patschhand einer Thekenkraft ruht derweil sanft auf der Schneidemaschine, in der noch ein großer Laib Serrano-Schinken steckt.

Es steht ja auch nur ein einziger Kunde in der Gegend herum. Wahrscheinlich geht er nach ein paar Augenblicken von selbst wieder weg. Die meisten Kunden, die in diesem unterirdischen Lebensmittelparadies eines berühmten französischen Kaufhauses in Berlin umherstreifen, schauen sowieso immer nur, was es so alles gibt in der Welt der Luxuslebensmittel. Das meiste kennen sie ja nicht. Sie können es nicht einmal richtig aussprechen und stehen den wirklichen Kunden, denen, die tatsächlich etwas kaufen wollen, nur im Wege. Das geht einem mit der Zeit furchtbar auf den Wecker. Sollen sie doch zu Aldi gehen. Oder zu Lidl, wo die Mitarbeiter drangsaliert werden. Bei uns gibt es eben nur exquisite Ware, die natürlich etwas teurer ist. So ungefähr klingt der innere Monolog einer Verkäuferin auf der einen Seite der Barrikade.

Auf der anderen Seite steht immer noch der Kunde und wartet. Er ist schon ziemlich angefressen. Jede Sekunde ein bisschen mehr. Das glaubt er ja nun nicht: Da stehen zwei, zeitweise sogar drei Verkäuferinnen herum, die eine davon massiv übergewichtig, und unterhalten sich in aller Seelenruhe über private oder sonstige Angelegenheiten, während er sich unübersehbar vor den Wildschweinwürstchen ohne Trüffel postiert hat und einfach nicht bedient wird. Ums Verrecken nicht. Unfassbar.

Wieder einmal typisch deutsch, das Ganze.

Es ist zum Mäusemelken. Dienstleistung und Service sind Fremdwörter in Deutschland. Der Kunde stört nur den geregelten Geschäftsablauf. Oder den sozialistischen Gang der Dinge. Denn mindestens eine der Verkäuferinnen hat unzweifelhaft einen sächsischen Akzent. Sie kennt also noch das sozialistische Arbeitskollektiv, die Brigade, die Materialpause und den Subotnik in der LPG, der «Landwirtschaftlichen Produktions-Genossenschaft» ...

Als der Kunde immer noch keine Anstalten macht, die verlustreiche Thekenfront zu verlassen, kommt sie endlich doch noch, die Verkäuferin mit dem sächsischen Akzent, und fragt mit mühsam antrainierter westlicher Standardfreundlichkeit: «Was soll's denn heute Schönes sein?» Der Kunde, schon ganz bleich vor Wut und mit vor Empörung trockener Kehle, stößt sein Begehr' hervor, als sei es ein aufgepflanztes Bajonett: «Zweihundert Gramm San Daniele!» Das Wörtchen «bitte» hat er sich strafweise versagt.

Wenige Minuten später wechseln Lebensmittel und Geldscheine lieblos den Frontabschnitt Feinkosttheke, und die Kombattanten des deutschen Klagekollektivs verlassen in jeweils entgegengesetzter Richtung das Schlachtfeld von Gleichgültigkeit, Missgelauntheit und Beschwernis. Sie haben es sich gegenseitig nicht leicht gemacht und letztlich ein verdientes 1:1-Unentschieden herausgeholt. Ihre wechselseitigen Vorurteile wurden eindrucksvoll bestätigt, und so gibt es nicht den geringsten Grund, irgendetwas am eigenen Verhalten zu ändern.

Da die Deutschen Fröhlichkeit, Aufgeschlossenheit und Freundlichkeit, wie die Erfahrung zeigt, nur in Ausnahmefällen voneinander erwarten können, richtet sich jeder nationale Kombattant, ob an der Feinkosttheke, am Postschalter, an der Supermarkt-Kasse oder auf den zahllosen Behörden schon vorsorglich auf den unvermeidlichen Feindkontakt ein. Und das ist das Einzigartige an der deutschen Kultur der Alltagsklage: Man kann sich blind auf sie verlassen.

Sie funktioniert wie ein sich selbst regelndes, redundantes System. Sie braucht keine Einflüsse von außen.

Und sie hat eine lange Tradition. Im Nachlass von Sebastian Haffner fand sich eine Polemik unter dem Titel «Der Mitreisende», irgendwann in den dreißiger Jahren des vorigen Jahrhunderts geschrieben. Ohne Umstände kommt der Historiker («Geschichte eines Deutschen»), der auch ein Feuilletonist war, zur Sache: «Der Beruf des Mitreisenden ist es, zu stören. Er stört. Schon ehe er auftritt, stört er ... Der Gruß des Mitreisenden heißt: ‹Sie gestatten wohl›. Und zähneknirschend gestattet man, dass der Mitreisende sich einnistet und es sich bequem macht, der Parasit!»

Auch die Ironie ändert nichts daran: Der Mitreisende als reisender Mitbürger war, ist und bleibt ein potenzieller Parasit und Störenfried. Jeder Deutsche kann hier aus dem Vollen schöpfen, jeder besitzt ein Füllhorn unglaublicher Geschichten von der hässlichen Begegnung zwischen Mensch und Mensch. Der andere ist die Hölle, oder wie der Kabarettist Matthias Beltz einmal Thomas Hobbes abwandelte: «Homo Homini Enemy».

Kurt Tucholsky erfand zu diesem Zweck seinen obersten Beschwerdeführer Herrn Wendriner, dessen schrecklich beladene Berliner Existenz sich in einem einzigen Stakkato menschlicher Anklage äußerte. Herr Wendriner urlaubt in Paris, beerdigt einen Bekannten, betrügt seine Frau, kann nicht einschlafen und will irgendwann im Sommer 1925 ein schönes Bad in der Ostsee nehmen. Und schon fängt das Vergnügen an: «Bademeister! Bademeister! Unerhört! Ist die Ostsee für die Kundschaft da, oder sind Sie für die Ostsee da? Was sich diese Leute erlauben! Nu geben Sie schon her den Bademantel! Hier! Nein, da! Herrgott ... Nächstes Jahr gehen wir ins Gebirge – ich werd Ihnen das schon zeigen.»

Bis heute harrt das dunkle Rätsel deutscher Seelenverkrampfung, die sich mit dem Hang zur permanenten Beschwerdeführerei auf unglückliche Weise verbindet, einer überzeugenden Lösung. Angesichts dieser eigentümlichen Schicksalsverstrickung ist es auch für einen ausgewiesenen intellektuellen Beschwerdeführer wie den Schriftsteller Martin Walser («Dauerpräsentation unserer Schande») eine glatte Sensation, wenn ein 19-jähriger Fahrradfahrer mit Ohr-Piercing an einer Ampel in Osnabrück die Freundlichkeit besitzt, einem alten Mann mit Hut den Fußweg zum Hotel «Walhalla» zu erklären. Im authentischen Bericht des Betroffenen, der sein philosophisches Resümee gleich mitliefert, spürt man noch die Erschütterung des Augenblicks: «Ein Land, in dem ein junger Kerl sein Rad zwischen den Beinen behält, aber ein Ampelgrün vorbeigehen lässt, weil er sich für einen undeutlichen Altpassanten, der etwas hinter sich herzieht, einen Weg bis ins innerste Herz der Stadt ausdenkt, ein Land mit solchen Menschen ist nicht nur nicht verloren, es ist gerettet.»

Natürlich übertreibt der leicht kränkbare und deshalb so dankbare Dichter wieder einmal maßlos – doch selbstverständlich gibt es auch in Deutschland lebensfrohe Menschen, die auf der Straße alten Männern den Weg zeigen oder auf der grünen Wiese ohne erkennbaren Anlass unbekannten Zeitgenossen lächelnd ins Gesicht schauen. Der Unterschied: Sie fallen hier richtig auf damit, um nicht zu sagen: «unangenehm»; aber sie fallen auf. Denn beim heiligen Simplicius Simplicissimus– es ist alles andere als normal, einem wildfremden Zeitgenossen offen, freundlich und ohne Vorbehalt entgegenzutreten, grundlos und aus freien Stücken. Nicht wenige der derart Angelächelten zwischen Aachen und Zittau fragen sich deshalb unwillkürlich: Was habe ich falsch gemacht? Geht das gegen mich persönlich?

Sehe ich vielleicht komisch aus? Kleben Essensreste an meinem Mundwinkel, eingedenk des Loriot'schen Jahrhundertsatzes «Sagen Sie jetzt nichts, Hildegard!»?

Während die sachdienliche Aufklärung des unverhofften Augenblicks meist im Sande verläuft, kann kein ernsthafter Streit über den allgemeinen ethnologischen Befund bestehen: Der deutsche Normalpegel auf der nach unten offenen Horst-Eberhard-Richter-Skala ist die graue Schwermut des Alltags, ein unspezifisches Gemisch aus pflichtgemäßer Arbeitsverrichtung, schwerdenkerischer Humorlosigkeit und einer tief empfundenen seelischen Dauerbelastung.

Mehr noch: Diese unverträgliche Mixtur ist «eine Art Gärstoff der kollektiven Identität», wie die Deutschland-Korrespondentin des Nachrichtenmagazins *Le Point*, Pascale Hugues glaubt. Sie hat eine «sehr deutsche Art des Jammerns» festgestellt, die auch das selbstreflexive «Jammern über das eigene Jammern» einschließt: «Der Satzrhythmus verlangsamt sich plötzlich, die Stimmlage sinkt um eine Quinte, das Gesicht verzieht sich, der Blick wird verschleiert, der Ton verschwörerisch. Wohltemperierte Pausen unterstreichen die Bestürzung des Sprechers. Seufzer ersticken seinen Zorn. So beginnt sie, die traurige Litanei der Beschwerden.»

Die Litanei scheint zeitlos, wie schon ein kurzer Blick dreißig Jahre zurück zeigt.

So lebendig und zuweilen strahlend die Erinnerung an die fiebrige Krankheit der politisierten Jugend, an Begeisterung, Überschwang und Leidenschaft auch ist – in den chronisch verrauchten Szenekneipen der siebziger Jahre fand stets auch ein inoffizieller olympischer Wettbewerb um das ergiebigste und geistig lehrreichste Problemgespräch statt. Die noch jungen Stirnpartien waren in Falten gelegt, und die Hände wühlten sich in regelmäßigen Zeitabständen unter schwerer seelischer Bedrückung durchs lange dichte Haar, während die selbst gedrehte «Schwarzer-Krauser»-Kippe im Ascher verglimmte.

«Warum geht es mir so dreckig?», war der Titel der ersten Langspielplatte der linksradikalen Berliner Band «Ton, Steine, Scherben». Der Sänger mit der unverkennbaren Stimme, damals gerade 21 Jahre alt, hieß Rio Reiser. Mit dem zweiten Album der «Scherben» kam der große Durchbruch: «Keine Macht für niemand!»

Der zugleich kämpferische und larmoyante Refrain, Anfang der siebziger Jahre von Tausenden mitgesungen, beginnt mit den Zeilen «Im Süden, im Osten, im Westen, im Norden, es sind überall dieselben, die uns ermorden …»

Selbstverständlich war hier nicht von Kolumbien, China oder El Salvador die Rede, sondern von München, Hamburg und Saarbrücken. Die Opfer dieser «mörderischen» Politik in Deutschland waren angeblich «wir alle». Betroffenheit war Trumpf in jener Zeit – ein hohes moralisches Gut. Sie wurde zum Schlag- und Zauberwort des Jahrzehnts, ein Schlüsselbegriff, der alle kleinen und großen Leiden sinnvoll zu verbinden schien und nicht zuletzt für endlosen Gesprächsstoff sorgte. Denn immer war irgendjemand von irgendetwas betroffen, und über nichts und niemand durfte man einfach so hinweggehen. Das wäre zynisch gewesen.

Mit kaum verstecktem Problematisierungs-Lust widmete man sich urbi et orbi, Geli und Thomas, der großen weiten Welt und der Beziehung. In großem Ernst wurden private wie politische Krisen diskutiert, während die Finger aus dem geschmolzenen Kerzenwachs selbstvergessen Rorschach-ähnliche Figuren formten, bis die klebrige Tisch-Lava, zum Ärger des alternativen Thekenkollektivs, allmählich die karierte Decke verklebte, die allerdings auch schon etliche Zigarettenlöcher aufwies.

Artikel 1 der alternativen Beschwerdeordnung hieß: Wer nicht gerade frisch verliebt oder einem anderweitig außergewöhnlichen Glück hilflos ausgeliefert war, dem ging es meist «beschissen», der war «irgendwie schlecht drauf», der hatte «voll die Probleme» oder zumindest «irren Knatsch», mit wem auch immer.

All das tat der Stimmung in der Kneipe keinen wirklichen Abbruch. Denn es gehörte zum richtigen Leben im falschen. Wer Probleme hatte, zumal solche, die sich im Wege einer sozialen Revolution oder einer mehrjährigen Gruppentherapie höchstwahrscheinlich lösen lassen würden, der lebte richtig im Falschen und hatte es gut. Mehr noch: Der Probleminhaber war geadelt, weil er sich nicht abseits stellte, sondern aktiv an der Gestaltung der Zukunft mitarbeitete. Wer «beschissen drauf» war, konnte sich als Teil eines Patientenkollektivs fühlen, einer stolzen Gemeinschaft Gleichgesinnter und Mitfühlender. Er war nicht allein, sondern mittendrin. Er gehörte zum Mainstream.

Denn viele in Deutschland waren beschissen drauf und redeten darüber. Das, was heute Sonntag für Sonntag bei «Sabine Christiansen» – mit Eingangstrailer, Einspielfilm und prominenten Talkshow-Gästen – aufwendig zelebriert wird, wurde vor dreißig Jahren weitgehend in der Kneipe abgehandelt: Das Problemgespräch als Selbstzweck, kreative Inszenierung und sozialer Lebensquell. Nicht zufällig haben die deutschen Schüler beim jüngsten «Pisa»-Test unter der Rubrik «Probleme lösen» ihre beste Platzierung erreicht.

Offensichtlich braucht der Deutsche das Problem, um sich seiner Existenzberechtigung und seines Daseins zu versichern. «Das Leben ist Problemlösen», sagt auch Bundespräsident Horst Köhler in vollem Ernst. Wo es bei anderen Nationen auf die Frage «Come sta?», «Comment ça va?» oder «How are you?» ein optimistisches «I'm fine!» «Great! oder «Wonderful!» setzt, da beginnt hierzulande die gründliche Auskunft mit ebenso ausführlichen wie intimen Informationen über akute Rückenbeschwerden, chronische Hustenanfälle und fortgesetzten Ärger im Büro.

Unverkennbar ist hier die historische Kontinuität im Verhältnis von Problem und Problemlösung, Leiden und Leidenschaft. Sie beginnt spätestens mit der «Sturm-und-Drang»-Phase in der zweiten Hälfte des 18. Jahrhunderts, führt über die deutsche Romantik, die protestantische Arbeitsethik der Gründerzeit und die revolutionären Wirren der Weimarer Republik bis zur Revolte der 68er – nicht zu vergessen die prinzipienfeste Öko- und Alternativbewegung und der zivilisationskritische Furor des «Anschwellenden Bocksgesangs» von Botho Strauß.

In alldem wohnt stets tiefe Ernsthaftigkeit, ja eine seelische Verkniffenheit, die kaum etwas anderes zu kennen scheint als anzuprangern, zu klagen und mit den Weltläuften zu ringen.

Einerseits geht es stets um die Befreiung des Individuums von gesellschaftlichen und staatlichen Zwängen, andererseits schafft die Kombination aus sensibler Innerlichkeit und hohen moralischen Ansprüchen an sich und andere einen psychischen Druck, der einer permanenten Überforderung gleichkommt. Gegen deren drückende Erdanziehungskraft kommt nicht einmal die traditionelle deutsche Gemütlichkeit an. Wahrscheinlich gehört sie – nach dem Prinzip kommunizierender Röhren – sowieso zur deutschen Klagekultur wie der Kölner Karneval zu Sündenregister und Beichte.

Das Über-Ich des guten, aufgeklärten und selbstreflektierten Deutschen verlangt sehr viel Widerstreitendes auf einmal: Gefühl und Disziplin, Weitblick, abstraktes Denken und die Fähigkeit, emotionale Nähe herzustellen; die politische Leidenschaft, für eine bessere Welt zu kämpfen, aber auch jene ungeliebte graugesichtige Kompromissbereitschaft, die man braucht, um die Realität anzuerkennen und pragmatisch mit ihr umzugehen. Wie, bitte schön, soll da gute Laune aufkommen? Atmosphärische Leichtigkeit und eine heitere Grundstimmung haben es jedenfalls besonders schwer, wenn die Hypothese vom Jammertal auf Erden die lebensphilosophische Ausgangsbasis bildet und das schlechte Gewissen immer schon mit von der Partie ist.

«Angst essen Seele auf» – so lautete der anspielungsreiche Titel eines Films von Rainer Werner Fassbinder (1974), der sich in vielen seiner Werke mit der deutschen Gefühlslage auseinander gesetzt hat. In ihnen spielt neben dem Phänomen einer unbestimmten Angst der Status des Opfers eine herausragende Rolle, in dem zugleich eine künftige Täterschaft angelegt ist.

Nicht nur das protestantische Erbe und der ebenso späte wie autoritäre deutsche Nationalstaat wilhelminischer Prägung, sondern auch die deutsche Schuld am Holocaust begünstigt seit 1945 eine Gemengelage, in der diffuse Ängste, Schuldgefühle und aggressiv-hysterische Ausbruchsversuche immer wieder eine eigentümliche Mixtur bilden.

Selbst die jahrzehntelange Auseinandersetzung mit der jüngeren deutschen Vergangenheit hat den Bann nicht wirklich gelöst, sondern ihn allenfalls historisiert. Schuldgefühle mögen im Laufe der Generationen allmählich verfliegen, doch sie kommen als Ängste und hysterische Projektionen in vielfältiger, modernisierter Gestalt zurück. Wenn Franzosen, Amerikaner und Engländer sich über all die ausufernden deutschen Befürchtungen lustig machen, dann ist das jedenfalls nicht nur den üblichen nationalen Ressentiments geschuldet.

In der sprichwörtlich «deutschen Angst» vor allem und jedem – etwa in den mit Wonne ausgebreiteten worst-case-Szenarien, ob zu den Gefahren der Gentechnik, der Atomenergie oder des Klimawandels – steckt tatsächlich mehr als nur die weise Vernunft der Vorsicht. Immer drückt auch eine ungreifbare Schwerkraft böser Vorahnungen, die womöglich eher mit der realen Vergangenheit als mit der ungewissen Zukunft zu tun hat.

Es ist zwar eine altbekannte These, dass das unbewusste Bestrafungsbedürfnis der Deutschen nach den unfassbaren Verbrechen an Millionen Menschen in Europa letztlich «unbefriedigt» blieb und deshalb in Form latenter Angstlust und eines verqueren Sündenstolzes – Hannah Arendt sprach von «Felix Culpa» – tendenziell wiederkehrt. Doch sie hat immer noch einiges für sich. Egal, worum es im Einzelnen geht – über sehr vielen deutschen Debatten schwebt bis heute dieser Morbus einer unbestimmten Ängstlichkeit, die in gewisser Weise ein Reflex der monströsen Untat ist.

Die junge ostdeutsche Schriftstellerin Julia Franck, Jahrgang 1970, erkennt darin «eine Verstrahlung durch die Tötungsgeschichte», die «keineswegs allein die Opfer und ihre Nachfahren, sondern ebenso die so genannten Täter und ihre Nachfahren betrifft». Hier wirkten «verdrängte Schuld und Scham und Trauer, woraus unter anderem Mutlosigkeit, Selbsthass und ängstliche Verzweiflung resultieren».

Selbst jene, die sich jeder Mythisierung «deutscher Schicksalsverstrickung» verweigern und versuchen, den Dingen klar ins Auge zu sehen, sind objektiv in der Situation schuldloser Opfer einer Geschichte, der sie letztlich nur um den Preis einer eigenen politisch-moralischen Schuld ausweichen könnten. Sie entspräche ungefähr dem, was der Schriftsteller Ralph Giordano vor vielen Jahren die «zweite Schuld» genannt hat: Verdrängung, Trivialisierung und moralische Relativierung des Geschehens.

Schon in dem Wort von der «Aufarbeitung» der Geschichte steckt die ganze Beschwernis und Kompliziertheit des Umgangs mit dieser nationalen Erbschaft, die aus Leichenbergen und jenen schrecklichen Taten besteht, die sich immer wieder jeder Erklärung zu entziehen scheinen. Die Suche nach der historischen Wahrheit, das Streben nach Erkenntnis wird so unweigerlich immer wieder durch Gefühle von Scham und Schuld verdunkelt.

Und von Sprachlosigkeit. Nicht zuletzt deshalb haben auch die klassisch abendländischen Kräfte von Vernunft und Aufklärung einen schweren Stand. Ihre Ausstrahlungskraft hält sich folgerichtig selbst dort in Grenzen, wo es gar nicht um das Nazi-Trauma geht.

Aufklärung ist in Deutschland alles andere als eine fröhliche Wissenschaft.

Die alltäglich profane Erleuchtung durch den klugen oder gar brillanten Gedanken – als «Enlightenment» bezeichnet es der gewohnt hellsichtige Engländer – fällt außerdem unter das strenge deutsche Arbeitsrecht und ist deshalb meist weit entfernt von spielerischer Selbstironie und satirisch eleganter Aufklärung. Sie gilt als eher freudlose geistige Schwerstarbeit und kann entsprechend nicht jedem zugemutet werden. Hier sind hochspezialisierte Fachkräfte gefragt, die nicht von beliebigen Jobcentern der Arbeitsagentur, Abteilung Akademiker, vermittelt werden können.

Die berühmt-berüchtigten deutschen Feuilletondebatten, ob über das Berliner Holocaust-Mahnmal, den Walser-Bubis-Streit oder die Stasi-Vergangenheit von einstigen DDR-Intellektuellen, legen davon beredt Zeugnis ab. In den heftigen Auseinandersetzungen unter Intellektuellen, Politikern und Journalisten dominieren meist harsche Attacken auf den gegnerischen Mitdiskutanten, weit ausholende Grundsatzüberlegungen und eine statuarische Rechthaberei, die ohne jeden Zweifel zur deutschen Klagekultur gehört.

Dabei werden gern großkalibrige Geschütze aufgefahren:

Der feindliche Diskursteilnehmer ist geschichtslos, reaktionär, faschistoid und latent antisemitisch, andererseits ein mit ideologischen Maschinenpistolen bewaffneter Meinungssoldat der «political correctness», ein linker Blockwart des Zeitgeistes, der nicht einmal einen Text richtig verstehen kann und seinen 68er-Professorentitel offenbar auf einer windigen Reformuniversität erworben hat, wo die konsequente Kleinschreibung wichtiger war als das logische Denken. Immer wieder tritt die offenkundige Unfähigkeit, eigene Positionen auch einmal infrage zu stellen, Gelassenheit und Großzügigkeit walten zu lassen, in Gestalt von moralischer Empörung und intellektueller Entrüstung auf. So wird die deutsche Klagemauer von beiden Seiten kreativ genutzt – ähnlich der Käsetheke im Luxuskaufhaus.

Doch all die mühselig versteckten Eigenängste und Fremd-Anklagen machen am Ende depressiv – und ein schlechtes Gewissen ist auf Dauer nur für Moralisten und Wanderprediger, die von der untilgbaren Erbsünde leben, ein sanftes Ruhekissen.

Auch die deutschen Intellektuellen, an dieser Feststellung führt kein Weg vorbei, gehören zur Kaste der berufsmäßigen Wanderprediger, Moralisten, Beschwerdeführer, Besserwisser und Kritikaster.

Wenn zum Beispiel eine theoretisch ambitionierte Veranstaltungsreihe unter dem vielversprechenden Titel «Kapitalismus und Depression» annonciert wird, wie in der Berliner «Volksbühne» im Herbst 2000 geschehen, dann sind sie in ihrem Element, dann wird tief gebohrt und das Bücherregal durchkämmt, als gelte es, alles noch einmal von Grund auf neu aufzurollen, alles noch einmal aufs Tapet zu bringen. Das Ergebnis der Recherche ist allerdings meist ernüchternd, denn der Befund bleibt stets derselbe: So kann es nicht weitergehen, die Sache läuft schief, es ist furchtbar. Wie immer.

Selbst ein so gebildeter, sensibler und ironiebeschlagener

Poet wie Peter Rühmkorf lässt in seinen zu Recht hochgelobten Tagebuchaufzeichnungen zwischen 1989 und 1991 kaum eine Gelegenheit aus, um die ewig gleiche Klage zu erheben. Es versteht sich von selbst, wer der übliche Verdächtige ist: Deutschland natürlich. Eine Talkshow im Januar 1990, in welcher der einstige SED-Propagandist und TV-Moderator Karl-Eduard von Schnitzler («Der schwarze Kanal») attackiert wurde, veranlasste den passionierten Vielfernseher Rühmkorf zu der Bemerkung, hier zeige sich «die neue Deutschheit von ihrer widerwärtigsten Seite». Was in «diesem neuen D-Land, und zwar genau wie im alten geteilten, respektiert wird, ist die Macht und nichts als die Macht.» Fast sah er den «hinter seinen 20 Dioptrien immer nervöser blinzelnden Greis schon vom Stuhl geschubst und unter die Stiefel genommen». Selbst Otto Schily, gerade von den Grünen zur SPD gewechselt, sei «nur humorig-ironischer Teil eines allgemeinen Meuteverhaltens» gewesen. Ein typisch deutsches Pogrom also, kurz vor dem Ausbruch.

Nun kann es sein, dass das Verhalten einiger Talkshowgäste nicht ganz untadelig war, vielleicht sogar unfair in einzelnen Äußerungen und Gesten, aber Rühmkorf hätte durchaus selbst der Wahrheit die Ehre erweisen und nebenbei erwähnen können, dass Schnitzler zweifellos ein bei vielen DDR-Bürgern verhasster notorischer Hetzer, Lügner und ideologischer Propagandist des Kalten Krieges war, der zur Aufrechterhaltung der SED-Diktatur nach Kräften, wenn auch letztlich erfolglos, beigetragen hat. Dass er so kurz nach dem Fall der Mauer nicht wie Karl Lagerfeld empfangen wurde, ist wenig überraschend.

Monate später beschreibt der Dichter eine Begegnung mit Erich Kuby, dem nach einem Talkshow-Auftritt «der Ekel über die deutschen Zustände» noch «fadenziehend in den Mundwinkeln» hängt, vor allem: «Ihre Raffgier. Ihre Beutegier. Bereicherungsgier. Raubzüge jetzt bereits kreuz und quer durch die zur

Ausschlachtung freigegebene DDR ... richtiger Sozial-Kanniba-
lismus».

Die wehrlose DDR als Opfer des westdeutschen Kannibalis-
mus – das war der Konsens vieler deutscher Intellektueller während der historischen Zäsur 1989/1990. Sie lehnten die Wiedervereinigung ab und fürchteten das Schlimmste für die Zukunft,
auch wenn sie keine Sympathisanten kommunistischer Parteien
waren und sich die DDR nicht zurückwünschten.

Ohne auch nur einen historischen Moment lang innezuhalten
und den Fall der Mauer wie die Möglichkeit einer friedlichen
Wiedervereinigung der beiden deutschen Staaten wenigstens angemessen zu würdigen, wenn schon nicht zu feiern, wurde wie
gewohnt weitergeklagt.

Das Lamento richtete sich nicht gegen die unhaltbar gewordenen vorrevolutionären Zustände in der DDR, sondern gegen
die schwierigen Versuche, sie nun, nach dem Sturz des SED-
Regimes, zum Besseren zu wenden. «Wende», die populäre
Beschreibung des historischen Vorgangs, wurde für viele enttäuschte Intellektuelle folgerichtig zum bösen Schimpfwort. Es
roch nach Opportunismus, Verrat und feiger Anpassung an die
westdeutschen Machthaber, nun, da der Kapitalismus so grenzenlos triumphiert habe. Die zur Verwaltung und Abwicklung
der maroden DDR-Wirtschaft gegründete «Treuhand»-Gesell-
schaft galt weithin – von Stefan Heym bis Rolf Hochhuth, von
Hermann Kant bis Walter Jens – als bloßes Instrument eines
heimtückischen «BRD-Kolonialismus», der alles «platt mache»,
was an «sozialen Errungenschaften» der DDR noch übrig geblieben sei.

Die beginnende Aufarbeitung der Stasi-Vergangenheit auch
vieler Künstler wurde als «Treibjagd», «neuer McCarthyismus»
und «großes Halali» kritisiert. Selbst Günter Grass ließ sich in
diesem Zusammenhang zu dem Wort von den «Hinrichtungs-

vorbereitungen» verleiten, die unter dem Deckmantel der Stasi-Aufklärung betrieben würden. Immer wieder ergab sich die paradoxe Situation, dass die Opfer der Stasi plötzlich als Verfolger unschuldiger Stasi-Täter dastanden, die ihrerseits die verfolgte Unschuld spielten: Nie habe man irgendjemand geschadet, lautete der exkulpierende Standardsatz.

Nicht wenige linke Intellektuelle beteiligten sich an einer antiaufklärerischen Schwamm-drüber-Strategie, die durchaus Parallelen mit der Zeit nach 1945 aufwies. Dagegen gerieten hartnäckige Aufklärer wie der ostdeutsche Schriftsteller Jürgen Fuchs, selbst ein tragisches Opfer des SED-Regimes, in die Rolle unnachsichtiger, fanatischer und ideologisch verbohrter Politkommissare, die keine Rücksicht auf menschliche Einzelschicksale nähmen.

Verkehrte Welt. Der Hang großer Teile des deutschen Publikums zu einer nachholenden Identifikation mit den staatstreuen Tätern, denen jede Menge mildernde Umstände attestiert wurden, war erstaunlich stark. Irgendwie hatten sie ja auch nur ihre Pflicht getan und Befehle ausgeführt. Währenddessen erschienen die Opfer der DDR-Diktatur vielen wie lästige Störenfriede, die endlich einmal Ruhe geben sollten.

Auf den Straßen demonstrierten derweil westdeutsche Linke unter der schon semantisch beachtlichen Parole «Nie wieder Deutschland!», womöglich irrlichternde Vorläufer jener politischen Gruppierung, die sich seit ein paar Jahren «Die Antideutschen» nennt.

Noch heute bekennt Hermann L. Gremliza, Herausgeber der linken Zeitschrift *konkret*, er sei Kommunist geworden, «weil ich gegen Deutschland war». Die Leitidee dieses radikal antipatriotischen Programms ist von durchschlagender geistiger Übersichtlichkeit: «Jeder große Tag in der Geschichte der Deutschen war ein schwarzer Tag in der Geschichte der Menschheit. Und umgekehrt: Wenn es den Deutschen schlecht geht, kann die Menschheit aufatmen.» Angesichts dieser negativen National-Anthropologie ist es kein Wunder, dass Gremliza, der Deutschland für eine «totalitäre Demokratie» hält, nach wie vor den Fall der Mauer bedauert und in der wiedervereinten Republik rein gar nichts Positives entdecken kann.

So weit würde Jürgen Habermas, Starphilosoph der westdeutschen Bundesrepublik und ihr oberster Verfassungspatriot, niemals gehen. Doch im Jahre 1990 sah auch er das Ungeheuer des «D-Mark-Imperialismus» die Länder Osteuropas, diesmal ohne Panzer und schwere Artillerie, flächendeckend überrollen, und der ostdeutsche Schriftsteller Fritz Rudolf Fries veröffentlichte seinen bitterbösen Tagtraum, in dem ehemalige DDR-Autoren von «Exekutionssalven» der neuen West-Stasi-Jäger hingemeuchelt wurden. Einige Jahre später wurde er selbst als «Informeller Mitarbeiter» (IM) der DDR-Staatssicherheit enttarnt.

Der posttotalitäre Katzenjammer vieler Intellektueller, der an anderer Stelle noch näher zu betrachten ist, wies jene gut deutsche Mischung auf, die zur angestammten Kultur der Klage gehört wie die Zimtstange zum Glühwein: Eine immer wieder erstaunliche Realitätsblindheit, dazu akute Probleme mit dem Selbstbewusstsein, die einen Hang zum Opferstatus begünstigen, schließlich eine aggressive, überschäumende Rhetorik, die mit den wirklichen Verhältnissen nur schwer in Einklang zu bringen ist.

Heute, fünfzehn Jahre später, ist es kein Kunststück, das vorauseilende Jammern über ein teutonisch-halbfaschistisches Mc-Carthy-Großdeutschland als Treppenwitz der Geschichte zu erkennen, aber wer noch einmal die flammenden Polemiken von damals liest, der staunt über die ungebrochene Leidenschaft für gedankenlose Schwarzmalerei und selbstverliebte Untergangsklage. Auch hier sticht wieder die Bitterkeit und Freudlosigkeit ins Auge, mit der Geschehnisse, die noch im Fluss sind, sogleich unter ihren schlechtest möglichen Auspizien betrachtet werden. Nicht zufällig wurde verschiedentlich, auch von Günter Grass, «Auschwitz» als moralisches und politisches Argument gegen die Wiedervereinigung ins Feld geführt: Sozusagen strafweise (sic!) müssten die Deutschen dauerhaft, also im Grunde auf ewig, in zwei Staaten leben, der eine davon eine Diktatur; im Übrigen werde das drohende «Vierte Reich», wie einige damals höhnisch zürnten, die Verbrechen von Auschwitz endgültig vergessen machen, um über den Leichenbergen der Konzentrationslager – selbstverständlich listig im kosmopolitischen Gewand Europas – aufs Neue rücksichtslos die Weltmacht anzustreben.

Heute wissen wir: Der erste Teil des Arguments war philister-hafte Heuchelei – so als ob Erich Honecker die historisch ver-diente Quittung für Hitler sei, die allerdings allein den Ostdeut-schen ausgestellt wurde –, der zweite eine politische Dummheit: Nie gab es so viele zeitgeschichtliche Debatten, Bücher und Filme über den Holocaust wie nach 1990, nie so viele erregte, produktive Diskussionen.

Doch das heimliche deutsche Grundgesetz für Geistesmen-schen und Durchblicker aller Fakultäten musste eben auch im Augenblick eines wunderbar heiteren Sieges über die historische Unwahrscheinlichkeit in Kraft bleiben: Bloß keine spontane Be-geisterung, bloß kein emotional transzendentes Abheben, bloß kein haltloses, womöglich «geschichtsloses» Freiheitspathos, das mit Schillers Glocke durch die Gegend bimmelt.

All das steht nach wie vor nicht nur unter notorischem Kitschverdacht, sondern auch unter ideologischer Quarantäne. Ganz einfach: Weil es «pure bürgerliche Ideologie» ist, wie man früher gesagt hätte. «Falsches Bewusstsein». «Reaktionäres Roll-back». Weiß der Teufel, was noch alles. Deshalb irrt man sich immer noch lieber radikal mit Kassandra, als sich mit Athene einer realistischen Hoffnung hinzugeben; andererseits will man, wenn schon, denn schon, lieber Recht behalten mit Kassandra, die den Untergang so zuverlässig beschwört, als mit der munter tatkräftigen Athene auf unsicheren Pfaden zu wandeln, die das Abenteuer liebt wie einst den listigen und unberechenbaren Odysseus, der die Meere durchpflügte auf dem schrecklich weiten Weg nach Hause.

Das Merkwürdige am deutschen Rechthaber-Pessimismus ist, dass seine Klage dort die größte Verbreitung findet, wo sie gerade nicht konkrete Umstände betrifft – die durchaus zu bessern wären –, sondern vielmehr ein durchgängiges Lebensgefühl, das eifersüchtig und heiser krächzend nach seiner immergleichen Selbstbestätigung sucht. Diese endemische Missgelauntheit hat vielerlei Gestalt, und sie versteckt sich dabei besonders gerne hinter der brennenden Sorge um die Menschheit oder einer festen ideologischen «Weltanschauung», bei der sich Humor und Heiterkeit von selbst verbieten.

In Wirklichkeit aber ist es eine allgemeine Grundgestimmtheit, die dem Leben an sich wenig Fröhlichkeit und Optimismus abgewinnt, selbst wenn es gerade einmal nicht um Krieg und Frieden geht, sondern nur um einen verspäteten Bus oder schlechtes Wetter am Ostersonntag. Beschwernis und Unglück sind irgendwie immer schon da und nisten sich überall ein, auch wenn im Kino noch so viel von Sehnsucht, Liebe und Glück die Rede ist und bei jeder emotional aufwühlenden Pop-Ballade von Udo Lindenberg oder Marius Müller-Westernhagen das Autoradio auf volle Lautstärke gestellt wird.

Wer einmal am frühen Vormittag durch die Fußgängerzone in Bielefeld gestreift ist, der hat ihr längst ins Gesicht gesehen; der *Tristesse allemande*. Zugegeben: Sie ist auch in Braunschweig zu beobachten, in Kassel und in Bochum, deutlich weniger schon im Bayerischen und im Badischen, wo die allgemeine Lebenszufriedenheit, jedenfalls rein statistisch gesehen, deutsche Spitzenwerte erreicht. Aber in Bielefeld weiß das keiner. Eine gräuliche Düsternis liegt über den Gesichtern des noch jungen Tages, eine strenge Mentalität von konsequenter Alltagsverrichtung, die jeden Schritt und jeden Handgriff als Mühsal erscheinen lässt. Hier gewinnt das deutsche Wort vom «Ernst des Lebens» plastische Anschaulichkeit.

Während drinnen bei Hugendubel & Co. Dutzende von Lebensratgebern «Sorge dich nicht, lebe!» rufen, die einzig wahre «Glücksformel» versprechen und das kinderleichte, ja rundum frohgemute Bewältigen der täglichen Existenz in Aussicht stellen, laufen die meisten draußen herum, als hätten sie nicht einmal eine dunkle Ahnung, von welchen Wunderdingen da die Rede ist. Der Mehrzahl unter den Zeitgenossen scheint es offensichtlich darum zu gehen, das beschwerliche Dasein auf Erden halbwegs anständig hinter sich zu bringen. Muss ja. Der Augenblick selbst zählt wenig. Einer ist da wie der nächste. Durchhalten heißt die Parole. Bald kommt die «Altersteilzeit» oder die Rente, der Vorruhestand oder das Hineingleiten in eine sonstige Lebensphase, in der jedenfalls nichts Zukunftsträchtiges mehr zu entscheiden ist.

So schleppen sie sich an «Tchibo», «Nordsee» und «Deichmann» vorbei übers Pflaster, schauen ihren Mitmenschen kaum einmal ins Gesicht, und wenn, dann voll skeptischer Ausdruckslosigkeit: Ob der andere wohl das eigene Leiden ermessen kann? Ein schönes, unvermitteltes Lächeln ist da so selten wie ein kräftiger Sonnenstrahl im November. Alles wirkt mühsam und hart errungen. Leichtigkeit und Lebenslust sehen anders aus.

Es mag sein, dass nicht zuletzt die deutliche Alters- und Gewichtszunahme des statistischen Gesamtdeutschen in den vergangenen Jahrzehnten dazu beigetragen hat, dass selbst die einfachsten Bewegungsabläufe wie körperliche Schwerstarbeit wirken. Das schlichte Gehen zum Beispiel hat kaum noch etwas von einem ausgreifenden Voranschreiten, einem eiligen Vorwärtsdrängen oder beschwingten Flanieren; vielmehr schiebt sich die Masse wie in unsichtbaren Filzpantoffeln durch die Läden und Passagen, bevölkert die Rolltreppen und Tiefgaragen, aus denen sie dann wieder hervorquillt, um die Waren nach Hause zu tragen und sich an die Essensvorbereitungen zu machen.

Schon in den späten zwanziger Jahren hat Sebastian Haffner festgestellt, dass «die Begabung meines Volkes zum persönlichen Leben und persönlichen Glück ohnehin schwächer ausgebildet» sei als die anderer Völker: «Ich habe später in Frankreich und England mit einem gewissen Staunen und nicht ohne Neid beobachtet und nachempfinden gelernt, welche Fülle von unverwelklichem Glück und welche unerschöpfliche Quelle von lebenslänglicher Unterhaltung etwa der Franzose aus dem verständig-geistreichen Essen und Trinken, dem männlichen Redestreit und der heidnisch-künstlerisch kultivierten Liebe, der Engländer aus seinen Gärten, dem Umgang mit Tieren und seinen vielen, kindlich-ernsthaft betriebenen Spielen und Hobbys gewinnt. Der Durchschnittsdeutsche hat nichts Entsprechendes.» Jenseits einer «bestimmten Bildungsschicht», so Haffner, der dies alles 1939, sechs Jahre nach Hitlers «Machtergreifung» niederschrieb, heiße die «große Gefahr des Lebens in Deutschland immer: Langeweile und Leere», ja «Stumpfsinn», ein Horror Vacui, der nach Erlösung trachte, «am besten durch einen großen, alles überschwemmenden, billigen Massenrausch».

So zutreffend diese pointierten und bewusst verallgemeinernden Bemerkungen sind, so sehr sind an ihnen allerdings auch die Veränderungen ablesbar, die sich in den letzten sechzig Jahren vollzogen haben. Denn der «Durchschnittsdeutsche» hat in dieser außergewöhnlich langen Friedenszeit durchaus seine eigenen profanen Quellen von Lebenssinn und hedonistischer Selbstbeschäftigung entdeckt, kulturelle Interessen, Hobbys und Extremsportarten aller Art, Vereinsfußball und Fahrradfahren, Straßencafés und Weltreisen, schließlich sogar kennerhaftes Essen und Trinken – die letztlich unspektakulären, aber dauerhaften Freuden eines zivilen Lebens, das ohne die eine große sinnstiftende Verheißung auskommen muss.

So lernten die Deutschen in den fünfziger Jahren des «Wirtschaftswunders» zu konsumieren, in den Sechzigern zu diskutieren, in den Siebzigern zu rebellieren, in den Achtzigern zu luxurieren und in den Neunzigern, das Ganze zu ironisieren. Es war das Jahrzehnt des Harald Schmidt – und unversehens wurde auch aus dem etwas altertümlichen «männlichen Redestreit» (Haffner) ein geschlechtsübergreifendes Palaver, bei dem jedenfalls im Fernsehen immer mehr Frauen die Diskussionsleitung übernommen haben.

Wie Humusschichten von Zeitgeist und Zeitgeschichte überlagern sich diese Epochen, die das Land immer wieder neu verändert haben – doch der Ackerboden, die kulturelle Muttererde des Deutschseins bleibt: Diese seltsame Liebe zu Schwermut und Unglück, das Zittern vor dem stets drohenden Absturz ins eingebildete Elend, die leidenschaftliche Vorwurfshaltung gegenüber dem jeweils Anderen.

Immer wieder tritt bei alldem jene merkwürdige Diskrepanz zwischen Fremd- und Selbstwahrnehmung auf, die den Versuch, das eigene Land zu verstehen, nur zu oft zum «double-bind»-Erlebnis macht: zwischen allgemeiner Lagebeurteilung und dem ganz persönlichen Befinden, vielleicht auch zwischen klischeehafter Projektion und realistischer (Selbst-)Einschätzung.

Die «große deutsche Genuss-Studie 2004» etwa, von einem japanischen Tabakkonzern in Auftrag gegeben, förderte jüngst zu Tage, dass nach Jahrzehnten der Italo- und Frankophilie, der konsequenten Verwestlichung und Amerikanisierung stolze 89 Prozent der Deutschen glauben, «Genuss sollte im Alltag eines jeden Menschen eine wichtige Rolle spielen». Sich selbst zählt, zunächst ganz logisch, eine entsprechend überwältigende Mehrheit der 1014 repräsentativ Befragten wie selbstverständlich zu den Genießern und Lebenskünstlern.

Doch dann kommt die Überraschung – den lieben Mitbürgern wird eine ganz andere Beurteilung zuteil: 76 Prozent der angeblich so genussfreudigen Probanden sind der Überzeugung, dass die meisten Bundesbürger ihr alltägliches Leben nicht gerade zu einer Ansammlung genussreicher Augenblicke machen. Ein schöner Widerspruch, ein klassisch innerdeutsches Missverständnis.

Wo genau hier die Trennungslinie zwischen (Selbst-)Täuschung und Wirklichkeit, Dichtung und Wahrheit verläuft, ist im Einzelnen nur schwer auszumachen. Klar ist nur: Es gibt den offenkundig starken Wunsch der Deutschen, genauso lebenslustig, locker und genussfreudig zu sein, wie man es Italienern, Franzosen und Amerikanern unterstellt.

Leider aber glauben sie selbst nicht, dass sich der Wunsch erfüllen lässt. Schon die hässlichen Gartenzwerge des Nachbarn, das geschmacklose gusseiserne Gestühl auf der Terrasse und die verkniffenen Mienen beim Gruß über die pinzettenscharf geschnittene Hecke sprechen klar dagegen. Jeder Küchenpsychologe und Hobby-Völkerkundler würde hier auf dasselbe tippen: Tief wurzelnde Probleme mit dem Selbstwertgefühl. Der berüchtigte Trendforscher Matthias Horx, der Deutschland in den achtziger Jahren ein «Schlaraffenland» genannt hat, spricht nun vom Phänomen einer «beleidigten Gesellschaft», die ihre «schwarze Energie» der ständigen Selbstdementierung aus einer schweren historischen Kränkung beziehe.

Es gab einen deutschen Philosophen, der selbst kein Prophet

des Glücks war, sondern ein tiefer Zweifler, ein metaphysischer Pessimist, der aber gerade deshalb darauf bestand, dem selbst verursachten menschlichen Unglück zu trotzen: Arthur Schopenhauer. In seinen Aphorismen zur Lebensweisheit, die den Vorstellungen der antiken Klassiker wie Aristoteles, Plutarch, Seneca und Marc Aurel auf erstaunliche Weise ähneln, empfiehlt er, «über keinen Vorfall großen Jubel noch großen Jammer aufkommen», sondern stets Maß walten zu lassen. Nicht dem lodernden Vergnügen, sondern der schieren «Schmerzlosigkeit», nicht der Ekstase, sondern der Zufriedenheit solle der Vernünftige entgegenstreben, «weil die Veränderlichkeit aller Dinge ihn jeden Augenblick völlig umgestalten kann: dagegen allezeit die Gegenwart möglichst heiter genießen: das ist Lebensweisheit.»

Die meisten aber versuchen das genaue Gegenteil. Sie jagen wie manisch einem künftigen Glück hinterher oder trauern verzweifelt um vergangene Seligkeit. Der nachdenklich-knorrige Ex-Frankfurter Schopenhauer nimmt sich hier keineswegs aus: «Pläne und Sorgen für die Zukunft, oder auch Sehnsucht nach der Vergangenheit beschäftigen uns so durchgehend und anhaltend, dass die Gegenwart fast immer für nichts geachtet und vernachlässigt wird ... So betrügen wir uns selbst um das ganze Leben.» Diese Einsicht hat zweifellos weltumspannende Bedeutung, aber gerade in Deutschland wirkt sie immer noch wie eine ferne, exotische Weisheit, die man sich auf dem Umweg über obskure Esoteriker immer wieder neu besorgt, als wäre sie eine sensationell neue Erkenntnis. Umso genauer trifft sie die verbreitete Stimmungslage der seit 1990 wieder vereinigten Germanenstämme aus Ost und West mit ihrem weltweit einzigartigen Spezialgebiet der wechselseitigen Ossi/Wessi-Klage. Ganze Bücher sind inzwischen zu diesem Thema erschienen. Ein echter deutscher Forschungsschwerpunkt. Fast immer geht es um Vergangenheit oder Zukunft: Wer hat uns verraten, wer wird uns verraten? Früher war es besser, wo soll das alles enden? Die Gegenwart ist für viele nicht mehr als das Basislager der Beschwerden, das Forum der Anklage, die Plattform all der Ängste und Verwünschungen, der rückwirkenden Selbstvorwürfe und vorauseilenden Befürchtungen. Nur hierzulande ist eine Internet-Adresse wie *www.jammern.de* überhaupt denkbar und möglich, bestens ausgestattet mit «therapeutischem Grundjammern», «Jammerforum», einer «ersten Jammer-CD» und allen virtuellen Schikanen – vom Jammer-Index bis zum Jammer-Chatroom.

Am Abend des zweiten Weihnachtsfeiertages 2004, als in Südostasien schon Zehntausende in den Fluten des Seebebens ertrunken waren, schrieb ein gewisser Gökhan im «Jammerforum» sein ganz persönliches Elend nieder, hinter dem die allgemein anerkannten Regeln von Grammatik und Orthographie selbstverständlich zurückzustehen hatten: «Da fährt man in ne Disco, und gerät in eine Schlägerei. Die anderen fangen an und man kriegt auch noch eine Anzeige. Man fährt wieder in eine Disco, denkt das alles mit der Freundin geklärt ist und hofft das es wie früher ist und es ist aber nicht so, und man fährt mit absolut schlechter Laune nach Hause. Daneben hat man auch noch Probleme mit Hartz IV und wartet seit 4 Monaten darauf das man eine Zusage erhält und wer weis noch das nähste Jahr mit sich bringt.»

Man würde es sich gewiss zu leicht machen, dem jungen Mann erst einmal zu empfehlen, ein wenig mehr auf korrekte Rechtschreibung zu achten, was möglicherweise zugleich die Job-Probleme und die befürchteten Schwierigkeiten mit Hartz IV mildern könnte, aber der Zusammenhang zwischen furioser Litanei und fehlender Eigenleistung scheint doch unabweisbar. Dass er selbst Teil des Problems sein könnte, das er beklagt, kommt ihm nicht in den Sinn. Schon gar nicht der Gedanke, sich mit der Veröffentlichung seiner infantilen Jeremiade womöglich lächerlich zu machen.

Auch Gökhan, der vielleicht nicht einmal ein geborener Deutscher, womöglich also ein Beispiel perfekter Integration ist, sieht sich als willenloses Opfer der Verhältnisse, hin und her geschleudert von den Launen eines bösen unbegreiflichen Schicksals. Er kann es nicht fassen und bleibt umso mehr Gefangener seiner eigenen buchstäblich jämmerlichen Passivität. Sie kommt einer autoritär strukturierten, dabei ständig mit sich selbst hadernden Schicksalsergebenheit sehr nahe.

Wahrscheinlich wird Gökhans Flachbildschirmfernseher von Panasonic bald auch noch die Grätsche machen.

Dann wird das Maß endgültig voll sein.

3. Kapitel

Geschichte, Moral, Identität –
Deutschland peinlich Vaterland

Es war im Hochsommer Ende der sechziger Jahre. Der VW-Käfer Baujahr 1963 mit Dachgepäckträger und winzigem ovalem Heckfenster knatterte auf einer kleinen Gebirgsstraße durch die französischen Pyrenäen. Draußen summten die Bienen über die bunten Wiesenblumen am Wegesrand, drinnen stritten wir Kinder auf der Rückbank des Volkswagens darum, wer von beiden nun die größte PS-Stärke beim Autoquartett zu bieten hatte. Maserati oder Lamborghini – das war hier die Frage.

«Schaut euch doch mal die Landschaft an!», rief Mama vom Beifahrersitz. Papa schaltete derweil in den dritten Gang und beschleunigte bis zur nächsten scharfen Kurve, die der Dachgepäckträger mit der festgezurrten olivgrünen Plane zu überstehen hatte.

Plötzlich tauchte ein schnurrbärtiger Eingeborener mit Baskenmütze auf. In einer Hand hielt er eine Sense. Kurz bevor der Käfer an ihm vorbeirauschte, hob er die rechte Hand zum Hitlergruß. Dabei lächelte oder grinste er, meine Erinnerung ist da nicht ganz sicher. War es ein unfreundlicher Akt gegen eigentlich harmlose deutsche Touristen, eine Provokation gegen «Nazi-Urlauber», die zwanzig Jahre zuvor noch die Bunker und Panzerstraßen für den «Atlantik-Wall» gebaut hatten? Handelte es sich um einen ehemaligen Kollaborateur, der seine alten Freunde standesgemäß begrüßen wollte? Oder war er nur ein gedankenloser Spinner, ein seniler Witzbold aus dem Baskenland?

Im voll gepackten VW-Käfer wurde nicht lange über den merkwürdigen Vorfall geredet, weil wir Kinder die Frage «Maserati oder Lamborghini» letztlich spannender fanden als den komischen alten Mann, doch die südfranzösische Kindheitserfahrung blieb unvergessen. Sie war ein frühes Zeichen dafür, dass ein Deutscher im Ausland nach 1945 stets noch etwas anderes zu sein schien als ein bloßer Tourist, der das Meer und die Berge liebt.

In den folgenden Jahrzehnten gab es noch ein paar Erlebnisse ähnlicher Art – einen Hotelbesitzer im Burgund, der den schlichten Wunsch, sich das angebotene freie Doppelzimmer anzusehen, mit der Beschimpfung «Nazi!» quittierte, worauf man das Etablissement fluchtartig verließ, und einen Barkeeper auf Korsika, der bei der Fernseh-Live-Übertragung der Fußball-Europameisterschaft 1982 nach einem Tor der deutschen Nationalmannschaft «Faschist!» in die Pastis-selige Runde brüllte.

Von einer ähnlichen Begegnung im Sommer 1983 berichtet Wolfgang Harrer, Jahrgang 1967, ein in San Francisco lebender deutscher Journalist: «Wir waren auf einer Radtour an der Atlantikküste unterwegs, als wir in der Hoffnung auf einen Café au lait in ein kleines Dorf einbogen. Im ersten Straßencafé, im Schatten einer Platane, saßen drei alte Männer. Sonnengegerbt, mit Baskenmütze, drei Espressos und einem Schachbrett auf dem Tisch. Wir freuten uns, wieder ein ‹echtes› französisches Café gefunden zu haben. Die alten Männer lächelten uns verschmitzt entgegen, hoben ihren rechten Arm zum Hitlergruß und riefen freundlich: ‹Sieg Heil!› Wir erstarrten.»

Alles Einzelfälle, gewiss. Doch sie waren symptomatisch. Die Gleichung «Deutsch = Nazi» war nicht nur eine unbestreitbare Erbschaft der jüngsten Zeitgeschichte, sie beeinflusste auch Biographie, Bewusstsein und Identitätsbildung vieler Millionen Menschen, die 1945 noch nicht einmal geboren waren. Deutsch zu sein, lernten schon die Kinder in den fünfziger und sechziger Jahren, das war nicht ganz normal. Während Italiener Spaghetti und Chianti hatten, Franzosen Baguette und l'Amour, Holländer Tulpen und Gouda, Spanier Stierkampf und Flamenco und Engländer Queen und Regenschirm, hatten die Deutschen Hitler und Holocaust.

«Es kennzeichnet die Deutschen, dass bei ihnen die Frage, was ist deutsch, niemals ausstirbt», wusste schon Friedrich Nietzsche. Doch mit Hitler hat die Frage offensichtlich eine weitere, geradezu unheimliche Dimension von Unvergänglichkeit und Allgegenwart bekommen.

Zwar versuchten die Deutschen nach den ersten schweren Jahren der unmittelbaren Nachkriegszeit, wieder so etwas wie Normalität einkehren zu lassen, aber die Gespenster der Vergangenheit kamen immer wieder. Meist in bestimmten Abständen, zu runden, symbolisch bedeutsamen Jahreszahlen oder anlässlich eines Films, einer Rede, eines neuen Buches, eines spektakulären Prozesses. Selbst heute noch, sechs Jahrzehnte später, sind ausdrückliche und vollmundige Hinweise auf die inzwischen errungene «Normalität» Deutschlands eher Indizien dafür, dass es in diesem Land eben immer noch nicht ganz normal ist, sich für völlig normal zu halten.

Ganz normal dagegen ist vor allem eines: die verlässliche Wiederkehr der Vergangenheit.

Im Jubiläumsjahr 2005, sechzig Jahre nach Kriegsende, beherrscht sie sogar die ganz große Bühne der medialen Öffentlichkeit. Von Bernd Eichingers bombigem Bunker-Melodram «Der Untergang» über Guido Knopps auf Hochtouren laufender Nazigeschichtenmanufaktur im ZDF bis zu den obligatorischen Titelgeschichten der großen Nachrichtenmagazine samt einer opulenten zwölfteiligen DVD-Edition von *Spiegel TV* und *FAZ* unter dem Titel «Hundert Jahre Deutschland»: Das Werk des

«Führers» scheint lebendig wie nie. Von einem «grellen Zirkus des Gedenkens» sprach die *Zeit*, einem «widerwärtigen Exzess» narzisstischer Selbstbeschäftigung. Fehlte nur noch die Gründung von «Hitler-TV» mit Endlosschleife.

In den fünfziger Jahren hat man allerdings noch ernsthaft versucht, die Erinnerung an ihn für immer zu vertreiben: Mit Modenschauen und Schönheitswettbewerben, mit großen Sportveranstaltungen und strengen «Benimm»-Ratgebern, mit Berg- und Heimatfilmen, mit Heinz Rühmann, Theo Lingen und Heinz Erhardt, mit Peter Alexander und Vico Torriani, Ruth Leuwerik und O. W. Fischer. «Der Förster vom Silberwald» wetteiferte mit der «Geierwally», «Sissi, Schicksalsjahre einer Kaiserin» mit dem «Wirtshaus im Spessart», das «Schwarzwaldmädel» mit «Gustav Adolfs Page».

Gewiss, es hatte auch Wolfgang Staudtes Defa-Filme «Rotation» und «Die Mörder sind unter uns» gegeben, die sich mit der unmittelbaren Vergangenheit auseinander setzten, Harald Brauns bewegendes Melodram «Zwischen gestern und morgen» mit Hildegard Knef (1947), Helmut Käutners «In jenen Tagen» von 1947 – auch Bernhard Wickis Antikriegsdrama «Die Brücke» –, aber sie blieben Randphänomene, die nicht wirklich störten. Das vorherrschende Motto des deutschen Kinos war ganz schlicht und unverfänglich: «Grün ist die Heide».

Cornelia Froboess sang «Pack die Badehose ein», und der erste Deutschrocker Peter Kraus ließ – nach dem Vorbild von Elvis Presley – das schmale Becken rhythmisch kreisen.

Derweil wurde der «Neckermann-Katalog» zur Bibel der Wirtschaftswunderwelt, in der plötzlich schwedische Einbauküchen und italienisches Designer-Geschirr auftauchten, Waschmaschinen von AEG und Feinstrumpfhosen made in Germany. Wie durch Zauberhand wuchs aus den Trümmern des Nazi-Reichs die «nivellierte Mittelstandsgesellschaft» mit Nierentisch, Fernsehapparat und zeitgemäßer Wohnkultur. Wirtschaftsminister Ludwig Erhard (CDU) war ihr streng marktwirtschaftlicher Schamane mit Doppelkinn und qualmender Zigarre. Auch im Rest Deutschlands rauchten die Schornsteine wieder – fürs Bruttosozialprodukt.

Erhard, der 1963 Bundeskanzler wurde, sorgte ganz persönlich dafür, dass ihm ein Bungalow im neusachlichen Stil der Zeit gebaut wurde – noch ein ästhetischer Bruch mit der Vergangenheit. Man kaufte sich den neuen Borgward Modell «Hansa 1500» oder «Isabella» und entschwand mit der Liebsten an den Lago Maggiore.

Mit dem Kabinenroller «Isetta 300» fuhr man zum neuen Jazzclub im verrauchten Kellergewölbe neben dem Trümmergrundstück oder auf den Campingplatz am Edersee und verbrachte den Samstagnachmittag beim Autowaschen in der gerade fertig gestellten Wohnsiedlung der «Neuen Heimat», während aus dem Kofferradio, das auf der Bordsteinkante abgestellt war, der Torjubel aus den angeschlossenen Bundesligastadien drang – oder Bill Haleys «Rock around the Clock» auf dem US-Soldatensender AFN. In der Küche der 68-Quadratmeter-Wohnung köchelte währenddessen die Linsensuppe mit Gref-Völsing-Rindswürsten.

Es waren goldene Jahre, wie man schon kurz darauf zu sagen pflegte. Würstchen, Wirtschaftswunder, Westintegration. Aber auch Jahre des Verdrängens und Vergessens. «Hab gestern grade meinen ehemaligen General getroffen», berichtete 1951 der Schauspieler und Kabarettist Wolfgang Neuss seinem Berliner Publikum. «Ick sage: Na und? – Ja, sagt er. Die Geschäfte sind doch voll bei uns. Ist doch alles da …»

Im wirklichen Leben war Neuss MG-Schütze an der Ostfront gewesen und wurde mit dem «Eisernen Kreuz» ausgezeichnet. 1944 schoss er sich, des Frontkampfs mehr als müde, selbst den

Zeigefinger der linken Hand ab und unternahm erste Schritte auf der Bühne als Frontkomiker im Soldaten-Genesungsheim.

So scharf jene scheinbare Gleichgültigkeit gegenüber dem gerade Geschehenen später kritisiert worden ist, die als notorische «Unfähigkeit zu trauern» sprichwörtlich wurde – sie war ein zunächst nachvollziehbarer Reflex der Überlebenden: Kräfte sammeln, Wiederaufbau, nach vorne schauen und kein Blick zurück! Das Problem war allerdings: Aus dem Reflex wurde bei vielen eine Lebenshaltung – und eine lebenslange Lüge, die Unfähigkeit, sich der deutschen Schuld zu stellen. Noch kurz vor seinem Tod am 19. Mai 1989 skizzierte Neuss diesen Tatbestand mit bitterbösem Sarkasmus. Die «verklebten 50er Jahre» charakterisierte er mit den Worten: «Hallo, ich war in Auschwitz und hab da zehn Juden umgebracht, aber jetzt darf ich nachts auf die Firma Siemens aufpassen. Ich bin Nachtwächter geworden und kriege 1500 Mark im Monat. Das ist doch der typische Deutsche.» In besseren Augenblicken hatte Neuss, ein geniales Medium seiner Zeit, jenen berühmten ökopazifistischen Appell an alle Mitbürger und Cannabisfreunde gerichtet: «Auf deutschem Boden soll nie wieder ein Joint ausgehen!»

Der typische Deutsche – ein Judenmörder, der anschließend sein friedliches Leben als Nachtwächter fristet und auf einen Opel Kadett spart. Natürlich wieder ein Reflex. Nur andersherum. Und ein Klischee. Allerdings ein Klischee, dem eine gewisse Wirklichkeitsnähe nicht abzusprechen ist. Eine böse Verzerrung, die dennoch nicht als bloße kabarettistische Sottise abgetan werden kann.

«Die Unschuld grassiert wie die Pest», schrieb damals Erich Kästner.

Gleichwohl war der Massenmord an den Juden in vielerlei Weise präsent. Die Mörder waren tatsächlich noch «unter uns», wie nicht zuletzt all jene Strafverfahren gegen SS-Schergen,

KZ-Aufseher und andere NS-Verbrecher zeigten, die sich teilweise über Jahrzehnte hinzogen. Abwesend dagegen waren die zahllosen Menschen, die in den Vernichtungslagern ums Leben gekommen waren – darunter etwa der berühmte Berliner Schauspieler, Sänger und Kabarettist Kurt Gerron, der im Herbst 1944 den letzten vom KZ Theresienstadt abgehenden Zug nach Auschwitz besteigen musste, nachdem er gerade noch auf Befehl des Lagerleiters einen Propagandafilm über das vorgeblich angenehme Leben in Theresienstadt gedreht hatte.

Tragische Absurdität auf der einen Seite, die Mentalität der Mörder auf der anderen.

Selbst die Erinnerung an die Kindheit in den frühen sechziger Jahren, merkwürdig genug, birgt noch Spuren des Alltags dieser Zeit, die man heute kaum mehr glauben mag. Aus der Tiefe einer längst vergangenen Epoche taucht etwa das Wort «Jiddeferz» auf – vom hessischen Idiom ins Hochdeutsche übersetzt: «Judenfürze». Acht-, neunjährige Buben aus gutbürgerlichen Familien in Cowboy-Verkleidung und mit lässigem Revolvergürtel um die Hüfte riefen es am Rosenmontag, wenn sie mit leuchtenden Augen einen in Hongkong hergestellten kleinen Kracherteppich für zwanzig Pfennige den Nachbarskindern vor die Füße warfen. Sie hatten keine Ahnung, was damit gemeint war, sie plapperten es einfach nach.

Kein Zweifel: Den Begriff «Jiddeferz» können die Kleinen nur von Erwachsenen, Eltern, Verwandten oder Bekannten gehört haben, die den Geist der Nazizeit noch nicht wirklich abgeschüttelt hatten.

Im Fernsehen lief zur gleichen Zeit «Der Goldene Schuß» mit Lou van Burg, «Einer wird gewinnen» mit Hans-Joachim Kulenkampff und «Vergissmeinnicht» mit Peter Frankenfeld. Kurz darauf kam «Dalli Dalli». Dass sich Hans Rosenthal, der die erfolgreiche Quiz-Show im ZDF moderierte, als Kind bis April

1945 in Berlin vor den Greiftrupps der Nazi-Judenjäger verstecken musste und dem Holocaust nur knapp entrann, wusste damals praktisch niemand.

Anfang der siebziger Jahre – Bundeskanzler Willy Brandt hatte seinen historischen Kniefall vor dem Mahnmal der Ermordeten des Warschauer Ghettos gemacht – erfuhren die Knirpse von einst, dass der Nazi-Geist noch immer nicht ausgestorben war. Immer wieder samstags, wenn zwei- oder dreitausend linke Demonstranten in Frankfurt am Main gegen den Militärputsch in Chile, für Hausbesetzungen oder bewaffnete Befreiungsbewegungen in der «Dritten Welt» demonstrierten und auf dem Weg zur Schlusskundgebung den Goetheplatz umrundeten, standen ältere Herren auf dem Bürgersteig, schüttelten wütend ihre abgewetzten Aktentaschen und riefen dreißig Jahre nach der Befreiung von Auschwitz: «Euch hat man vergessen zu vergasen!»

Sie hätten auch «Hoch lebe Pinochet!» skandieren können oder «Es lebe die fortwährende Weisheit der amerikanischen Außenpolitik!». Aber nichts da. Sie erinnerten noch einmal in aller Öffentlichkeit daran, was Hitler mit diesem langhaarigen und ungewaschenen Gesindel gemacht hätte: Ab in die Gaskammer!

Es gehört allerdings zur Ironie der Geschichte, dass manche der auf diese Weise verunglimpften Demonstranten wenige Minuten vorher die Parole «USA – SA – SS!» gebrüllt und damit den Nazi-Terror ihrerseits instrumentalisiert hatten. Auch diese unsinnige Aktualisierung war Teil jener wechselseitigen Schuld-Projektionen, mit denen der jeweils andere moralisch desavouiert werden sollte. Typisch deutsch eben auch das.

Der absolut typische Deutsche – der gebildete Deutsche weiß es selbstverständlich – ist in Heinrich Manns Roman «Der Untertan» verewigt. Die kongeniale Verfilmung durch Wolfgang

Staudte aus dem Jahr 1951 mit Werner Peters in der Hauptrolle des Diederich Heßling hat den autoritär unterwürfigen Opportunisten, der anpassungswütig und herrschsüchtig an seiner Karriere im Kaiserreich arbeitet, auch visuell für immer ins kollektive Gedächtnis gebrannt.

Und man muss zugeben, dass Onkel Heinz in den sechziger Jahren einige Ähnlichkeiten mit diesem Diederich Heßling aufwies. Andere Onkels, Väter und Großväter hatten sogar ein bisschen was von jenen stets streng gescheitelten blonden SS-Sturmbannführern, die eben noch das Idealbild des arisch feschen Deutschen gewesen waren. Die bekannt schnarrende Befehlsausgabe dieser leidenschaftlichen Amts- und Stiefelträger, bei der gern neben der Menschlichkeit auch noch der bestimmte Artikel und das Verbum eingespart wurden («Pässe im ersten Stock!»), fand sich durchaus auf diesem oder jenem Amt des neuen demokratischen Staates wieder.

Doch auch Jahrzehnte später, Onkel Heinz war längst tot, galt weithin die Überzeugung: Der typische Deutsche ist überall. «Voll peinlich», wie die Jungen heute sagen würden. Denn er ist eigentlich von gestern. Er passt nicht mehr in die Zeit. Er ist eine nationale Dauerbelastung. Im Grunde hatte er sich kaum geändert seit dem 19. Jahrhundert. Mit oder ohne Pickelhaube, Monokel, SA-Uniform oder schlecht sitzendem Hut. Egal. Otto-Dix-Figuren im Kopf, John-Heartfield-Porträts und den hinkenden Schulhausmeister im grauen Kampfkittel mit rasselndem Schlüsselbund vor Augen konnte man ihn stets kinderleicht dingfest machen. Man brauchte ihm bloß in die Augen zu schauen, an seinem massigen Leib herunterzublicken, irgendeine schneidige Geste oder ein borniertes Wort aufzuschnappen, und schon wusste man Bescheid. Es war eine Freude. Die Freude des Wiedersehens. Denn der typische Deutsche ist ein Klassiker.

Es gibt wahrscheinlich keinen Deutschen, der nicht schon

arglose Mitbürger als «typisch deutsch» geschmäht hat – etwa beim ohrenbetäubenden Rasenmähen am Sonntagnachmittag, bei der scharfen Zurechtweisung im Falle ordnungswidriger Überquerung der Kreuzung an der Fußgänger-Ampel («Hallo, es ist Rohoot!») oder beim zentimeterdichten Auffahren auf der Überholspur mit Tempo 180, Quattro-Lichthupe, hochrotem Hals und erigiertem Stinkefinger. Es handelt sich hier um einen echten Volks- und Breitensport, bei dem der typische Deutsche natürlich immer der andere ist. So oder so.

In den Generationen, die nach dem Krieg geboren wurden, ist dieser böse Vorhalt – neben «Nazischwein», «KZ-Mörder», «Schreibtischtäter» oder «Faschist» – zweifellos die häufigste und beliebteste Form von ungnädiger Bezichtigung des Nächsten und des Übernächsten. Ganz klar: Nichts ist peinlicher als der typische Deutsche, ein Saurier in Menschengestalt, die Geißel des Universums. Typisch deutsch ist daher zuallererst und immer noch, den Nachbarn oder Arbeitskollegen, die Politesse oder den Postbeamten, Vater, Mutter und den übergewichtigen Kontaktbereichsbeamten mit seinem ausrasierten Stiernacken als «typisch deutsch» zu bezeichnen. Hier gilt es stets, den Anfängen zu wehren. Danach fühlt man sich gleich besser. Moralisch, psychologisch, politisch-historisch, lebensphilosophisch.

Die Gefahr eines Rückfalls in die Barbarei schien jedenfalls jahrzehntelang nicht gebannt: «Der Schoß ist fruchtbar noch, aus dem dies kroch», dekretierte Bertolt Brecht. Dieser Satz wurde zum Klassiker einer linken Leitkultur – zum *ceterum censeo* des nachkriegsdeutschen Antifaschismus. Einen «resignationsbereiten Selbstverdacht», der bis heute nachwirke, nannte das jüngst die Feuilletonistin Ursula März. Als «negative Sinnstiftung» hat der Historiker Heinrich August Winkler diese spezifisch deutsche Variante eines Nationalismus *ex negativo* bezeichnet.

Je länger man darüber nachdenkt, desto deutlicher stellt sich das Widersprüchliche der historischen Situation heraus: Obwohl die Bundesrepublik einen radikalen Bruch mit dem Nazi-Regime darstellte, war sie seine nicht nur völkerrechtlich legitime Erbin. Zwar trübten braune Kontinuitäten und skandalöse Zwiespältigkeiten die Radikalität des Bruchs – andererseits aber sorgte erst der prinzipiell scharfe Schnitt gegenüber der Vergangenheit dafür, dass das Grauen nie wirklich verschwinden konnte, das den deutschen Namen trug, sondern immer wieder beim Namen genannt wurde.

Wie man es auch dreht und wendet: Es gab kein Entrinnen. Gerade deshalb entwickelte sich die Bundesrepublik notwendigerweise zu einem Großversuch in historischer Dialektik. Die Spuren dieses Versuchs, einen im Grunde unmöglichen «Neuanfang» zu wagen, sind bis heute zu sehen – nicht zuletzt in all den durchaus neurotischen Abgrenzungsversuchen gegenüber jenem Land, in dem man doch geboren wurde. Sie waren Teil jenes tief sitzenden deutschen Selbstmisstrauens, dem auch größere Mengen von Selbstmitleid beigemischt wurden. Zudem waren sie die Konsequenz einer weiteren Unmöglichkeit: Man konnte sich einfach nicht mit Deutschland als Ganzem identifizieren. Es schien keine überzeugende Tradition zu geben, an die man positiv und ungebrochen, gar stolz und aus vollem Herzen hätte anknüpfen können. Entsprechende Gefühle waren wie auf Eis gelegt. Wo andere solche Empfindungen zeigten, vorwiegend ältere Verdachtspersonen, wurden sie mit heißem Blut und kalter Rhetorik bekämpft. «Deutschland» war tot und sollte es für immer bleiben – nach alldem.

Für Kurt Tucholsky, den linken Schriftsteller der Weimarer Republik, großartigen Satiriker und jüdischen Deutschen, war das – vor alldem – noch anders gewesen. Er hatte etwas Ähnliches wie einen linken Patriotismus im Sinn, der allerdings nichts mit Marschmusik und Fahnenappell, dafür viel mit Liebe zu Seen, Wäldern und Menschen zu tun hatte. In einem kleinen Feuilleton unter dem Titel «Heimat» schrieb er 1929: «Und in allen Gegensätzen steht – unerschütterlich, ohne Fahne, ohne Leierkasten, ohne Sentimentalität und ohne gezücktes Schwert – die stille Liebe zu unserer Heimat ... Ja, wir lieben dieses Land.»

Schon wenige Jahre später wurde er, in Schweden lebend, von den Nazis ausgebürgert. Seine Bücher wurden verfemt und verbrannt. Am 21. Dezember 1935 beging er Selbstmord.

Deutschland schrecklich Vaterland.

Noch mehr als eine Generation später, Anfang der siebziger Jahre, war es daher das oberste Gebot des guten Deutschen, kein Vaterland zu haben. Schon gar nicht dieses.

Deutschland peinlich Vaterland.

Wichtigstes Kennzeichen des guten Deutschen war, dass er eigentlich gar kein Deutscher sein wollte. Viel lieber irgendetwas ganz anderes. Um dieses Ziel wenigstens annähernd zu erreichen, musste einiges unternommen werden. Es war ein regelrechtes Arbeitsprogramm, das viele Jahre in Anspruch nahm, manchmal ein ganzes Leben. Politisch, persönlich, kulturell, lukullisch.

«Sich durch Lebensart entdeutschen», nannte der ostdeutsche Autor Peter Richter dieses ehrgeizige Vorhaben Jahrzehnte später in seiner polemischen Visite des wiedervereinigten Deutschlands unter dem ironischen Titel «Blühende Landschaften» (2004).

Man könnte hinzufügen: Den Deutschen in sich zum Verschwinden zu bringen – ob als international agierender Revolutionär mit Ché-Guevara-Blick, alternativer Olivenbauer mit mediterran angehauchtem Gauloises-Schnauzer oder indischer Sannyasin, der das Klo des Bhagwan putzen durfte, ob als weltweit strandkundiger Globetrotter, afrikanischer Entwicklungshelfer oder kalifornischer Modeschmuckdesigner. Oft reichte auch ein 16-semestriges Philosophiestudium. Adorno statt Adenauer, Bloch statt Barzel.

Einige traten sogar zum moslemischen oder jüdischen Glauben über. Oder sie legten gleich jeglichen Glauben ab. Nur die wenigsten allerdings gaben dabei auch ihre formelle Staatsbürgerschaft zurück.

Von Anfang an war das Aussteiger-Programm all jener, die das genaue Gegenteil des typischen Deutschen sein wollten, nur logisch und konsequent: Bloß weg aus diesem Vaterland. Wir haben damit nichts zu tun. Schon gar nicht mit irgendeiner deutschen «Nation» und ihrer tausendjährigen Reichsgeschichte, einem abgestandenen «Patriotismus» oder einem reaktionär vermufften «Nationalgefühl». Schon das Wort «Deutschland» wurde gemieden wie die Pest. Es klang nach Nationalismus, Blut-und-Boden-Ideologie, Revanchismus, dem ganzen grausamen Spießerreich der vereinigten Gartenzwerge.

Hier immerhin kam die nüchtern-republikanische Namensgebung der zweiten deutschen Republik seit 1949 den innerstaatlichen Nationalflüchtlingen semantisch zu Hilfe: «Bundesrepublik Deutschland» ließ sich völlig korrekt mit «BRD» abkürzen, und schon war Deutschland verschwunden.

Es gab die sozialistische «DDR» und die kapitalistische «BRD». Punktum. So einfach konnte das sein. Auch für jene, die der «BRD», bei aller Kritik, den parlamentarisch-demokratischen Charakter nicht rundweg absprechen wollten.

Die «BRD» war ein Hybrid, eine postnazistische Rumpfrepublik unter amerikanischer Aufsicht – «Trizonesien» nannten frühe kabarettistische Spötter die drei Besatzungszonen der westlichen Alliierten –, ein vorläufiges, ziemlich synthetisches Ding, zu dem man kein wirkliches Gefühl entwickeln musste,

schon gar kein Heimatgefühl oder eine sonst wie emotional be-
deutsame Verbundenheit.

«BRD» schrieben viele am Ende des Adressfeldes auf ihre
Ansichtskarten von der Côte d'Azur und vertrauten blind dem
Kombinationsvermögen französischer Postbeamter – die sprach-
mächtigeren deutschen Urlauber kritzelten immerhin korrekt
«Republique Féderale d'Allemagne» auf die Karte, meistens
aber kurz und knapp «R.F.A.».

Ob R.F.A. oder BRD – das Kürzel klang schön abstrakt und
funktional, analytisch kalt und politisch korrekt. Es war die
praktische Formel einer politischen Identifizierung, die Kurz-
Definition eines Experiments, einer einzigartigen historischen
Versuchsanordnung, aus der nackten Not geboren – kein an-
heimelnder Stoff, aus dem Träume und Schäume, Stolz oder so
etwas wie Identität gewonnen werden konnten. Viel eher das
Gegenteil: Nicht-Identität, Anti-Identität. Allenfalls zurückhal-
tendes Abwarten, zögernde Zustimmung.

Niemals mehr wollte man in irgendeiner rauschhaften «Volksgemeinschaft» aufgehen, den Staat verherrlichen und die zufällige
ethnisch-geographische Abstammung zum identitätsstiftenden,
gar rassische Überlegenheit behauptenden Merkmal erheben.

Auch die «skeptische Generation» (Helmut Schelsky), die keineswegs rebellisch oder gar revolutionär gestimmt war, wollte
keine Fahnen mehr schwenken und nicht mehr mitmarschie-
ren, keine pathetischen Treueschwüre leisten und das Vaterland
nicht mehr lieben müssen, das ab sofort Bundesrepublik hieß,
zunächst keinen einzigen Soldaten hatte und vom beschaulichen
Rheinstädtchen Bonn aus regiert wurde.

«Ich liebe meine Frau», antwortete Bundespräsident Gustav Heinemann noch Anfang der siebziger Jahre auf drängende
patriotische Anfragen der christdemokratischen Opposition in
Sachen Vaterlandsliebe. Das eher private Bekenntnis des pro-

testantisch-liberalen Präsidenten, auch wenn es zugleich eine hochpolitische Aussage war, musste fürs Erste reichen – und es war überhaupt der springende Punkt der jungen Bundesrepublik, Teil ihrer neuen Ratio: Man durfte wieder privat sein. Man durfte sogar unpolitisch sein und musste nicht einmal Zeitung lesen, weder den «Völkischen Beobachter» noch die «Rote Fahne». Viele entschieden sich schließlich für die *Bäckerblume* oder den *Reutlinger Anzeiger*.

Noch in den Trümmerlandschaften wurde plötzlich wieder Theater gespielt, es gab Konzerte und Filmvorführungen. Die Bücher verfemter Autoren tauchten wieder auf. Moralisch tief bewegte Freigeister und Humanisten hielten euphorische, philosophisch weit ausholende «Stunde-Null»-Vorträge in überfüllten Sälen, während andernorts junge Deutsche zu jenen amerikanischen Jazzrhythmen tanzten, die eben noch als entartete «Negermusik» verboten gewesen waren.

Das Lebensglück war auch im kleinen Winkel gestattet. Es musste sich nicht in der heiligen Mission nationaler Erweckung vollziehen, im Dienste einer fanatisch verfolgten Ideologie, unter den Augen irgendeines wahnsinnigen Führers und seiner braven Mörderkumpane. Man wurde überwiegend in Ruhe gelassen.

Das, was die 68er später als apolitisches Spießertum attackierten, war also zunächst ein Akt der Befreiung, ein fortschrittlicher Reflex auf die zwölf Jahre des Nazi-Regimes, das nahezu alle Bereiche des Lebens okkupiert hatte.

Insofern war die «BRD» in all ihrer schnöde demokratischen, verfahrenstechnischen Sachlichkeit auch ein wunderbar praktisches Schutzdach, unter dem sich persönliche Freiheiten aller Art entwickeln konnten.

Für die antipatriotische und antifaschistische deutsche Linke sah das freilich ganz anders aus. Für sie war die BRD eine Art

Vorposten des «US-Imperialismus» mit voll integrierten Altnazis samt Hirschgeweih überm Herrgottswinkel. Deshalb war sie besonders darauf bedacht, die Bundesrepublik Deutschland nur bei ihrer offiziellen Kurzformel zu nennen. Das schaffte zusätzliche Distanz zum – feindlichen – Objekt und machte es zugleich leichter, aus der unübersichtlichen, schwer kalkulierbaren Angelegenheit eine klare Sache, eine erkennbare Struktur zu machen.

Diese «Struktur» – ein deutscher Lieblingsbegriff auf Jahrzehnte – war durch lauter Phänomene der vermeintlichen Wiederherstellung alter Kapital-Macht gekennzeichnet, ökonomisch, gesellschaftlich, politisch: Restauration, Remilitarisierung und jene reaktionäre Haltung, die für die Reinstallierung der alten «Funktionseliten» des Nazi-Staats verantwortlich schien. Jeder Ex-Nazi in Staatsdiensten, in der Ärzteschaft, im Rechtswesen und in der Presse, selbst im *Spiegel*, dem bewährten «Sturmgeschütz der Demokratie», wurde zum Beleg genommen: «Die alte Scheiße», wie sie der unnachsichtige Karl Marx in etwas anderem Zusammenhang nannte, drohte – unter neuem Vorzeichen – wiederzukehren.

Die Liebe zu Abkürzungen entwickelte sich unterdessen erfolgreich weiter, denn sie simulierten eine Konkretion, die es eigentlich gar nicht gab. Hinter BRD, NATO, USA, CIA und IWF, später EU und G7, verbargen sich, das war sonnenklar, die strukturellen Feinde der Menschheit, deren finsteres Wesen man ans Licht der Öffentlichkeit zerren wollte. Zugleich verschwanden in den Buchstabenreihungen sämtliche menschlichen Regungen und Eigenschaften dieses Feindes, alle schillernden «Nebenwidersprüche», verwirrenden Unterschiede und komplexen Schattierungen. Schwarz und Weiß mussten reichen.

Die ideologische Abstraktion triumphierte über die Wirklichkeit. Sie hielt ihren Verfechtern vieles vom Leibe, was sie hätte irritieren können. Eigene Anfälligkeit für einen linken Antisemitismus zum Beispiel, der sich hinter dem «antizionistischen» und «antiimperialistischen» Kampf versteckte. Man sprach auch lieber vom «Faschismus» statt vom «Nationalsozialismus». Es klang kompakter, eindeutiger, fassbarer, kurz: wissenschaftlicher. «Faschistisch» waren selbstverständlich immer die anderen.

Außerdem ließen sich all die Abkürzungen besser zu weiteren Hybrid-Begriffen kombinieren: «BRD-Gesellschaft», «BRD-System», «BRD-Staat». Wenn man dann noch die in den siebziger Jahren populäre linksradikale Kleinschreibung – Schriftform eines buchstäblich vorweggenommenen Kommunismus – dazu nahm, blieb von Deutschland rein gar nichts mehr übrig außer fortgeschrittener Kapitalakkumulation und internationalem Klassenkampf.

Von wegen «Kein schöner Land in dieser Zeit ...» – für idyllische Landschaften hatte man damals nun wirklich keine Zeit und keinen Sinn. Außerdem änderte ein romantisches Flusstal in Mittelfranken oder die untergehende Sonne auf Sylt nichts an der fatalen Rolle der BRD im weltweiten System von Ausbeutung und Unterdrückung.

Und da wurde es nur immer schlimmer.

Radikal konsequent waren die berüchtigten Kommandoerklärungen der terroristischen RAF, in denen es von globalen Untaten des «brd-imperialismus» und seiner fortgesetzten «stabilisierung des imperialistischen machtblocks» nur so wimmelte. Damals wurden selbst soziologische Begriffsungetüme wie der «militärisch-industrielle Komplex» («mik») pseudowissenschaftlich abgekürzt, um schneller auf den Punkt zu kommen. Alles schien nur Funktion in der «strategischen ausrichtung des kapitals» zu sein, Teil der «weltweiten auseinandersetzung» um Revolution und Konterrevolution. Geschichte war im Übrigen sowieso nur ein objektiv notwendiger Vollzug der Kategorien (neo-)marxistischer Politikwissenschaft.

Noch im Sommer 1990, nach dem fehlgeschlagenen Anschlag auf Hans Neusel, damals Staatssekretär im Bundesinnenministerium, formulierte die RAF ihr prototypisch entleertes, skelettiertes und synthetisches Revolutionsdeutsch. Da ist etwa von der Einleitung einer «langen kampfphase gegen die neuentstandene großdeutsche/westeuropäische weltmacht» die Rede, bei deren Etablierung die «brd und neuen machteliten der ddr dieselben ziele und imperialen pläne wie der nazi-faschismus» verfolgten. «BRD», «Weltmacht», «Faschismus» – kürzer kann man die programmatische Interpretation Westdeutschlands als Ungeheuer der Weltgeschichte nicht auf eine Formel bringen.

Die zuvor ermordeten Politiker und Wirtschaftsmanager waren selbstverständlich jeweils nur Funktionsträger und «charaktermasken» des «brd-kapitals» und seiner weltweiten Ambitionen. Erst seit ein paar Jahren verraten Filme, Bücher und Interviews etwas über die persönlichen und emotionalen Motive dieses mörderischen Abstraktionswahns. «Ich habe dieses Land gehasst», erklärte 1997 im Rückblick das ehemalige RAF-Mitglied Karl-Heinz Dellwo auf einer «Veteranen»-Veranstaltung in Zürich.

Es ist nahe liegend, darin auch eine dialektisch verwickelte Hassliebe zu vermuten, ein Ritual der antifaschistischen Austreibung, das mit einer tiefen, aber ziemlich orientierungslosen Sehnsucht nach Identifikation verbunden war. In diesem Punkt war die RAF durchaus prototypisch für eine viel weiter verbreitete Haltung in der deutschen Nachkriegsgesellschaft.

Der Historiker Gerd Koenen erinnert in diesem Zusammenhang an das «völlige Verschwinden von Ort und Zeit und damit jeder empirischen Realität». Er zitiert den verstorbenen Psychologieprofessor Peter Brückner, einen persönlichen Freund und frühen Unterstützer Ulrike Meinhofs, der die Strategie der RAF in seinem Buch «Ulrike Marie Meinhof und die deutschen Verhältnisse» letztlich als eine revolutionäre Variante des Münchhausen-Prinzips gedeutet hatte: «Ohne Ort und Zeit: Da wird alles Bewegung ...In ihrer Bewegung allein, in der Aktion, wird die Metropolen-Guerilla Teil des ‹Weltproletariats› – ...ja: Gehend konstituiert sie erst den Boden, auf dem sie geht.» Nicht viel anders hat es der Baron von Münchhausen exerziert, als er auf einer Kanonenkugel durch die Lüfte ritt.

Jenseits aller Unvergleichbarkeit ergibt sich eine merkwürdige Parallele zwischen RAF und BRD, so absurd sie auf den ersten Blick scheinen mag: Auch die Bundesrepublik konstituierte sich gleichsam «gehend» selbst, mit einem zweiten, provisorischen «nation building». Auch sie entwickelte sich – trotz aller Tendenzen zu Restaurierung und Tradition – weithin auf einer Grundlage, die sie im Augenblick des Geschehens eigentlich erst schaffen musste. Die Voraussetzungen ihres Erfolges wurden – paradox, aber wahr – erst durch den Erfolg gesichert.

Lange Zeit war das Eis ziemlich dünn, auf dem man schritt. Marktwirtschaft und parlamentarische Demokratie, Westbindung und Wohlstand für alle als Prinzip sozialer Gerechtigkeit waren zunächst keineswegs allseits akzeptierte Selbstverständlichkeiten: Meinungsumfragen belegen, dass sich die eindeutige Zustimmung zur Demokratie erst in den sechziger und siebziger Jahren zu festigen begann.

In einer mehrbändigen «Protest-Chronik» der Jahre 1949 bis 1959 hat der Hamburger Sozialforscher Wolfgang Kraushaar eine unübersehbare Anzahl von Demonstrationen, Aktionen und Ereignissen aller Art festgehalten, in der Unsicherheit und Unruhe der neu entstehenden Nachkriegsgesellschaft, ob links oder rechts, zum Ausdruck kamen – von einer öffentlichen Verbrennung noch vorhandener Entnazifizierungsakten im niedersächsischen Stadtoldendorf am 1. Oktober 1951, mit der der Bürgermeister «einen Schlussstrich unter die gesamte Entnazifizierung» ziehen wollte, bis zum heftigen Widerstand gegen die deutsche «Wiederbewaffnung» und die Gefahr eines nuklearen Kriegs unter dem Motto «Kampf dem Atomtod».

Nicht zufällig dauerte es bis zum 8. Mai 1985, bis die militärische Niederlage der Deutschen von 1945 auch offiziell als «Tag der Befreiung» vom Nazi-Terror interpretiert wurde – so wie es Bundespräsident Richard von Weizsäcker in seiner berühmten Rede zum 40. Jahrestag der Kapitulation des «Deutschen Reiches» getan hat. Sie war nicht zuletzt Ausdruck einer neuen politischen Souveränität.

Und es gibt noch eine eigenartige Parallele zwischen RAF und bundesdeutscher Gesellschaft: Die Tendenz, ein Leben gewissermaßen «gegen das eigene Land» zu führen.

Was die RAF tatsächlich bis zum halluzinatorischen Exzess – und bis zu ihrer formellen Selbstauflösung 1998 – trieb, das versuchte ein fortschrittlich-liberaler Mainstream auf eigene Weise in seinem maßvoll progressiven Alltag. Es war ein kleiner Widerspruch in sich, aber es ging irgendwie: immer ein wenig auf einem Bein balancierend, leicht verkrampft, mit politisch abgespreiztem Finger, wenn nicht gerade mit geballter Faust, so doch mit dem Bewusstsein, ganz vorne dran zu sein, moralisch auf der richtigen Seite.

Das Terrain war freilich kontaminiert, und jeder Schritt musste sorgfältig geprüft werden. Zur Belohnung gab es das Gefühl, etwas Besonderes zu sein – ein aufgeklärter, fortschrittlicher BRD-Bürger, ein Deutscher, wie es ihn eigentlich noch nie gegeben hatte. Im Grunde war er ein Europäer und Weltbürger, ein postnationaler Gesell.

Diesmal, das war klar, wollte er alles gut und richtig machen. «Geschlagen zieh'n wir nach Haus, die Enkel fechten's besser aus», sollen die besiegten Landsknechte der deutschen Bauernkriege des 16. Jahrhunderts gesungen haben. Gut vier Jahrhunderte später hatte der BRD-Bürger seine Lektionen aus der deutschen Geschichte ein für alle Mal gelernt. Er war Teil einer historisch einzigartigen Spezies.

Der BRDismus wurde so zu einer Art eklektischen Ersatzidentität: work in progress. Man musste sich die Einzelteile allerdings selbst zusammensuchen. Aber gerade die Aura von Vorläufigkeit und Unfertigkeit hatte auch etwas Erleichterndes, Entlastendes. Die Nazi-Vergangenheit war so oder so nicht abzuschütteln – doch gerade die aseptisch-neutrale Anmutung der BRD, von der schlichten neuen Währung «Deutsche Mark», von der jedermann zu Beginn 40 in die Hand gedrückt wurden, bis zum äußerst sparsamen Gebrauch von Flagge und Nationalhymne, deren erste zwei Strophen sowieso nicht gesungen werden durften, schuf unverzichtbare Freiräume eines neuen ungewohnten Alltags.

Leise, still und heimlich stieg die Bundesrepublik zum Exportweltmeister auf, und wenn Helmut Schmidt mit dem französischen Staatspräsidenten Valéry Giscard d'Estaing am Kamin von gleich zu gleich über die Zukunft der Weltwirtschaft diskutierte, schien alles wieder im Lot. Im Windschatten der Großmächte konnte sich der politische Zwerg BRD prächtig entwickeln – und mit ihm der BRDismus, das Lebensgefühl der Insassen dieses merkwürdigen Zwitters, dessen herrschende Klasse unzweifelhaft das Kleinbürgertum war.

Das alte Bürgertum war sozial ausgerottet, das alte Proletariat der Vorkriegszeit löste sich zu großen Teilen auf. Übrig blieben «Wir Kleinbürger» (Enzensberger), ein Amalgam aus Auf- und Absteigern der ehemaligen Klassengesellschaft des Kaiserreichs und der Weimarer Republik. Es war kein Zufall, dass im Zuge der ersten Sanierungsmaßnahmen der neuen Herrschenden unzählige Stuckdecken des einstigen Berliner Großbürgertums abgeschlagen und durch modernen Rigips ersetzt wurden. Für ästhetischen Schnickschnack von degeneriertem Adel und spätimperialer Bourgeoisie war nun kein Platz mehr.

Unterdessen machte sich eine Art geborgter Ersatznormalität breit – während es tief unten immer wieder grummelte wie im San-Andreas-Graben des kalifornischen Erdbebengebietes. Oben aber wimmelte das Leben ein bisschen wie in Las Vegas, auch wenn es nur München, Stuttgart oder Köln war. Vieles schien künstlich, talmihaft, oft auch nur bemüht und angestrengt, doch die bundesdeutsche Konsumgesellschaft entwickelte schnell ihre eigenen Regeln.

Ohne den sagenhaften Wirtschaftsboom, auferstanden aus Ruinen, wäre die deutsche Nachkriegsdemokratie kaum denkbar. Das «Wirtschaftswunder» räumte allfällige Zweifel an der von den Alliierten eingeschleppten repräsentativen Demokratie samt «Re-Education» beiseite und sorgte für einen gesicherten Mindestpegel allgemeiner Zufriedenheit. Auf dieser materiell-psychologischen Grundlage entwickelte sich allmählich das Bewusstsein von den Vorteilen dieser Gesellschaftsform, die im Bundestagswahlkampf 1976 vom sozialdemokratischen Bundeskanzler Helmut Schmidt, landesweit in Schwarzrotgold plakatiert, bereits als «Modell Deutschland» gefeiert wurde.

Ökonomisch gehörte die Bundesrepublik schnell zur Weltspitze, psychologisch blieb sie stets mit schlechtem Gewissen behaftet, das sich auch, zuweilen merkwürdig verschoben, aus den volksnah blubbernden Quellen der jüngsten Geschichte speiste. Durfte man einfach alles kaufen, was produziert und angeboten wurde? War das nicht glatter Warenfetischismus und geistlose Gotteslästerung? Wo war da der Anstand? Wohin sollte das noch führen? Und: Wo blieben die inneren Werte?

Auf die Antwort musste man nicht lange warten. Sie hieß

«Konsumterror», die ästhetische und moralische Kritik am westlich geprägten Kapitalismus, der gerade erst eingeführt worden war. Es war ein ziemlich deutscher Begriff mit kräftiger protestantischer Einfärbung. Bis heute veranschaulicht jeder Kurzaufenthalt in einer Evangelischen Akademie eindrucksvoll, wie man sich das Gegenteil von Konsumterror ungefähr vorzustellen hat, Hagebuttentee inklusive. In einschlägig verrufenen Weltregionen wie Südkalifornien oder Hongkong jedenfalls ist aus «Terror» und «Konsum» keine wirklich erfolgreiche Wortverbindung erwachsen. Die deutsche Linke aber liebte den «Konsumterror». Er war schön anschaulich, ein plastisches Wort für alle Lebenslagen. Fast jeder konnte sich darunter etwas vorstellen: Ein wunderbarer Konsensbegriff, der sich auch für angeregte Gespräche an reich gedeckten Tafeln eignete.

Immerhin hatte schon der im schönen Trier geborene Karl Marx vom «Fetischcharakter der Warenwelt» gesprochen, einer modernen Art von Aberglauben, welcher der glitzernden Welt der Produkte entgegengebracht werde – jenseits ihres eigentlichen Gebrauchswerts: «Es ist nur das bestimmte gesellschaftliche Verhältnis der Menschen selbst, welches hier für sie die phantasmagorische Form eines Verhältnisses von Dingen annimmt», schrieb er im ersten Band seines berühmten Hauptwerks «Das Kapital». «Dies nenne ich den Fetischismus, der den Arbeitsprodukten anklebt, sobald sie als Waren produziert werden, und der daher von der Warenproduktion unzertrennlich ist.»

Theodor W. Adorno lieferte den Begriff des «Verblendungszusammenhangs» nach. Der besagte ungefähr so viel, dass die Faszination des teuflisch-flirrenden Tauschwerts über die tatsächlichen Produktionsbedingungen des ihm innewohnenden stofflichen Gebrauchswerts hinwegtäuschte und die wahren Umstände und Folgen seiner Herstellung im Bewusstsein der Arbeitskräfte verschleierte. Die verstanden sich naiv, also fälschlich, als freie Staatsbürger, souveräne Kunden und selbstbewusste Konsumenten. In Wirklichkeit waren sie natürlich nur Rädchen im Getriebe eines undurchschauten kapitalistischen «Verwertungszusammenhangs», dem sie weitgehend bewusstlos verfallen waren.

Und hier haben wir ihn, den historischen double-bind des BRDismus, der sich bis zur Bigotterie spreizen konnte. Die Parole lautete: *Pro bono contra malum.* Man war immer zugleich dafür und ein bisschen dagegen. Das Gute, die bunte Vielfalt der Waren und die Möglichkeiten, die sie boten, nahm man gerne an – das Schlechte aber, das Oberflächliche, Künstliche, Prahlerische, vor allem aufdringliche Werbung und eiskalte Profitlogik, verursachten weltanschauliche Bauchschmerzen. Die waren nicht zuletzt ein Nachhall der altdeutschen, idealistischen Verachtung des rein materiellen, «seelenlosen Geschäfts».

In seinen «Betrachtungen eines Unpolitischen» von 1918 hatte Thomas Mann den deutschen Geist gegen das welsche Geld in Stellung gebracht, die ehrliche deutsche Kultur gegen die dubiose französische «Zivilisation», tiefen Ernst gegen leichtsinnigen Esprit: «Deutsche Bürgerlichkeit, das war immer deutsche Menschlichkeit, Freiheit und Bildung. Der deutsche Bürger, das war eigentlich der deutsche Mensch, und zu seiner Mitte strebte von oben und unten alles, was zur Freiheit und Geistigkeit strebte …»

Das Gute, Wahre, Schöne sollte, bitte schön, immer im Vordergrund stehen – nicht der schnöde Mammon samt seiner seichten Zwillingsschwester, der vergnügungssüchtigen Bohemekultur mit ihren obskuren Literatenexistenzen.

Einerseits also war der kapitalistische «Warenfetischismus» eine wesentliche Existenzgrundlage der Bundesrepublik – von der «Nivea»-Creme der treu sorgenden, aber unter «Spüli»-geplagten Händen leidenden Hausfrau bis zur spätinfantilen

«Nutella»-Liebe der «Generation Golf»; andererseits wurde er metaphysisch aufs schärfste bekämpft – vor allem bei Sonntagspredigten aller Konfessionen, auf Gewerkschafts- und Parteitagen, in Uni-Vollversammlungen, akademischen Zirkeln jedweder Prägung, von engagierten Sozialpädagogen und besorgten Installationskünstlern, die mit aufgetürmtem Autoschrott und zerdrückten Bierdosen ihren gesellschaftskritischen Empfindungen Luft machten.

Am radikalsten artikulierte sich selbstverständlich wieder die RAF, die selbst ernannte Avantgarde der deutschen Linken: «Wir zünden Kaufhäuser an, bis ihr aufhört zu kaufen», kritzelte Thorwald Proll, einer der Frankfurter Kaufhausbrandstifter vom 2. April 1968, in sein Notizbuch, das kurz darauf von der Polizei gefunden wurde. «Ihr habt nichts zu verlieren als den Gewinn der Ware. Der Konsumzwang terrorisiert euch, wir terrorisieren die Waren.»

Die wirre Sprache entsprach der konsequenten Logik: Der Mensch ist gut, die Ware ist böse. Kurz: Die Bürger sollten keine Waren mehr kaufen, sondern Revolution machen – natürlich, um die bösen Waren für immer abzuschaffen. Davon hielt die Bevölkerung freilich nicht besonders viel. So viel Radikalismus schien den meisten auch wieder übertrieben. Man musste ja nicht gleich das Kind mit dem Bade ausschütten. Lieber suchte man bei «Hertie» und «Woolworth» weiter nach tollen Schnäppchen, plante den nächsten Urlaub mit «Neckermann-Reisen» oder «TUI» und richtete das Schlafzimmer neu ein.

Doch in der milden Variante eines halbwegs aufgeklärten Mainstreams blieb das zivilisationskritische Ressentiment durchaus populär. Wenn der Konsumrausch allzu obszön ins Auge sprang oder wieder einmal besonders unangenehm aufs Gemüt schlug, konnte man immer noch vor «amerikanischen Verhältnissen» warnen, einen fernsehfreien Sonntag fordern und die ehemalige Volksgemeinschaft an das erinnern, was wirklich zählt: Liebe und Familie, Friede, Freundschaft, Eierkuchen. Aus diesem unendlichen Reservoir deutscher Selbstbesinnlichkeit schöpft etwa Fernsehpastor Fliege bis zum heutigen Tag. Wenn in Deutschland irgendetwas gefährlich schief zu laufen droht, sei es das Wiedererstarken der NPD, ein neuer Rekordstand der offiziellen Arbeitslosigkeit oder die Absetzung eines verdienten Fernsehmoderators, dann dauert es nur wenige Minuten, bis der erste besorgt eine «Wertedebatte» fordert, einen «runden Tisch» oder eine «Konzertierte Aktion».

In den siebziger Jahren war diese untergründige reformatorische Gegentendenz noch dem ungeschminkten Protest verpflichtet, dem Neinsagen im Namen der Moral, der Anti-Identität aus philosophischer Erkenntnis und der Negation aus prinzipieller Abneigung. Wer nicht gleich Revolution machen wollte, der versuchte wenigstens, sich auf andere Weise von den Zwängen der bürgerlich-kapitalistischen Gesellschaft zu befreien – und sei es nur, indem er – oder sie – C. G. Jung las, auf den BH verzichtete, mit dem Gitarrespielen anfing und lernte, wie man einen ordentlichen Joint dreht. Manche strickten auch einfach nur ihre Pullover selbst und verließen ihren Ehemann.

Die gesellschaftlichen Folgen dieser plötzlichen Verhaltensänderungen waren unabsehbar: Jahre später warb die Kreditkartenorganisation «Visa» mit dem Ruf «Die Freiheit nehm' ich mir!», und der vollends emanzipierte Single beiderlei Geschlechts wurde zur dominierenden Figur der modernen Großstadt: total befreit, aber ziemlich allein.

In den Siebzigern jedenfalls entwickelten sich in den utopischen Gegenentwürfen und sozialen Emanzipationsbewegungen noch die unterschiedlichsten Elemente jenes «alternativen Lebens» (siehe auch 1. Kapitel), das sich der «Entfremdung» des Alltags widersetzen wollte. Es ging um die Entdeckung der «eigenen Bedürfnisse» und «solidarische Strukturen», um «neue Frauenpower» und eine befreite Sexualität, «kritische Subjektivität» und einen möglichst «authentischen» Lebensalltag, schließlich auch um gesundes Essen und eine ökologische Umwelt, kurz: um die echten, unverfälschten Gebrauchswerte, das richtige Leben im falschen System.

Hier war die Alternativ-, Öko- und Anti-Atomkraftbewegung, später auch die Friedensbewegung, so etwas wie der Gegenentwurf zur real existierenden Verfassung der Bundesrepublik und ihrer ausführenden Organe, eine Art von Anti-Heimat des BRDismus, ein Refugium des gelebten Dagegenseins. Damals gab es sogar eine alljährliche «Gegenbuchmesse», ein gesellschaftskritisches Kontrastprogramm, das eine «Gegenöffentlichkeit» zur großen kommerziellen Frankfurter Buchmesse bilden sollte.

Dazu fanden natürlich jede Menge «Gegenveranstaltungen» statt. Nicht zufällig wirkten die vielen großen und kleinen Fluchten aufs Land, in den Kiez, in esoterische Sonderwelten oder ins Hochgebirge von Nepal wie persönliche Austrittserklärungen aus der BRD. Man machte einfach nicht mehr mit.

Man machte sich selbständig. «Autonomie» war das Wort der Stunde. Mehr noch: Manche waren ganz sicher: «Anarchie ist machbar, Frau Nachbar!» So war sie eben auch, die BRD: Man konnte sich ziemlich leicht von ihr verabschieden und ein bisschen herumexperimentieren. Manchmal steuerte sie sogar noch das verbilligte «Interrail»-Ticket bei.

Doch auch wenn nur Minderheiten tatsächlich begannen, im Vogelsberg autonom Ziegen zu melken, pestizidfreie Bio-Karotten anzubauen oder völlig selbstbestimmt um die Welt zu trampen – die Haltung des Anders- und Dagegenseins prägte Millionen Deutsche während der Kanzlerschaft von Helmut Schmidt, der die BRD als eine Art generalbevollmächtigter Dienstleister führen wollte, von vielen aber eher als autoritärer Vollzugsbeamter der kapitalistischen Weltwirtschaft wahrgenommen wurde. Nicht umsonst war er Flakoffizier bei der Wehrmacht gewesen, stellten viele aus der 68er-Generation fest. Das hinterlässt Spuren im Charakter. Außerdem trug er diese unsägliche Prinz-Heinrich-Mütze, ein Accessoire aus der Wilhelminischen Zeit, das zu seinem «autoritären Charakter» des Zuchtmeisters zu passen schien wie der rosafarbene Stringtanga zur Copacabana.

Von heute aus gesehen erscheint vieles wie ein beiderseitiges Missverständnis: Schmidt war moderner und liberaler, als mancher glaubte, und die Protestgeneration bestand nicht nur aus «ideologisch verblendeten Chaoten», die in grellen Gespensterkostümen noch einmal den Untergang der «Weimarer Republik» nachspielen wollten – als «rotlackierte Nazis», wie rechtskonservative Kommentatoren damals schimpften.

Auch hier waren wieder die jeweiligen Projektionen des nationalsozialistischen Traumas bestimmend: Während die radikale Linke in Helmut Schmidt den Repräsentanten eines autoritär-«faschistoiden» Staatsapparats sah, erinnerten den eisernen Kanzler die gewaltsamen Demonstrationen der Linken an Aufmärsche von Hitlers «SA». Der sozialdemokratische Oberbürgermeister von Frankfurt am Main, Rudi Arndt, ging einen Schritt weiter und urteilte damals über linke Hausbesetzer, Demonstranten und Straßenkämpfer, unter ihnen auch ein späterer Außenminister, sie seien sogar «schlimmer als die SA».

Ein absurdes Vexierspiel in den Kulissen der jüngsten deutschen Geschichte, die jede Seite nach ihren Bedürfnissen hin und her schob.

Längst war der euphorische Schwung der kurzen Reformära unter Bundeskanzler Willy Brandt verflogen, und der «Deutsche Herbst» – mit dem Mord an Hanns-Martin Schleyer, der Geisel-Befreiung in Mogadischu und den Selbstmorden von Andreas

Baader, Gudrun Ensslin und Jan-Carl Raspe in Stammheim – ließ den «BRD-Staat» düsterer erscheinen als je zuvor. Fast jeder fünfte Bürger, so ergaben damals Umfragen, hegte gewisse Sympathien für die Guerilla-Aktivitäten der RAF. Die umwehte längst schon ein schwarzer Helden- und Verfolgten-Mythos irgendwo zwischen Robin Hood, Ché Guevara und Bonnie & Clyde. Trotz aller Desillusionierung und Entmythisierung hat er sich bis in die Gegenwart gerettet. Im Winter 2002/2003 etwa führten gut sortierte Boutiquen in Berlin-Mitte sehr ansprechende Militärjacken samt Patronentaschen für 65 Euro mit der Aufschrift «Prada Meinhof». «Terrorist Chic» nannte das die *Financial Times* in ihrem Bericht über die neue deutsche «Red Army Fashion». Die einstige politische Avantgarde kehrte als Retro-Garderobe wieder.

Das gute Dutzend «Stadtguerillos» erschien noch im Nachhinein als verschworene Truppe, die so konsequent war, auch das eigene Leben aufs Spiel zu setzen, um ihren radikalen politischen Überzeugungen bis in den Tod hinein treu zu bleiben. Diese nibelungenhafte Unbedingtheit des politischen Widerstands glänzte eine Zeit lang im fahlen Licht eines nachgeholten Antifaschismus der Herzen, auch wenn es «eher die Selbstanmaßung einer ganzen Generation» war, wie RAF-Gründungsmitglied Astrid Proll heute sagt.

Anfang der siebziger Jahre aber galt es geradezu als Ehrensache, den vom Bundeskriminalamt gejagten RAF-Kämpfern, allen voran Ulrike Meinhof, der intelligenten und sympathischen Publizistin aus der guten Hamburger Gesellschaft, wenigstens für ein paar Tage Unterschlupf zu gewähren. Das war das Mindeste an praktischer Solidarität damals, als das Gewaltmonopol des Staates für viele noch ein Seyfried-Comic war, ein schlechter Witz.

Gegen den («Scheiß-» bzw. «Bullen»-)Staat zu sein war jedenfalls auch in solchen Kreisen «in», die man normalerweise «bürgerlich» genannt hätte. Auch Otto Schily blieb von solchen Gefühlsaufwallungen nicht völlig unberührt, wie Eingeweihte munkeln und Zeitgenossen berichten. Eines war klar: Die BRD hatte jeden begründeten Anfangsverdacht verdient. Meist erwies er sich als hinreichend.

Erst recht, wenn es wieder einmal hieß: «Deutschland gegen Kamerun». Der Deutsche Fußballbund hatte den modischen BRDismus sowieso nie mitgemacht. Im Fußball war «Deutschland», erst recht nach dem Gewinn der Weltmeisterschaft von 1954, keine Sekunde untergegangen. Im Gegenteil.

Die «Helden von Bern», jüngst filmisch glanzvoll wieder auferstanden, haben dem Land mit Mannschaftsgeist, Steilpass und Bananenflanke wieder auf die Beine geholfen. Beim heiligen Sepp Herberger: Der Ball war rund, das Spiel dauerte neunzig Minuten. Daran hatte auch der Führer nichts geändert. Und das war gut so.

Jahrzehnte später allerdings war bei vielen Fernsehzuschauern «Algerien gegen Deutschland» ein klarer Anlass für flagranten Vaterlandsverrat. Der dauerte neunzig Minuten plus Nachspielzeit, forderte allerdings auch einen erheblichen Tribut an Wein, Bier, Chips und selbst gedrehten filterlosen Zigaretten. Am Ende hieß es 2:1 für Algerien. Deutschland kam dennoch ins Finale der Fußballweltmeisterschaft von 1982 – und verlor gegen Italien.

Es mag im Vorfeld der Fußballweltmeisterschaft 2006 völlig unglaubhaft wirken, nun, da der offizielle Werbeslogan der vor Optimismus nur so sprühenden WM-Kampagne «Land der Ideen» lautet und alle nur noch im kalifornischen Klinsi-Groove mitschwingen wollen – aber in jenen verwirrten Zeiten gab es zahlreiche Fußballfans, die der algerischen Nationalmannschaft den Sieg wünschten. Ganz ehrlich. Je nach Lage und Spielaus-losung auch den Mannschaften von Ghana, Zypern, Malta, Ma-rokko, Albanien oder den Färöer-Inseln.

Es war gut gemeint, pure Selbstverständlichkeit und ein un-verkennbares Symptom des fortgeschrittenen BRDismus: Man drückte den sympathischen kleinen Ländern, jenen vermeint-lichen Underdogs, die von bürgerlichen Reportern halb ernst, halb ironisch als «Fußballzwerge» bezeichnet wurden, fest die Daumen und höhnte über jeden eklatanten Fehlpass der deut-schen Spieler, die sich wieder mal besonders schwer taten ge-gen die wieselflinken Außenseiter – vor allem natürlich auf dem «schweren Geläuf» irgendeines Hartplatzes in Tirana oder einer Art Pinguin-Liegefläche in der Nähe des ewigen antarktischen Eises.

Schon beim ausdruckslosen Mitbrummen des Deutschland-liedes, das die meisten Spieler durch mahlende Bewegungen des Unterkiefers absolvierten (der eine oder andere hatte auch noch vergessen, seinen Kaugummi auf dem Weg aus der Um-kleidekabine rechtzeitig auszuspucken), stöhnte man auf in der Wohngemeinschaft, der Alternativkneipe oder in der schönen Altbauwohnung mit der sorgfältig wiederhergestellten Stuckde-cke: Oje, oje, Deutschland peinlich Fußball-Land!

Wie die schon wieder aussahen! So unsympathisch, strunz-blond und vierschrötig, kantig und eckig, irgendwie terrier-haft – so schrecklich deutsch eben! Man konnte gar nicht richtig hinsehen bei all dem Elend.

Wie anders dagegen die jeweiligen Gegner: dunkelhäutig, char-mant lächelnd, exotisch, attraktiv und lässig. Allein die farben-frohen Trikots signalisierten schon Lebensfreude und persönliche Ausstrahlung. Das waren filigrane Individualisten, verspielt, ideenreich, phantasievoll. Und wie sie sich erst auf dem Rasen bewegten, elegant und gazellengleich. Trickreich umkurvten sie die Abwehrrecken von Berti Vogts bis «Katsche» Schwarzenbeck, deren «deutsche Tugenden» vor allem in der wiederholten Anwendung der «Blutgrätsche» bestanden, in minutenlangem «Mauerbau» bei Freistößen des Gegners, entschlossenem Wegschlagen des Balles und breitbeinigem Postieren auf der Torlinie.

Auch der Spielaufbau der deutschen Mannschaft wirkte, abgesehen von den drei, vier goldenen Jahren mit Günter Netzer im Mittelfeld, umständlich und schwerfällig. Wenn Masseur Erich Deuser mit seiner großen Erste-Hilfe-Tasche krummbeinig aufs Spielfeld flitzte, konnte man sich in Ruhe ein neues Bier aus dem Kühlschrank holen. Gleich ging das Geholze in die nächste Runde.

Aber was war das für ein Gejohle, wenn Algerien ein Tor gelang! Die ausgleichende Gerechtigkeit für fünfzig Jahre deutschen Afrika-Kolonialismus, auch wenn, zugegeben, dort eher die Franzosen ihr kolonialistisches Unwesen getrieben hatten. Aber egal. Die Richtung stimmte. 1 : 0 für Algerien war in jedem Fall ein erfreulicher, politisch korrekter Zwischenstand. Dennoch blieb da ein gewisses Unbehagen vor dem Fernseher, das sich in problematischen Versuchen ausdrückte, die notorische deutsche Spielschwäche quasi geschichtsphilosophisch zu interpretieren. Denn man konnte mit Karl Marx, Friedrich Engels und Ernest Mandel zwar den tendenziellen Fall der Profitrate und die Notwendigkeit der sozialistischen Weltrevolution mit nahezu wissenschaftlicher Präzision vorhersagen, aber eben doch nicht den gesamten Spielverlauf Deutschland gegen Tunesien oder Malta bei Dauerregen.

Und zuweilen kam es wider Erwarten vor, dass die deutsche Mannschaft gar nicht so schlecht zu Werke ging und selbst bei den Albanern oder Zyprioten nicht nur begnadete und grundsympathische Kicker, Mini-Pelés oder Bonsai-Platinis, über den

Rasen wirbelten, sondern auch ziemlich gemeine Treter in kurzen grünen Hosen. Wenn dann noch das Ausgleichstor für die deutsche Nationalmannschaft fiel, womöglich kurz vor Schluss sogar der Siegtreffer, geriet manch einer in regelrechte Erklärungsnot, die sich in begrenzten Verhaltensstörungen artikulierte. Sich richtig freuen, gar in lautstarken Torjubel ausbrechen durfte man nicht, aber die Tatsache eines verdienten Sieges war andererseits nicht ohne weiteres wegzudiskutieren.

So kam es nach der «inneren Emigration» zwischen 1933 und 1945 und den «inneren Werten» der deutschen Gutbürgerlichkeit zum Phänomen des «inneren Jubels». Der musste freilich hier und da beim einsamen Gang auf die Toilette ausgelebt werden.

Auch wenn es heute viele nicht mehr wahrhaben wollen, die damals gute Miene zum bösen Spiel – oder umgekehrt – machten: Offene Freude über einen deutschen Fußballerfolg war in den siebziger und frühen achtziger Jahren ganz und gar nicht angesagt. Allenfalls durfte man etwas von einem «ganz passablen Doppelpass» nuscheln, der sich aber dennoch meist in der «vielfüßigen Abwehr» der Albaner verfing.

Während auch unbescholtene Literaturprofessoren, Studienrätinnen und Architekten ihre Schwierigkeiten mit dem kickenden Vaterland hatten, kam es allerdings so gut wie nie vor, dass begeisterte Zwischenrufe weiblicher Gelegenheitszuschauer, die einem gut aussehenden italienischen Nationalspieler galten, durch den Hinweis auf das faschistische Erbe Mussolinis auch nur im Mindesten beeinträchtigt worden wären.

Wie gut hatte es da zum Beispiel der deutsch-französisch-jüdische Fußballfan Dany Cohn-Bendit, die Ikone des Pariser Mai 1968! Jenseits aller Barrikaden, auf dem politisch unschuldigen grünen Rasen schlug sein Herz stets für Frankreich, ganz egal, ob der liberalkonservative Giscard d'Estaing Präsident war oder

der Sozialist François Mitterrand. Manche seiner deutschen «Genossen» beneideten den «roten Dany» um diese emotionale Selbstverständlichkeit. Er war so frei. Seine Gefühle gehörten nur ihm selbst.

Aber es blieb dabei: All diese Verkrampfungen und Zwiespältigkeiten waren vor allem eine Folge jener Bigotterie, die den BRDismus prägte. Einerseits ermöglichte er Distanz, ja Gegnerschaft zum eigenen Land und gewährte jene luftig alternativen Ersatzheimaten, in denen man es sich doch recht gemütlich machen konnte.

Andererseits konnten auch sie nicht darüber hinwegtäuschen, dass etwas Wichtiges fehlte: etwas Affirmatives, Populäres, womöglich sogar Volkstümliches, jedenfalls eine Sache, die sich gleichsam von selbst verstand und nicht ständig «hinterfragt» und «aufgearbeitet» werden musste.

Also ungefähr das, was gemeinhin Identität genannt wird, im umgangssprachlichen Sinn: Selbstbewusstsein, womöglich mit einem kleinen Schuss Patriotismus.

Also doch so etwas wie ein positives Deutschlandgefühl?

Genau hier vollzog sich zu Beginn der achtziger Jahre ein Wandel.

«Neue Deutsche Welle» hieß ein Trend in der Popmusik, der sich urplötzlich Bahn brach, eine Art softer Punk mit deutschen Texten, schnell und vorwärts treibend, fließend und schwebend zugleich, sentimental und ironisch, heiß und kalt: einfach cool. Die Gruppen hießen «Ideal», «Fehlfarben», «Extrabreit», «Spliff», «Trio», «Deutsch-Amerikanische Freundschaft» oder «Münchner Freiheit». Sie sangen von «99 Luftballons» und «Deinen blauen Augen», forderten ultimativ «Gib Gas, ich will Spaß!» oder behaupteten ironisch frech im Chor «Im Westen ist's am besten».

Im Winter 1981/82, kurz nach dem Jaruzelski-Putsch in Polen, drehten zwei Frankfurter Studenten genau dieses Lied auf volle Lautstärke, als polnische Zöllner ihren VW-Pritschenwagen, der Lebensmittel nach Lodz bringen sollte, zwei Stunden lang durchsuchten, wobei als Erstes die noch ungelesene aktuelle Ausgabe der *Frankfurter Allgemeinen Zeitung* beschlagnahmt wurde.

Mit spätdadaistischen und stakkatohaft verrätselten Werken wie «Da, da, da» wurden allerdings nicht nur kommunistische Grenzbeamte traktiert – nebenbei wurde auch die letzte unsichtbare Mauer eingerissen, die, trotz aller Verdienste des «Panik»-Pioniers Udo Lindenberg, die Popmusik bis dahin noch von der deutschen Sprache getrennt hatte.

Eine neue Unverschämtheit und Leichtigkeit zogen ein, Witz und zuweilen androgyne Coolness, nicht zuletzt ein neues, noch nicht klar zu benennendes Selbstbewusstsein, während wöchentlich neue Bands mit frischer Unbekümmertheit auf die Bühne und in die Charts stürmten.

Mit dem traditionellen Habitus der langhaarigen, stets unter Drogeneinfluss stehenden und von Dutzenden Groupies umlagerten Rock 'n' Roller ließen die neuen deutschen Sängerknaben und Pop-Ladies auch die ideologischen Fixierungen der siebziger Jahre hinter sich. Kein Zweifel, die «Postmoderne» mit ihrem Slogan «anything goes» hatte die Tore ihres gleichermaßen verlockenden wie verwirrenden Zauberreiches geöffnet. Es versprach zwar keine Erlösung von dem Übel, aber immerhin neue Perspektiven, die Welt und das Leben wahrzunehmen.

Philosophen und Soziologen, die eben noch überzeugte Marxisten waren, sprachen nun nicht mehr von Proletariat und Klassenkampf, sondern von «fraktalen Subjekten», «Simulacren» und «virtuellen Strategien».

In der postmodernen «Simulationsgesellschaft» schien plötzlich alles eine Frage der Kommunikation zu sein, besser noch: des «Diskurses». Jean Baudrillard, einer der Stars dieses Diskurses, analysierte die Politik als «Videospiel», mit dem eine Art «medialer Hyperrealität» erzeugt werde – eine inszenierte Scheinwelt, in der Ursache und Wirkung, innen und außen nicht mehr klar unterscheidbar waren. Die Macht saß nicht mehr in Staatskanzleien und Palästen, sondern in «Codes» und «Strukturen des Begehrens».

Viele deutsche Intellektuelle, ideologisch reichlich ausgezehrt von den Kämpfen der Vergangenheit, stürzten sich auf die Ideen dieses französischen «Poststrukturalismus» und zerbrachen sich schließlich ihrerseits den Kopf über den «Kult des Profanen», die Geheimnisse des «Imaginären», die «Rückkehr der Bilder» und den «Aufstand der Zeichen». «Semiotik», die komplizierte Lehre von «Signifikat» und «Signifikant», wurde plötzlich zur schicken Leitwissenschaft, deren Helden freilich meist ebenso schicke Franzosen im Designer-Sakko waren: Foucault, Deleuze, Guattari, Lacan, Derrida, Virilio, Lyotard.

Jedenfalls wurde ab sofort nicht mehr einfach ein Buch gelesen, nein: es gab unterschiedliche, miteinander konkurrierende «Lektüren» von Texten. Manchmal war sogar eine ominöse «Textur» wichtiger als der pure Inhalt, den es sowieso nicht mehr gab. «Lacancan und Derridada» – so machte sich damals immerhin ein vorlauter deutscher Kritiker über den modischen Trend lustig, der zum Teil wie eine neue Wunder- und Geheimwissenschaft inszeniert wurde, in der es vor lauter «frei flottierenden Zeichen» nur so wimmelte.

Doch selbst die schlichte Farbenlehre spielte in diesem Epochenwechsel verrückt. Allerdings war sie ganz praktisch fassbar: Die 70er waren rot, dunkelbraun und orange gewesen, nun wurde alles weiß: die Klamotten, die Wände, Tische und Stühle. Neue Bars und Cafés, die sich gerne «Sandsturm», «Größenwahn» oder «Boudoir für erlesene Betroffenheit» nannten, strahlten vorzugsweise im hellen Neonlicht. Die Speisekarten waren riesig oder winzig klein. Die Toiletten, einst im gnädigen Halbdunkel verborgen, blendeten den Besucher geradezu mit weiß glänzenden Kacheln und Edelstahlarmaturen. Voll grell das Ganze.

Sogar der «Pflasterstrand», die Zeitschrift der linken Frankfurter Sponti-Szene von Joschka Fischer und Dany Cohn-Bendit, erschien zum neuen Jahrzehnt mit einem vollständig weißen Titelblatt. Die Botschaft war selbst unter den Redakteuren umstritten: Sollte das nun heißen «Uns ist bis Redaktionsschluss leider nichts Besseres eingefallen» – oder war es der ironische Hinweis auf eine epochale Veränderung – Tabula rasa und Neuanfang?

Spätestens als Jürgen Habermas, die Inkarnation des bundesrepublikanischen Geistes, das Wort von der «neuen Unübersichtlichkeit» geprägt hatte, war frei nach Konrad Adenauer «die Situation da»: Nichts schien mehr gewiss, alles war erlaubt.

Wie also weiter? Und vor allem: Wohin?

Es war typisch für die achtziger Jahre, dass diese Frage zwar intensiv diskutiert wurde, aber im «alltagskulturellen Durcheinander», in dem neue Zeitgeistmagazine wie *Tempo* ihre Auflage in immer neue Höhen schraubten, letztlich unterging. Man hatte anderes zu tun.

Zum Beispiel, sich die neuesten LPs von Madonna, Sade, Gianna Nannini oder BAP zu besorgen, den letzten Modetrends auf der Spur zu bleiben und keinesfalls «Miami Vice» mit Don Johnson zu verpassen. Theaterfans strömten zu den Uraufführungen von Botho Strauß' Stücken wie «Die Zeit und das Zimmer» in die Berliner «Schaubühne».

Zugleich begann der Siegeszug von Anrufbeantworter und Mailbox. Man war praktisch immer erreichbar, trank trockenen italienischen Weißwein, schickte sich Liebesbriefe per Fax und verschenkte opulente Kochbücher («Toskanische Küche») zum dreißigsten Geburtstag statt des neuesten Bandes der «Edition Suhrkamp».

Die neue Freiheit zur Beliebigkeit war wunderbar, unterhaltsam und ein gutes Geschäft. Aber sie hatte ihren Preis. Man blickte einfach nicht mehr durch und fand sich am Ende widerstrebend damit ab.

Doch das war gar nicht einmal schlecht. Denn es schien sich zugleich eine Entdramatisierung des verfluchten Deutschseins anzubahnen, eine gewisse Entspannung von Körper, Geist und Seele. Nach annähernd vier Jahrzehnten Bundesrepublik setzte eine Art Selbsthistorisierung der Nachkriegsrepublik ein, in die sich hier und da durchaus ein Gran Stolz mischte, sogar etwas wie Identität. Wenigstens «ein Stück weit», wie der Kurzzeit-Kanzlerkandidat der SPD, Björn Engholm, gerne formulierte.

Die Demokratie schien gefestigt, das internationale Ansehen wiederhergestellt, der Lebensstandard hoch. «Deutschland zu verteidigen, das wäre mir nie in den Sinn gekommen», schrieb der Autor Walter Wüllenweber im Rückblick. «Und dennoch war die Bundesrepublik unser Land.»

BRD – mon amour très difficile.

Allerdings weniger aus Gefühlsüberschwang, sondern eher aus Gewohnheit: «Vor allem die Sorglosigkeit des Alltags haben wir liebgewonnen ...Wir sind westdeutsche Patrioten – genau das, was wir nie hatten sein wollen.» Die List der Geschichte hatte offenbar ganze Arbeit geleistet.

Auch wenn Helmut Kohl in seinen offiziellen Fernsehansprachen ans Volk gerne mit der Formel schloss «Gott schütze unser deutsches Vaterland» und auch sonst den guten Patrioten gab – letztlich war es ein Ritual, das kaum einer sonderlich ernst nahm. Exemplarisch wurde es ad absurdum geführt, als sich herausstellte, dass die TV-Neujahrsansprache des Bundeskanzlers zur Jahreswende 1986/87 schon 1985/86 ausgestrahlt worden war: Man hatte die Videokassetten verwechselt. Der peinliche Lapsus enthüllte noch ein anderes Phänomen: Die merkwürdige Dehnung der Zeit zum Ende der achtziger Jahre. Man begann, sich zu langweilen.

Die jahrzehntelang sprichwörtlich «offene deutsche Frage» spielte so gut wie keine Rolle mehr, und die DDR war den meisten Westdeutschen ein viel exotischerer Ort geworden als die Kanarischen Inseln oder Bali. Die DDR war die abgewandte Seite des Mondes. Selbst in der CDU erwog man Ende der achtziger Jahre, das heilige Gebot der «Wiedervereinigung» aus dem Parteiprogramm zu streichen. Nur ein Sonderling wie Martin Walser sprach damals noch, «vor Kühnheit zitternd», man dürfe «die BRD so wenig anerkennen wie die DDR»: «Wir müssen die Wunde namens Deutschland offen halten.»

Für alle anderen gab es allerdings jede Menge spannende Ablenkung: Algenpest und Robbensterben, die ersten Computer für zu Hause und die kurzzeitige Renaissance von Stil, Anstand und Geschmack, des Luxus und der Moden, die Entdeckung des Ozonlochs und die Ausbreitung der Talkshow im deutschen Fernsehen. War im Jahrzehnt zuvor nahezu alles Politik gewesen, so schien nun alles irgendwie Kultur zu sein. Oder Entertainment. Das Wichtigste war: Man konnte über alles reden. Nichts blieb unausgesprochen. Schon gar nicht all die Ängste vor Vergangenheit, Gegenwart und Zukunft.

Günter Grass behandelte sein metaphysisches Unwohlsein, indem er für ein halbes Jahr ins ostindische Kalkutta emigrierte, um neue Elendserfahrungen zu sammeln. Boris Becker hingegen gewann ein Tennisturnier von Wimbledon nach dem anderen und repräsentierte, beinah aus dem Nichts heraus, den neuen deutschen Siegertyp. Noch etwas unbeholfen, aber nicht unsympathisch, mit einem extrem starken Aufschlag gesegnet, aber völlig ungefährlich für den Rest der Welt außerhalb des Centre-Courts. Sein Eroberungsplan endete in Monte Carlo.

Zum Dank für die Gnade des späten Tie-break durfte er dem Papst während einer zweiminütigen Audienz in Rom einen Tennisschläger überreichen.

Gleichwohl schien es, als ob trotz aller Weltprobleme, trotz Anti-Atom-Protest und Friedensbewegung, trotz des Aufstiegs von «Greenpeace» zur moralischen Instanz und vielerlei Engagement für die «Dritte Welt», im Grunde jeder mit sich selbst beschäftigt war.

Als eines der letzten gemeinschaftsstiftenden Erlebnisse dieser multikulturell auseinander stiebenden Gesellschaft präsentierte sich zuverlässig «Wetten dass …?», die große Samstagabendshow des ZDF mit Thomas Gottschalk, die bis zu zwanzig Millionen Fernsehzuschauer anzog. «Ein bisschen Frieden» sang Nicole, sprach damit allen aus der Seele und gewann den «Grand Prix d'Eurovision de la Chanson».

Ansonsten war man «mental» (Boris Becker) ziemlich verunsichert, fühlte sich schwer vereinzelt und anonymen Mächten ausgeliefert. «Alles Lüge! Life is Xerox, you are just a copy!» stand an manchen Häuserwänden. Nun musste sich jeder ganz allein auf die Sinnsuche begeben. Dabei stieß man auf die unterschiedlichsten Dinge – von der makrobiotischen Ernährung und den «Energiefeldern des Wollens» über die spontane Hausbesetzung, wahlweise «Instandbesetzung» bis zum selbst entworfenen Masterplan für die persönliche Durchstarter-Karriere.

«Der Konsensus neuen Typs besteht nicht darin, dass alle einer Meinung sind, sondern darin, dass jeder seiner eigenen Meinung ist», analysierte damals der Essayist Lothar Baier den veränderten Zeitgeist. Wollte sagen: Es gab keine gemeinsame, für alle gültige Ausgangslage mehr, keinen übergreifenden, gleichsam verbindlichen «Diskurs» mit normativ gefedertem «Geltungsanspruch» à la Habermas. Nix da.

So war es nur konsequent, dass Herbert Grönemeyers Kampfruf «Kinder an die Macht» zum Hit wurde: «Gebt den Kindern das Kommando/Sie berechnen nicht, was sie tun/Die Welt gehört in Kinderhände/Dem Trübsinn ein Ende».

Nur aus der Nuckelperspektive jener «knuffligen Zeiten», die etwa der Radiomoderator Elmar Hörig unablässig beschwor, ist auch jenes legendäre Wettrennen zwischen «Werner» und «Holgi» im Sommer 1988 zu verstehen, das exakt zwanzig Sekunden dauerte. Zu diesem Jux-Event, bei dem der Comic-Zeichner Brösel («Werner») in der Nähe des schleswig-holsteinischen Dorfes Hartenholm mit einer abenteuerlichen Rennmaschine gegen seinen Kumpel Holgi im roten Porsche 911 antrat, versammelten sich drei Tage lang 250 000 Zuschauer und vertilgten dabei 600 000 Grillwürstchen und 450 000 Liter «Bölkstoff», unter bürgerlicher Bezeichnung als Flensburger Pils bekannt. Auch ohne jeweils persönlich am Ort des Geschehens gewesen zu sein, konstatierte FAZ-Redakteur Frank Schirrmacher einen «unverhohlenen Zwang zur Unvernunft», in dem libidinöse Motive an die Stelle der «alten Wahrheitslust» getreten seien.

War das nun alles nur noch ein postmaterieller «Supermarkt der Lebenswelten», wie Bernd Guggenberger in seinem Essay «Sein oder Design» 1987 suggerierte – ein schriller Abgrund zynischer Affirmation?

Ganz falsch war das nicht. Doch in diesem Supermarkt der Lebenswelten, in dem Gemisch aus neuer Lebensbejahung und altdeutscher Sinnsuche, lag zugleich ein Potenzial von Befreiung. Die grassierende ideologische Ratlosigkeit hatte auch ihr Gutes. Sie sorgte für neue Freiräume. Andererseits förderte sie eine diffuse Leere. Schon damals hätte der Historiker Arnulf Baring jenen kritischen Zustand feststellen können, den er kürzlich auf das Jahr 2005 münzte: eine «geistige Ermattung» der Republik.

Selbst Helmut Kohls forsche Ankündigung einer «geistig-moralischen Wende» war Mitte der achtziger Jahre im alltagskulturellen Durcheinander der fraktalen Subjekte versandet, irgendwo zwischen Signifikat und Signifikant in den Untiefen des «Freizeitparks Deutschland». Die Botschaft kam nicht richtig an, wurde nicht richtig verstanden und setzte sich schließlich auch nicht durch. Irgendwann war sie ganz vergessen. Der Versuch innerparteilicher Konkurrenten, Helmut Kohl auf dem CDU-Parteitag im September 1989 zu stürzen, scheiterte kläglich. Übrig blieb ein weißes Rauschen und jener intellektuelle wie ästhetische «Provinzialismus», den der philosophische Zeitdiagnostiker Karl Heinz Bohrer bis in Kohls Physis hinein repräsentiert sah – in seiner «jeder geistigen Wahrnehmung widersprechenden Körperlichkeit»: «Kohls Körper ist der Körper der Bundesrepublik … Unbeweglichkeit (ist) der vorherrschende Ausdruck, wenn man nicht die Riesensilhouette der Mutter erkennt, die in der Küche unentwegt für die Kinder vom großen Laib Brotstücke abschneidet, immer dasselbe Brot, Tag für Tag, seit Jahren.»

Andere Zeitgenossen machten es kürzer und gedanklich preiswerter. Sie porträtierten den «ewigen Kanzler» als «Birne».

Im Übrigen gab es vor allem Kommunikationsprobleme und Kommunikationspannen, wohin man schaute. Keiner konnte mehr richtig zuhören, weil alle durcheinander redeten und sich gegenseitig vorwarfen, sie hätten eigentlich gar nichts zu sagen. Der Komiker Hape Kerkeling fand das «total normal», aber viele Deutsche fragten sich ernsthaft, woran man sich überhaupt noch halten könne. Die Antwort lag förmlich in der Luft: an die Angst.

Immer dann jedenfalls, wenn der Spaß mal Pause machte. Es war ein Phänomen: Habitueller Unernst und apokalyptische Visionen, Klamauk und Kriegsbeschwörung wechselten einander ab. Ein unbestimmter Gefühls-Pazifismus beherrschte die Szene, während die Angst an die Stelle der Utopie getreten war. Sie wurde zu einer Art negativen Utopie. Auch eine Art von «Le Ersatz», wie manche Franzosen sagten.

Ständig tauchten neue, bisweilen unbekannte Ängste auf. Um die Zukunft. Um die Umwelt. Um den deutschen Wald. Um die Gesundheit. Um den Frieden. Um die deutsche Eiernudel. «Ich möchte m. meiner Angst v. nem Atomkrieg nicht alleine bleiben», hieß es in einer typischen Kleinanzeige, in der deutsche Weltfurcht und Intimitätssehnsucht kongenial zusammentrafen. «Was machst du m. dieser Angst? Verdrängst du sie? Ich finde es besser, wenn wir darüber reden würden. Was meinst du dazu?»

Der Super-GAU des Atomkraftwerks von Tschernobyl, ein Schock für ganz Europa, wurde auch zu einer Großmetapher für das deutsche Lebensgefühl der achtziger Jahre – einer fein austarierten Mischung aus postmodernem Wartesaal und Tanz auf dem Vulkan, Panik und Langeweile, Hysterie und Stillstand.

Eben ein bisschen so wie beim gepflegten Ennui im «Boudoir für erlesene Betroffenheit».

Dann fiel die Mauer in Berlin. «Wahnsinn!» war das Wort des historischen Augenblicks.

Am Abend des 10. November 1989 versammelten sich Tausende vor dem Schöneberger Rathaus, wo Berlins Regierender Bürgermeister Walter Momper stolz verkündete, nun seien die Deutschen «das glücklichste Volk auf der ganzen Welt»: «Berlin, nun freue dich!»

Als Willy Brandt, Helmut Kohl und Hans-Dietrich Genscher gemeinsam die Nationalhymne anstimmten – ergriffen, aber in schauerlicher Intonation –, gellten Pfiffe aus Hunderten Kehlen durch die kalte Berliner Novemberluft. Als «Schöneberger Sängerknaben» gingen die krächzenden Patrioten in die Geschichte ein. Doch auch eine perfekte Gesangsdarbietung hätte daran nichts geändert. Die antinationalen Reflexe funktionierten immer noch auf Abruf, quasi auf Kammerton «a».

Der Begeisterung über den Mauerfall und die neue Freiheit der DDR-Bürger tat das freilich keinen Abbruch. Tage-, ja wochenlang hielt der Freudenrausch an. Etwas Wunderbares, Unfassbares war geschehen. Auf der Straße und vor dem Fernsehapparat wurden manche Tränen vergossen, Tränen der Freude. Hier war es endlich, das anthropologisch wie ethnologisch, historisch und statistisch so unwahrscheinliche Gefühl:

Deutsch, aber glücklich.

Plötzlich war sie auch wieder da, die Geschichte. Und, kaum zu glauben nach all den Diskursen über fraktale Subjekte in der Simulationsgesellschaft: Sie wurde von echten Menschen in ihren knatternden Kisten gemacht.

Der reine Wahnsinn.

Wenige Wochen später riefen die ersten Demonstranten in Leipzig und Dresden «Deutschland einig Vaterland». «Ach du Scheiße!», drang das Echo aus Hamburg-Altona und Frankfurt-Bockenheim. Auch in München, Köln und Freiburg schlug man die Hände über dem Kopf zusammen. Hilfe, der Osten will wiedervereinigt werden! Und das auch noch in einem «deutschen Vaterland»!

Das hatte gerade noch gefehlt.

4. Kapitel

Vom Mauerfall zur Spaßgesellschaft – ein Befreiungsversuch

Am Abend des 9. November 1989 hatte der deutsche Schriftsteller Patrick Süskind, der mit seinem sensationellen Romandebüt «Das Parfum» berühmt wurde, noch ganz ungestört sein Essen in einem Pariser Restaurant eingenommen. Er wusste zwar, dass sich dort hinten, weit weg im Osten, einiges Unbegreifliches zu ereignen schien, aber das sollte ihn zunächst nicht weiter beunruhigen. Unvorsichtigerweise stellte er irgendwann doch den Weltempfänger an, und binnen Sekunden war es um die heitere Ausgeglichenheit seines Gemütszustandes geschehen: «Ich war wie vom Schlag getroffen. Ich glaubte, mich verhört zu haben. Ich musste den Satz laut nachsprechen, um ihn zu begreifen: ‹Heute nacht ist das deutsche Volk das glücklichste Volk auf der ganzen Welt› – und begriff ihn trotzdem nicht. Hatte der Mann nicht mehr alle Tassen im Schrank? War er betrunken? War ich's? Was meinte er mit ‹das deutsche Volk›? Die Bürger der Bundesrepublik oder die der DDR? Die West- oder die Ost-Berliner? Alle zusammen? Womöglich gar uns Bayern? Am Ende gar mich selbst? Und wieso glücklich? Seit wann kann ein Volk – gesetzt, es gäbe überhaupt so etwas wie das deutsche Volk – glücklich sein? Bin ich etwa glücklich? Und weshalb befindet Walter Momper darüber?»

Fragen über Fragen, die sich ihre Antwort gleich selbst mit auf den Weg gaben.

Da waren sie noch einmal, die in rhetorischer Frageform verkleideten ehernen Glaubenssätze eines fast schon komisch konsequenten BRDismus. Wie in den Hochzeiten der berüchtigten Hessischen Rahmenrichtlinien zur fortschrittlichen Unterrichtsgestaltung aus den frühen siebziger Jahren wird hier kritisch hinterfragt, bis kein Buchstabe mehr freiwillig neben dem anderen steht.

Ungeprüft kommt kein Substantiv wie «Volk», kein Adjektiv wie «glücklich» einfach so davon, und keine semantisch fahrlässige Tatsachenbehauptung wie «deutsches Volk» passiert unkontrolliert das Sieb einer tieferhermeneutischen Textexegese. Am Ende wird die abgründigste aller Fragen in den novemberdunklen Raum geworfen wie der stumme Schrei von Edvard Munch auf die unschuldige Leinwand: «Bin ich etwa glücklich?»!?!

So weit käme es noch. Eine schlimmere Weltanklage ist in deutscher Sprache jedenfalls kaum denkbar.

Vielleicht brauchte es mehr als ein Jahrzehnt, um sich hier eine einzige, ganz einfache Frage zu stellen: «Wie verkarstet musste man sein, dass man sich in so einer friedlichen und wundervollen Nacht nicht spontan der Euphorie hingab und mitfühlte», notierte die 1968 geborene Autorin Susanne Leinemann in ihrem autobiographisch geprägten Bericht «Aufgewacht. Mauer weg» aus dem Jahr 2002.

Wahrscheinlich wäre das aber schon wieder zu schlicht gedacht. «Ach, gutes Kind», würde nun womöglich wieder der sensible Romancier, Jahrgang 1949, retournieren, «und wie naiv musste man für dieses spontane Mitfühlen sein?! Und wieso friedlich und wundervoll? Wieso Nacht und wieso eigentlich Euphorie?»

Sei's drum.

Angesichts der allgemeinen Verwirrung der Gefühle und der offenbar unvermeidlichen Frage, inwieweit hier kollektive Freudenbekundungen überhaupt statthaft seien, war es umso erstaunlicher, dass Silvester 1989/90 ein ziemlich bewegender, fast gelöster Tag wurde.

Eine eigentümlich gespannte Erwartung schraubte sich zunächst in Richtung Mitternacht hoch, denn diesmal ging es offenkundig nicht nur um einen Jahres-, sondern gleich um einen Zeitenwechsel. Besonders in der Pathos-entwöhnten Bundesrepublik schwankte manch einer mehr als sonst, was die konkrete Abendgestaltung betraf: Irgendwie historisch war die Sache schon, wirklich einmalig und immer noch ziemlich unglaublich. Und es stimmte ja: Da kribbelte was in der Magengegend. Offenbar war sie, neben frühlingshafter Verliebtheit und akuter Prüfungsangst, auch für unbestimmte Schmetterlingsgefühle während eines geschichtlichen Umbruchs zuständig.

Aber sollte man deshalb schwarz-rot-goldene Fahnen schwenken, von «Moët & Chandon» oder «Henkell trocken» auf «Rotkäppchen» umstellen und zufällig anwesende DDR-Bürger noch einmal ganz persönlich begrüßen, am besten mit einem bunten Blumengesteck, einer brüderlichen Umarmung und der leidenschaftlichen Versicherung, man habe vierzig Jahre lang auf diesen Moment gewartet?

Oder reichte es, wenn, wie im letzten Jahr, Rüdiger und Sabine mit zum Spanier kommen würden und man anschließend noch zum Tanzen ins «Dock 11» ginge? Anstoßen konnte man dort auch sehr schön, und die Musik groovte eindeutig besser als bei den «Schöneberger Sängerknaben» Helmut, Willy & Friends, die jetzt mit ihren Ehefrauen in Berlin Aufstellung genommen hatten.

Ein wenig unausgesprochen blieb allerdings eine Frage: Auf was anstoßen? Auf das neue Jahr, auf die Zukunft, auf den Fall der Mauer, auf die Freiheit, auf die neue Dachgeschosswohnung von Rüdiger und Sabine – oder etwa auf Deutschland?

Die Gedanken und Gefühle waren frei – auch in dieser Nacht,

in der rund um den Reichstag und das Brandenburger Tor eine halbe Million Menschen mit unzähligen schwarz-rot-goldenen Fahnen und noch mehr Sekt- und Champagnerflaschen feierten, während andere im kleinen Kreis ein selbst zubereitetes 6-Gänge-Menu auf weißem Porzellan zelebrierten und so auf ihre Weise versuchten, dem außergewöhnlichen Augenblick gerecht zu werden. Doch hier wie da lag so etwas wie ein «Deutschlandgefühl» in der Luft, für die meisten eine ganz und gar ungewohnte Empfindung. Es war noch diffus und unbestimmt. Auch wer sich dagegen wehrte, konnte von dem noch nicht exakt definierten Virus erfasst werden.

«Jetzt wächst zusammen, was zusammen gehört», hatte Willy Brandt gesagt. Vielen klang der historische Satz beängstigend biologistisch, gerade so, als vollziehe sich nun etwas Naturwüchsiges, gleichsam genetisch Zwingendes. Aber die Formulierung des alten Sozialdemokraten, der vor den Nazis nach Norwegen geflüchtet war, den antifaschistischen Untergrund unterstützt hatte und völkischer Blut-und-Boden-Empfindungen absolut unverdächtig war, drückte dennoch etwas von einer allgemeinen Stimmung aus.

Wenn man sich noch einmal im Zeitraffer das dramatische Geschehen – seit 1933 beziehungsweise 1945 – vor Augen führte, dann war klar, dass sich nun die Emotionen auch aus tieferen Quellen speisten als der reinen Sensation des Augenblicks, die auch in Sydney, New York, Tokio und Paris empfunden wurde.

Brandt, der Regierender Bürgermeister von Berlin gewesen war, als die Mauer gebaut wurde, und im Amt des Bundeskanzlers ihre allmähliche Überwindung durch die hart umkämpfte Politik der «Entspannung» gegenüber der Sowjetunion betrieb, sah das Ende der Teilung als einmaligen Glücksfall deutscher Geschichte. Er hatte noch die Weimarer Republik erlebt – Deutschland als demokratische Nation in Europa, innerlich zerrissen zwar und von sozialen wie ideologischen Konflikten geprägt, aber zugleich vorangetrieben von der ungestümen Hoffnung auf eine bessere, friedliche Zukunft.

Nun schien plötzlich auch vielen Nachgeborenen klar zu werden, dass es da noch etwas anderes geben musste als BRD und DDR, Passierscheinabkommen, Viermächtestatus, Reiseerleichterungen, Familienzusammenführung, Abrüstungsvereinbarungen und die gegenseitige Abschreckung und Anerkennung auf der Basis des Völkerrechts – also mehr als die unendlich mühselige, funktionärsgraue, diplomatisch-bürokratische Verwaltung des Status quo.

Und wenn es nur eine kleine Gänsehaut hier oder eine Freudenträne dort war – ein bisschen Stolz auf diesen Augenblick des Glücks war schon zu spüren, vielleicht eine kleine Ahnung dessen, was ein aufgeklärter, selbstverständlicher Patriotismus sein könnte, wenn es nicht gerade um Deutschland ginge …

Seit sechs Wochen war nun die Mauer auf, und Millionen Deutsche machten Tag für Tag Erfahrungen, die exotischer waren als der letzte Strandurlaub auf Mauritius. Schon harmlose Städte wie Pirna, Flöha und Finsterwalde, in die es den einen oder anderen für ein paar Tage verschlagen konnte, schienen aus einer anderen Welt zu sein.

Doch nach Tagen ungläubiger Freude und pausenloser Fernsehbilder von den Schauplätzen der «friedlichen Revolution» hatte zum Jahreswechsel 1989/90 auch das große Überlegen eingesetzt: Wie nun weiter? Was sollte werden? Alles war im Fluss, die Einzelteile der untergehenden DDR stauten und stapelten sich wie Trümmer nach einer mächtigen Flut. Aufregende Unübersichtlichkeit und kreatives Chaos bestimmten weithin den neuen deutsch-deutschen Alltag, während zugleich die Statik des geteilten Europa ins Wanken geriet und selbst die 85 000 hauptamtlichen Mitarbeiter des DDR-Ministeriums für Staatssicherheit nicht mehr wussten, ob sie am nächsten Morgen überhaupt noch pünktlich zur Arbeit kommen sollten. Unsicherheiten, wohin man schaute.

Nicht einmal Helmut Kohl sprach in diesem Augenblick von der deutschen «Wiedervereinigung», wie sie seit fünfzig Jahren stets pathetisch, steif und folgenlos gefordert worden war – vor allem am 17. Juni, dem offiziell begangenen «Tag der deutschen Einheit», der eigentlich an den blutig niedergeschlagenen Arbeiteraufstand in der DDR vom Frühsommer 1953 erinnern sollte.

Nun, da die historische Chance gekommen war – mit ihrem Freiheitspathos, ihrer gesellschaftlichen Dynamik und der schier unglaublichen Beschleunigung der Zeit –, diskutierte man über einen umständlichen «Zehnpunkteplan», der den französischen Staatspräsidenten François Mitterrand verärgert hatte, obwohl an dessen Ende eigentlich nur eine deutsch-deutsche «Konföderation» stehen sollte.

Derweil bekundeten ostdeutsche Intellektuelle wie die DDR-Schriftsteller Christa Wolf und Stefan Heym, sie wollten noch einmal eine bessere, wahrhaft sozialistische DDR aufbauen – mit welchen Menschen, welchen Ideen und welchem Geld, konnten sie in ihrer berühmten Durchhalte-Resolution «Für unser Land» allerdings nicht sagen, der sich Ende November 1989 sogar noch Erich Honeckers kurzzeitiger Nachfolger als DDR-Staatsratsvorsitzender, Egon Krenz, todesmutig angeschlossen hatte.

Jüngere Zeitgenossen der DDR haben den historischen Moment ganz anders in Erinnerung. Der 1966 in Dessau geborene Journalist Christian Eger («Mein kurzer Sommer der Ostalgie», 2004) empfand jene riesige Demonstration am 4. November 1989 auf dem Ostberliner Alexanderplatz, fünf Tage vor dem Mauerfall, bereits wie eine «somnambule Leichenfeier»: «Es war der Leichenschmaus in Sachen DDR, auch wenn vielen Rednern der Leichnam als besonders volksnah aufgeputzt erschien. Es war vorbei. Die Zeit war bereits eine andere. Ich dachte an diesem merkwürdigen Novembermittag nicht an die DDR, ich dachte nicht an «unser Land» und auch an Deutschland nicht; ich dachte nur an mich. Unvergessen, wie da ein weißes Sportflugzeug hoch über den Massen kreiste und wie es in mir sprach: Macht doch endlich die Mauer auf.»

Ein westlicher Beobachter wie der schwedische Autor Richard Swartz sah damals vor allem «verspätete Intellektuelle», die «wie Spartakisten aus einer vergangenen Zeit» auf der Ladefläche des Kundgebungslastwagens standen: «Es fiel mir auf, dass sowohl der Wagen als auch der Traum vom demokratischen Sozialismus eigentlich in ein Revolutionsmuseum gehörten.» Angesichts der vielfältigen Beschwörungen einer vorgeblichen «DDR-Identität» erinnert sich Christian Eger heute noch daran, dass «im DDR-Alltag kein Weltgeist» zu sich kam, sondern «nur immer wieder die Hausgemeinschaft, die Brigade, der letzthin verpflichtende Trupp.»

Vielleicht dachte er dabei auch an die revolutionären «Losungen des Zentralkomitees der SED zum 1. Mai 1951», die auf der Titelseite des «Neuen Deutschland» abgedruckt worden waren. Insgesamt 73 dringende Appelle ergingen am 18. April 1951 an Volk und Arbeiterklasse. Zum Beispiel Nummer 20: «Verteidigt die demokratischen Rechte gegen die Diktatur der Adenauer-Clique!» Oder Nummer 41: «Bauarbeiter! Baut schneller, besser und billiger!» Oder Nummer 51: «Lernt von den sowjetischen Neuerern in der Landwirtschaft, von Mitschurin und Lyssenko! In jedem Dorf ein Mitschurin-Feld!»

Oder Nummer 53: «Mitarbeiter der MAS! Macht Eure Station zum Kulturzentrum des Dorfes! Jeder Traktorist ein Helfer und Aufklärer der werktätigen Bauern!»

Oder Nummer 64: «Studenten! Eignet Euch die Erkenntnisse der fortschrittlichen Wissenschaft an! Sorgt für disziplinierte Durchführung des 10-Monate-Studiums!»

Im Westen herrschte unterdessen immer noch eine gewisse Sprachlosigkeit angesichts der sich überstürzenden Ereignisse. Bei aller Freude – irgendetwas an all dem war auch unheimlich. Es war ein komisches Gefühl: Man hatte es sich in der Bundesrepublik, trotz der Sorgen um Würmer in den Fischen, Nitrosamine im Bier und den nuklearen Winter, ganz gemütlich gemacht. Nun aber rückten plötzlich die Brüder und Schwestern aus dem Osten an. Dass sie jetzt auch Bananen aus Ecuador, Beate-Uhse-Unterwäsche und echten Parmaschinken wollten, war klar. Go Trabi Go, das hieß: Go West. Marlboro Lights und Mallorca für alle. Die «Scorpions» sangen voll Inbrunst ihre Hymne «Wind of Change», und Gorbi war der Größte.

Was aber sonst noch? Würden die «stonewashed people» in den ausgewaschenen Billigjeans vielleicht auch im Westen mit Parolen wie «Wir sind das Volk!» Unruhe stiften? Und würden sie womöglich dabei noch die abartige Haarmode des «Vohikula», vorne kurz, hinten lang, einschleppen – zusammen mit dem sächsischen Dialekt, Jens-Weißflog-Schnauzer, Mandy aus Hohenschönhausen und all den anderen schlimmen Sachen, die in der BRD historisch längst überwunden waren?

Man musste nicht Oskar Lafontaine heißen, um voll Sorge gen Osten zu blicken. Gerade jetzt, im leise sentimentalen Blick zurück nach vorn, wurde schmerzhaft deutlich: Es war nicht alles schlecht gewesen in der BRD.

Selbst an Helmut Kohl hatten sich die Leute irgendwie gewöhnt. Er war eine feste, berechenbare Größe geworden, im Grunde kaum noch wegzudenken. Er gehörte zum Leben wie Pizza Quattro Stagioni und Urlaub an der Costa del Sol. Selbst die Silvesteransprachen konnte man schon auswendig mitsprechen. Und sein Augenaufschlag wurde immer schöner. In einem Wort: Right or wrong – our Birne.

So tauchte mitten im rasanten Umbruch schon ein bisschen Wehmut auf. Ganz so wie früher in der guten alten BRD würde es also nie mehr sein. Nie nie mehr. Und während noch Politiker, Historiker und Intellektuelle darüber stritten, ob die deutsche Einheit eine Jahrhundert-Katastrophe für Europa und eine tödliche Bedrohung für die friedliebende Menschheit wäre oder nicht, zogen Hunderttausende Ostdeutsche Richtung Freiburg, Nürnberg und Mannheim, während die Zurückgebliebenen in Magdeburg und Rostock merkwürdige und gar nicht witzige Verse riefen, die wie eine Drohung klangen: «Kommt die D-Mark nicht zu uns, kommen wir zu ihr!»

Das verstärkte in nicht wenigen liebevoll sanierten Altbauwohnungen in München und Hamburg den Verdacht, den angeblichen Revolutionären gehe es in Wirklichkeit gar nicht um die Ideale von Freiheit, Gleichheit und Brüderlichkeit, sondern nur um das Profane und Materielle, um Reisen, Autos, Geld und gutes Essen – also all das, was im Westen völlig normal war. Was sollte, bitte schön, daran bloß revolutionär sein?

Diese Leute wollten also gar nicht einen Sozialismus mit menschlichem Gesicht aufbauen, mit Basisdemokratie, echtem Volkseigentum, sozialökologischer Nachhaltigkeit und aktiver Friedenspolitik, sondern Kapitalismus pur, also genau das, was erfahrene Altlinke und 68er aller Fakultäten in ihren sanierten Altbauwohnungen in München und Hamburg nach Feierabend beim Edelitaliener um die Ecke seit Jahrzehnten so erbittert bekämpften.

Man wollte es nicht glauben und fühlte sich geschichtsphilosophisch ziemlich allein gelassen.

Wer an dieser Stelle eine gewisse Bigotterie wittert und sich an den durchaus spießigen «double-bind» des BRDismus erinnert fühlt – «Pro bono contra malum» mit Bertolt Brechts «Dreigroschenoper» im Picknickkorb: «Nur wer im Wohlstand lebt, lebt angenehm» –, der versteht eben nichts von Dialektik.

Als Otto Schily am Abend des 18. März 1990, dem Tag der ersten freien Volkskammerwahl in der schon halb aufgelösten DDR, bei der die CDU-dominierte «Allianz für Deutschland» den Sieg davongetragen hatte, höhnisch eine Banane in die Fernsehkameras hielt, drückte er jedenfalls exakt diese Haltung vieler links oder linksliberal gestimmter Westdeutscher aus: Die aufständischen DDRler haben sich für eine Banane kaufen lassen. Und das auch noch von Birne. Wer besonders gemein sein wollte, fügte abends nach dem dritten Glas Barolo hinzu: Wie die Affen aus dem Busch! «Buschzulage» nannte man denn auch später den finanziellen Aufschlag für jene West-Beamte, die zur nationalen Aufbauhilfe in den Osten abkommandiert wurden. Das Titelbild der Satirezeitschrift *Titanic* lieferte schließlich die bitterböse Allegorie nach – eine rothaarige «Zonen-Gaby» mit einer obszön großen, halb geschälten Gemüsegurke in der linken Hand, die ihr Glück namens BRD offensichtlich kaum fassen konnte: «Meine erste Banane!» Symbolisch, und zugegeben: witzig, reichten sich hier die Klischees in Ost und West die Hand. Mit oder ohne Gurke.

Aber auch DDR-Intellektuelle mokierten sich über den plötzlichen Warenfetischismus (sic!) ihrer kauflustigen Landsleute. In einem Essay für den *Spiegel* hatte Stefan Heym schon im Dezember 1989 die neuen Konsumenten aus dem Osten voll Abscheu als «eine Horde von Wütigen» beschrieben, «die, Rücken an Bauch gedrängt, Hertie und Bilka zustrebten auf der Jagd nach dem glitzernden Tinnef». Günter Grass assistierte mit einer geschichtsphilosophischen Richtigstellung: «Nicht das Volk in Leipzig oder in Prag hat gesiegt, sondern der Kapitalismus.»

Stellvertretend für viele bedauerte eine *taz*-Redakteurin damals aus tiefster Seele, dass all die schönen Ideen von der «Überführung des Staatseigentums in gesellschaftliches Eigentum», von einer «föderalen Konkurrenz zwischen Genossenschaften, Kollektiven und Aktiengesellschaften im Besitz der Belegschaften» und «Räten auf vielerlei Ebenen», nicht zuletzt die «Wahl von Rätinnen, die den für Männer geltenden Gesellschaftsvertrag auf die Frauen und eine neu entworfene weibliche Welt ausdehnen» müssten, nun in den Orkus der Geschichte wanderten.

Schon am 17. Januar 1990, gut zwei Monate nach dem Fall der Mauer, hatte die *taz*, die im Übrigen durchaus auf Seiten der Bürgerrechtler stand, unter der Überschrift «DDR-Opposition: Null Bock auf Emanzen» im Untertitel-Stakkato das ganze Desaster resümiert: «Enttäuschung über das Neue Forum und andere Gruppen/ Quotierung wurde abgeschmettert/ Macho-Sprüche gehören zum Alltag/ Feminismus gilt als Schimpfwort/ Frauen sollen lieber arbeiten statt mitreden».

Da hatten sich also die DDR-Bürger endlich von Erich Honecker und Egon Krenz befreit, und nun wollten sie sich nicht einmal mit den epochalen Errungenschaften der westdeutschen Frauenbewegung auseinander setzen! «Ein unglaublicher Vorgang», hätte Kohl in vergleichbar schweren Fällen politischen und moralischen Versagens formuliert.

Gleichzeitig schossen die schwärzesten Befürchtungen ins Kraut, die nur allzu bekannte Namen trugen: ausbeuterischer Neokolonialismus, völkisch-antisemitisches Denken, dramatisches Anwachsen des Rechtsextremismus, grenzenloser Sieg des Kapitalismus und die ungehemmte Herrschaft des Patriarchats. Es war, als hätte der Umsturz in der DDR noch einmal wie im Brennglas des 20. Jahrhunderts das «utopische Zeitalter» mit seinem «Pathos des Gordischen Knotens» (Joachim Fest) zu neuem Leben erweckt: Hier die wunderbaren Ideen, dort das schreckliche Scheitern. Hier die ersehnte Erlösung, dort der drohende Untergang. Die große Erzählung vom Entweder-Oder: «Sozialismus oder Barbarei».

So paradox es klingt: Der katastrophale Zusammenbruch des real existierenden Sozialismus in der DDR führte nach dem Muster einer Übersprungshandlung dazu, dass plötzlich im Westen, in der guten alten BRD, wieder nach Kräften geglaubt, gehofft und geträumt wurde – von Utopia, jener Heimat, in der laut Bloch noch niemand war.

Statt sich mit der neuen Realität auseinander zu setzen, kramte man begeistert alte «teach-in»-Resolutionen und Programmentwürfe grüner Parteitage hervor, erhob hochfliegende Grundsatzforderungen, die jedem Evangelischen Kirchentag Ehre gemacht hätten, und hoffte auf den humanistisch-revolutionären Wind des Wechsels, der am besten gleich die ganze Welt erfassen sollte nach dem Motto: Ex oriente lux.

Dass die Träume von der endgültigen Menschheitsbefreiung im Westen vor dem 9. November 1989 meist längst – und mit guten Gründen – verabschiedet worden waren, vergaßen dabei viele. Aber es war so schön, noch einmal die Bilder der Jugend hervorzuholen und auf die «revolutionären Massen» im Osten zu projizieren, das frisch gebackene historische Subjekt. Dass es allerdings so beklagenswert wenig Bereitschaft zeigte, sich seiner revolutionären Verantwortung würdig zu erweisen, war eine böse Enttäuschung. Viele zogen daraus den einfachen, aber gut deutschen Schluss: Wenn es mit der Utopie nicht klappt, umso schlimmer für die Realität. Dann ist eben gleich alles Banane, Pardon, Birne, Betrug und Verrat.

Nur das Reich der Ideen ist unschuldig und rein.

Dass es vielleicht auch an den abgenutzten, längst fadenscheinig gewordenen politischen Utopien liegen könnte, wollten gerade jene nicht wahrhaben, deren wohlfeiler Idealismus sich immer zuerst als politische und moralische Forderung an andere artikuliert.

Dabei ist all den wohlmeinenden Mahnern und Warnern, Kritikern und Auguren eine weitere schlichte Tatsache entgangen: Die überwältigende Mehrheit jener DDR-Bürger, die mit zivilem Ungehorsam, Massenflucht und mutigen Demonstrationen die SED-Diktatur gestürzt hatten, wollte nur eines, und das mit vollem Recht: in der Realität der BRD von 1989 ankommen – in der Wirklichkeit von Marktwirtschaft und parlamentarischer Demokratie, im freien Zusammenschluss der europäischen Staatengemeinschaft.

Nicht mehr und nicht weniger. Nach neuen gesellschaftlichen Großversuchen stand ihnen nicht der Sinn. Dass selbst diese so lange ersehnte Realität letztlich ein Traum war, der für viele bis heute nicht verwirklicht scheint, ist eine eigene, tragische Ironie der Geschichte.

In drei Sätzen beschrieb der Publizist Klaus Hartung kurz vor der Währungsunion, die den DDR-Bürgern die D-Mark brachte, den ebenso magischen wie unaufhaltsamen Zug zur Realität, der sich letztlich Bahn brach: «Die deutsche Einheit hat die Vordenker überrollt und das Nachdenken zum Hinterherdenken gemacht. Innerlich erschöpft vom kurzschlägigen Aufblitzen der Hoffnungen und ihrem schnellen Verschwinden, will man nun auch, dass das geschehen soll, was geschieht. Die abgefahrenen Züge kommen an, pünktlich.»

Das war die Großmetapher jener Tage: der historisch abgefahrene Zug, auf den man allenfalls noch aufspringen konnte. Die Dinge nahmen ihre eigene, oft überraschende, meist überraschend schnelle Wendung. Aufhalten ließen sie sich nicht. Wer zu spät kam, den bestrafte das Leben. Rien ne va plus. Selbst zum Mitschreiben ging es oft zu schnell voran. Tempo und Tragik, Ironie und Schicksalhaftes lagen dicht beieinander.

Doch auch die Kritiker all der abgefahrenen Züge saßen mit in den Abteilen. Selbst die teils empörten, teils nur hilflosen Zuschauer konnten sich ja nicht auf der Bahnsteigkante anketten und mit Pfeife und Klappstuhl in den Sitzstreik gegen die vollendeten Tatsachen eintreten.

«Keine Atempause. Geschichte wird gemacht. Es geht voran!», hatte wenige Jahre zuvor die westdeutsche Popgruppe «Fehlfarben» gesungen, freilich mit ironisch-sarkastischem Unterton. Nun war der Ernstfall da. «Das langsame Verdauen der Ereignisse», nach Friedrich Nietzsche ein charakteristisches Merkmal deutschen Denkens, hatte während des Epochenwechsels von 1989/90 einfach keine Chance. Auch die tapferen Bürgerrechtler der einstigen DDR wie Ingrid Köppe, Ulrike und Gerd Poppe, Werner Fischer, Wolfgang Ullmann, Jens Reich, Lutz Rathenow, Roland Jahn, Bärbel Bohley, Jürgen Fuchs und viele andere kamen ein ums andere Mal unter die Räder der rasenden Entwicklung, deren Auslöser nicht zuletzt sie selbst gewesen waren.

Eben noch waren sie die manchmal ziemlich einsamen Wortführer des demokratischen Widerstands in der DDR, verfolgt von Tausenden von Stasi-Spitzeln und anderen Repressionsorganen der sozialistischen Staatsmacht. Sie hatten, zunächst illegal, neue Gruppen und Parteien gegründet, subversive Aktionen vorbereitet, verbotene Versammlungen abgehalten und dafür häufig auch im Gefängnis gesessen.

Nach der «Wende» organisierten sie «Runde Tische», entwarfen Konzepte und Programme und zeigten, welche Kraft von der Idee einer zivilen Gesellschaft ausgehen kann, in der es auf den freien Willen und die Verantwortung des Individuums ankommt. Am Ende jedoch triumphierte die Dynamik des überwältigenden, massenhaften Bedürfnisses nach sofortiger Befreiung – ohne Umweg über mühselige Strategiediskussionen, ethische Grundsatzdebatten und juristische Verfassungsdiskurse.

Darin liegt eine gewisse Tragik, denn die Bürgerrechtler hatten in dem Augenblick, da sich das Zeitfenster für ihren gesellschaftlichen Erfolg endlich geöffnet hatte und die große Politik den neuen Tatsachen zunächst recht hilflos hinterherlief, die Herrschaft über den historischen Moment verloren. War in den bleiernen Jahren zuvor die realsozialistische Zeit wie eingefroren erschienen, so raste sie nun denen davon, die sie in ihrem Sinne und, zugegeben, manchmal allzu protestantisch streng und politisch naiv, aus eigener Kraft neu formen, ja im Wortsinn «reformieren» wollten. Die Bedingungen, unter denen sie viele Jahre als Oppositionelle in der DDR gelebt, also auch die Bedingungen, unter denen sie gehofft, gebangt und geträumt hatten, änderten sich im Handumdrehen, wie bei einem dialektischen Umschlag.

Nach einer Phase revolutionärer Wirren im kurzen Winter der Anarchie 1989/90, in dem so vieles möglich schien, hatten überall die Staatsmänner, Ministerialdirigenten und Protokollchefs wieder das Heft in die Hand genommen. Verhandlungen und Verträge traten an die Stelle von spontanen Hausbesetzungen und chaotischen Vollversammlungen.

Am 3. Oktober 1990, weniger als ein Jahr nach dem Fall der Mauer, wurde die staatliche Vereinigung von BRD und DDR vollzogen. Kurz darauf fanden die ersten gesamtdeutschen Wahlen zum Bundestag statt, die Helmut Kohls eben noch dahindämmernde Kanzlerschaft noch einmal um vier, letztlich aber um insgesamt acht Jahre verlängerten.

1994 verließen die letzten russischen Truppen friedlich deutschen Boden, ein kleines Wunder auch das. Zehn Jahre später wurde die Mehrheit der ehemals kommunistischen «Ostblock»-Staaten Mitglied von NATO und Europäischer Union – der Euro war schon die erfolgreiche Währung Europas. Im Februar

2005 dann saß der neue, erstmals demokratisch gewählte ukrainische Präsident Juschtschenko neben US-Präsident Bush am NATO-Tisch in Brüssel, bevor er am 9. März die Ehre erhielt, vor dem Deutschen Bundestag zu reden – der ihm minutenlang stehend applaudierte. Der amerikanische Präsident seinerseits wurde bei seinem Besuch in der Slowakei, einst fester Bestandteil der sozialistischen ČSSR, wie ein wahrhaftiger Befreier empfangen.

Was also war nun Traum gewesen, was Realität seit 1989?

In den neunziger Jahren gab es oft genug Anlässe, sich zu fragen: Wach ich oder träum ich? Dort, wo eben noch Selbstschussanlagen, Wachtürme und Minenfelder waren, wurde nun gesamtdeutsch gewandert und gepicknickt, mit und ohne Spreewaldgurken. Das Ende des Kalten Kriegs gab die Landschaft wieder frei. Aus mörderischen Grenzanlagen wurden wieder bewaldete Höhenzüge wie der berühmte «Rennsteig» in Thüringen oder anmutige Flußauen wie an der Unterelbe – teils schöner denn je.

Ausgerechnet die kaum besiedelte militärische Sperrzone hatte die Ausbreitung besonders gefährdeter Tier- und Pflanzenarten gefördert, ein Biotop zwischen den Welten. So begab sich der neugierige Wessi nun dankbar auf Entdeckungsreise Ost – über Wiesen und Felder, durch Auen und Wälder und staunte, wie spärlich besiedelt viele Landstriche waren.

Diese blühenden Landschaften jedenfalls kosteten so gut wie nichts, brauchten keine Mehrheit im Bundesrat und rissen keine Löcher in den Staatshaushalt.

Während in den Talkshows unermüdlich weiter über das Phantom einer «inneren Einheit» Deutschlands diskutiert wurde und Tausende von Zeugen Jehovas, Sparkassendirektoren, Versicherungs-, Staubsauger- und Waschmaschinenvertretern in die frisch eroberten Gebiete jenseits der Elbe ausschwärmten, um ihre frohe

Botschaft zu verkünden, traten viele normale Bürger erst einmal eine ganz persönliche Reise in die Vergangenheit an.

Man fuhr nach Dessau und nach Halberstadt, nach Meißen und nach Neuruppin, nach Torgau und nach Quedlinburg, um sich die übrig gebliebenen Zeugnisse aus mehreren Jahrhunderten anzuschauen – Schillerhaus, Klopstockmuseum, Gropius' Bauhaus und spätgotisches Bischofsschloss.

Zwar waren viele Bauten des alten Preußen und der ganzen deutschen Fürstenherrlichkeit aus dem 17. und 18. Jahrhundert in beklagenswertem Zustand, aber ihr Anblick öffnete dennoch wieder den Horizont. Historisch wie ästhetisch.

Man hatte es fast vergessen: Die DDR war nicht nur SED und Stasi, Plaste und Elaste, Schkopau und Schwarze Pumpe, Bitterfeld und Espenhain, wo im schwarzen Rauch volkseigener Giftschwaden der Tag zur Nacht wurde, sondern auch jener Teil Deutschlands, in dem die Sachsenkönige einst ihre höfische Pracht entfalteten, Friedrich der Große in Sanssouci mit Voltaire disputierte und Luther sich vor der Wormser «Reichsacht» im Jahre 1521 auf die Wartburg bei Eisenach flüchtete.

Doch auch die jüngere Zeitgeschichte hatte ihre besondere Faszination.

Es waren natürlich vor allem Westdeutsche, die sich Anfang der neunziger Jahre zuweilen in die unmittelbare Nachkriegszeit zurückversetzt fühlten, so, als seien die blutigen Häuserkämpfe zwischen Wehrmacht, Volkssturm und Roter Armee gerade erst vorbei.

Und man musste gar nicht weit fahren, um die abenteuerliche Zeitreise anzutreten. Manche Straßenzüge in Ostberlin, Leipzig und Halle erinnerten mit ihren altertümlichen Gewerbeinschriften von Kohlenhandlungen und Pferdemetzgereien noch ans Kaiserreich oder an die zwanziger und dreißiger Jahre, und wer wollte, konnte sich den Leierkastenmann und die barfuß spielenden Kinder auf der Straße einfach dazudenken – die trist romantische Hinterhof-Welt Heinrich Zilles wenige Monate nach dem Ende der DDR.

«Am Abend, da atmete die Düsternis aus», erinnert sich Christian Eger noch 15 Jahre später, «die feuchte Kühle, das restlichtschluckende Grau; zur Nacht das Funzellicht, schlierig und grobkörnig, Katzenkopfpflaster, krummer, welliger, gerissener Asphalt ...Die DDR war ein stilles, tendenziell stummes Land.»

Aber sie war auch ein Land, in dem wie unter einer unsichtbaren Konservierungsschicht ganze Epochen überwintert hatten, trotz aller Rhetorik von neuen, revolutionären Zeiten, trotz des Abrisses preußischer Prachtbauten und des planvoll geduldeten Verfalls kompletter Stadtkerne. Der Grund war allerdings weniger ideologisch als praktisch: Es mangelte an Mörtel und Farbe. Doch auch der Wille war schwach. An vielen Gebäuden wurde jahrzehntelang kein Strich getan. Man zehrte von der Substanz jener vergangenen Zeiten, die man revolutionär überwinden wollte.

Die unzähligen Original-Einschusslöcher von 1945 in maroden Häuserfassaden aus wilhelminischer Zeit beeindruckten besonders jüngere Expeditionsmitglieder aus dem Westen, die in gesichtslosen Reihenhaussiedlungen oder den glatten Betonburgen der siebziger Jahre groß geworden waren, wie sie Sven Regener («Herr Lehmann»), ein Heimatdichter der anderen Art, in seinem Roman «Neue Vahr Süd» beschrieben hat.

Viel Freude hatten die Wessi-Touristen, die das eigene Land inspizierten – «Das ist jetzt alles uns!», spottete manch einer in zynischem Besitzerstolz – auch an den überall noch prangenden Insignien des gerade untergegangenen Arbeiter- und Bauernstaats: «DDR. Mein Staat. Mein Stolz» rief es etwa von einem Schild zwischen zwei rostigen Stangen am ehemaligen Gaswerk in der Berliner Dimitroffstraße in die verlassene Umgebung, und inmitten von Schutt und Schrott warb im Sommer 1990 in Mitte noch ein offizieller «Reparaturstützpunkt» mit dem Hammer-und-Zirkel-Emblem um letzte Laufkundschaft.

Zwischen dem allmählich verwehenden Geknatter der giftfauchenden Trabis, jenen aus dem politischen Pleistozän herüberklingenden Kampfparolen der SED und den schwarzgrauen Ruinen verwüsteter Stadtlandschaften entstanden eigenartige Sensationen, Gefühle, wie sie kein noch so perfekter amerikanischer Themenpark hervorrufen könnte.

Es war ein ästhetisches wie geistiges Abenteuer, das nicht zufällig vor allem in Berlin Künstler, Musiker und Clubgründer anzog. Deutsche Geschichte aus Hunderten Jahren lag wie aufgeschichtet und aufgeblättert, zur gefälligen Besichtigung und kreativen Inbesitznahme freigegeben.

Aber auch die Wetterkarte der Tagesschau vermittelte ein neues Deutschlandgefühl. Endeten vorher die Ausläufer von Tief Hildegard kurz hinter Braunschweig, so konnte der gesamtdeutsche Fernsehzuschauer nun auch sehen, dass der fiese Landregen vom Ärmelkanal mindestens bis Zittau und Annaberg-Buchholz im Erzgebirge anhielt. Der deutsche Norden war nun nicht mehr nur Hamburg, Kiel und Flensburg, sondern auch Rostock, Greifswald und Stralsund. Die Zeit der wie verschrumpelt nebeneinander liegenden Teilstaat-Handtücher war vorbei: Geographisch und rein größenmäßig hatte das neue Wetterkarten-Deutschland nun wieder mit Frankreich gleichgezogen, auch wenn die Ostseeküste immer noch nicht die Côte d'Azur ist und Ahlbeck und Heringsdorf nicht ganz an Nizza oder Saint-Tropez heranreichen.

Dafür zählte Deutschland jetzt wieder über achtzig Millionen Einwohner, was der bevölkerungsmäßig klar unterlegene Franzose umgehend mit einer forcierten Geburtenrate beantwortete.

Auf dem Gebiet der ehemaligen DDR ist sie seitdem durchweg gesunken.

Mit den rasch auf den Markt geworfenen neuen Straßenkarten, die den grenzenlosen Weg gen Osten wiesen, fuhr man nach Rheinsberg und an die Müritz, erkundete den westlichen Teil des Vorpommerschen Boddens und stieß bis ins «Rote Luch», die «Märkische Schweiz» und den Spreewald vor. Man bestaunte die sandigen, aber fein gerechten Gehwege in den kleinen Dörfern ebenso wie das unnachahmliche DDR-Grau der meisten Häuserfassaden und die merkwürdig naturbelassene, weithin unbehandelt erscheinende, geradezu zeitlose brandenburgische Landschaft mit ihren riesigen Kiefernwäldern und Tausenden von Seen und bekam plötzlich wieder Lust, Theodor Fontane zu lesen.

Dennoch hätte man kaum ahnen können, was derselbe Autor, der die DDR gerade noch ein graues, «stummes Land» genannt hat, über einen Frühlingstag des Jahres 2004 in den Saalewiesen von Halle schreiben würde, jene ostdeutsche Stadt, die auf einer bundesweiten «Zufriedenheitsskala» regelmäßig den vorletzten Platz belegt. Hier aber klingt es, als sei urplötzlich das Paradies Abschnitt Ost ausgebrochen: «Das Volk, das Grün, die Sonne, das alles knallt so sehr bunt und dicht und zärtlich hinein in diese überregional schwarz-weiß gemalte Stadt, dass sie von ihren Rändern her zu flirren beginnt, so lebendig ist die Szene, so phantasmagorisch entrückt ... Wenn dieser Ort als Sinnbild des deutschen Niederganges dienen muss, soll dieses Land noch über Jahrzehnte so lässig untergehen. Es wird gedöst, geküsst, gespielt, getrunken, gegrillt, so als stünde man hier nicht an der Saale, sondern an der Strandpromenade von Tel Aviv. Volk also, Heiterkeit, ein großes schönes Sich-gehen-Lassen.»

Aufbau Ost einmal ganz metaphysisch beschwingt. Eichendorff statt Eichel. Wenn das Erich Honecker noch erlebt hätte.

Den ersten gesamtdeutschen «Tatort», bis dahin gleichsam ein separatistisches Nationalheiligtum der alten BRD, könnte er noch gesehen haben. Er wurde unter dem sinnigen Titel «Unter Brüdern» schon im Herbst 1990 gesendet, während die ersten Stars des DDR-Fernsehens bereits ins Licht der neuen gesamtdeutschen Öffentlichkeit drängten.

Zum Beispiel Wolfgang «Lippi» Lippert, der jahrelang die Paradeshow des DDR-Fernsehens «Ein Kessel Buntes» moderiert hatte und dessen erster Smashhit von 1982 «Erna kommt» schon fast Weltniveau erreichte, durfte bereits am 26. September 1992 «Wetten, dass ...?» in Bremerhaven erstmals moderieren.

Kurz darauf löste er Thomas Gottschalk ab – allerdings nur für ein Jahr. Dann kehrte, der Einschaltquote sei Dank, die unübertroffene Blondschwalbe des deutschen Unterhaltungsfernsehens auf die große Showbühne zurück. Angela Merkel immerhin, damals für die ethnokulturelle Volkszusammenführung zuständige Ministerin für Frauen und Jugend, äußerte sich zufrieden über den unterhaltungstechnischen Fortgang der inneren Einheit: «Eine flotte Sendung» lobte sie den neuen «Wettmeister» aus dem Osten. «Herr Lippert hatte immer eine Pointe auf Lager.»

Flott machten auch DDR-Stars wie Carmen Nebel, Gunther Emmerlich und Stefanie Hertel im ehemaligen «Westfernsehen» Karriere, selbst wenn sie nicht immer eine Pointe auf Lager hatten – vor allem in der populären Unterhaltungs- und Volksmusiksparte, dort wo geklatscht und geschunkelt wird wie zu Urgroßvaters Zeiten. Hier vollzog sich die innere Einheit am schnellsten und am reibungslosesten. Zwischen Johödeldadeldi und Johödeldadeldö fiel der «Ossi» als Spezialgattung des Homo Germanicus noch am wenigsten auf.

Unter all den «Kastelruther Spatzen» und «Wildecker Herzbuben» haben «de Randfichten», die gut gelaunten Stimmungsbrüder aus dem schönen Erzgebirge, längst ihren natürlichen

Platz gefunden. Ihr Gassenhauer «Lebt denn der alte Holzmichl noch?» stürmte 2004 die Hitparaden und löste einen gesamtdeutschen «Holzmichl»-Kult aus, der gewiss nicht nur sensiblen Naturen wie Patrick Süskind ein tiefes Rätsel geblieben sein dürfte.

«Die Wirklichkeit ist vielfältiger, als das aufgeklärte Denken ertragen kann», hätte hier der Ende 1995 gestorbene DDR-Dramatiker Heiner Müller gesagt, sich kurz geräuspert, einen kräftigen Schluck Whisky getrunken und an seiner Zigarre gezogen.

Wenn es um die absonderliche Vielfalt der neuen deutschen Wirklichkeit ging, konnte man dem Fernsehen sowieso nicht viel vormachen. Zwar pflügten Hunderte Zeitungsreporter durchs immer noch unwegsame Gelände und fanden ihre zahllosen Themen buchstäblich auf der Straße und am Wegesrand, aber es war das Fernsehen, die große Windmaschine der Gefühle, das zu *dem* gesellschaftlichen Medium des historischen Augenblicks wurde.

Es übertrug die Bilder des ersten Glücks und den Abgang der letzten Mohikaner, es demonstrierte Einheit und zeigte die Zwietracht, es setzte Themen und prägte Begriffe. Fast jeder kam in ihm zu Wort, und kaum ein Aspekt wurde dabei ausgelassen. Das Fernsehen hat den Prozess der deutschen Einheit umfassend «kommuniziert», wie PR-Experten formulieren würden.

Zugleich vollzog sich ein fast unmerklicher Übergang zur modernen Mediengesellschaft. Was in den achtziger Jahren begonnen hatte, wurde nun erst richtig perfektioniert: Alle halbwegs bedeutenden Ereignisse wurden zu Medien-, genauer gesagt: zu Fernsehereignissen.

Was nicht im Fernsehen vorkam, existierte eigentlich auch nicht – was wiederum dazu führte, dass alles ins Fernsehen drängte, bis zur gepiercten Kassiererin eines alternativen Taubenzüchtervereins. Der rasante Aufstieg der privaten und kommerziellen TV-Sender gab dieser Entwicklung den entscheidenden Schub.

Ab sofort wurde, was geschah, zum «Event», immer häufiger auch das, was noch gar nicht geschehen war, manchmal sogar etwas, was überhaupt nicht geschehen war. Die Dinge warfen ihre televisionären Schatten jetzt immer schon voraus. War schon die «friedliche Revolution» im Herbst 1989 zugleich eine Art Rund-um-die-Uhr-Live-Reportage gewesen, bei der das Fernsehen stets ganz nah dran sein wollte am Wahnsinn der Wende, so wurden in den folgenden Jahren Ereignisse gleich von Anfang an fürs Fernsehen inszeniert, Generalprobe inklusive.

Dabei avancierten selbst jene Gefühle zum Thema der TV-Berichterstattung, die die Menschen noch gar nicht hatten oder haben wollten oder von denen sie nicht einmal etwas ahnten, bis sie in den Programmzeitschriften auftauchten. Es war überhaupt die anbrechende Zeit der fernsehgerechten Selbstoffenbarung, die große Ära der Bekenntnisse, während derer in stundenlangen Talkshows wie «Schreinemakers Live» reichlich Tränen flossen – auch jene der millionenschweren Moderatorin selbst, die am Ende über eine banale Steueraffäre stürzte. So oder so – die Betroffenheit hatte ihren Weg von der WG-Küche ins Fernsehstudio gefunden.

Immer öfter trat nun die steile Spekulation an die Stelle des Berichts, die waghalsige Prognose an die der Analyse, die aufgeregte Meinung des Moments an die eines abgewogenen, ruhigen Urteils. Unentwegt wurde geunkt, gemutmaßt, befürchtet, gefühlt und gemeint.

Die rasante Vermehrung krawallorientierter Sendungen wie «Der heiße Stuhl», «Explosiv» und «Einspruch!», in denen die Kontrahenten wie Todeskandidaten auf einem Schleudersitz oder wie feindliche Mitglieder einer Straßengang am trennenden Blitz- und Donnerbalken Platz nehmen mussten, trieb die Emotionalisierung der gesellschaftlichen Auseinandersetzung weiter voran – ganz gleich, worum es im Einzelnen ging. Wichtig war nur, dass die fernsehästhetische Dramatisierung von Problemen, Konflikten und Meinungen ein möglichst großes Publikum anzog. Zugleich wurde mit traumwandlerischer Zielgenauigkeit eine wachsende Leerstelle gefüllt, besser: ein zylinderartiger Hohlraum.

In dem Maße, in dem die authentischen politischen Leidenschaften und ideologischen Kämpfe früherer Tage von einem diffusen Verdruss über Gott und die Welt, vor allem aber über «die Politiker» abgelöst wurden, bedurfte es professioneller, fast therapeutischer Orientierungshilfe: Wo genau der Schuh drückt, wie umfassend Abhilfe zu schaffen sei, wer dazu sprechen soll und wer lieber nicht, das entschieden mehr und mehr die coolen Programmmacher des Fernsehens.

Es waren diese mächtiger gewordenen TV-Großwesire, nicht selten mit gegeltem Haarschopf, dabei stets den Finger am Puls der Zeit, die Brot & Spiele für die bindungslosen Zuschauermassen organisierten. Vor allem im Osten Deutschlands, wo die politischen Umwälzungen millionenfache Erschütterungen ganzer Lebensgeschichten ausgelöst hatten, verzeichneten RTL und Sat. 1 mit ihren Serien, «Soaps» und «Reality-Shows» überproportionale Einschaltquoten.

Unmittelbar zu Herzen gehende Sendungen wie «Notruf», «Bitte melde Dich!» und «Verzeih mir!» sorgten für die emotionale Rundumversorgung – ganz zu schweigen von «Tutti Frutti» mit Hugo Egon Balder, jener legendären Strip-Show für die ganze Familie, bei der es um ominöse «Länderpunkte» ging – «Cin-Cin» –, um anmutig fallende Oberteile und die alles entscheidende Frage «Kirsche oder Kiwi?».

Die Intellektuellen hatten derweil anderes zu tun. Kühn prophezeiten einige unter ihnen bereits das «Ende der Geschichte» oder wenigstens das nachhaltige Abflauen der großen politischen Konfrontation, ein kleines Nirwana der Weltpolitik. Bevor jedoch geklärt werden konnte, was mit dieser einmaligen Chance anzufangen sei, dräute am Horizont schon die so genannte Spaßgesellschaft, in der nichts mehr existenziell zu sein schien außer dem nächstmöglichen Gag. Ihr Ernstfall war der Lachanfall.

Vor der grellen Spaßkulisse schien, trotz aller Vergangenheitsdebatten und Gegenwartsprobleme, Geschichte von vornherein zu «History» zu werden, portioniert, konfektioniert und abgepackt, ein bunt bewegtes Wachsfigurenkabinett, eine Telenovela mit Endlos-Garantie.

Dieser kurze Moment einer undefinierbaren Windstille beförderte eine Tendenz zur apolitischen Idylle, die Sehnsucht nach einer friedlichen Stillstellung des grausam lärmenden Weltengetriebes. Ein milder Hauch von «Posthistoire» wehte durchs Land. Jenseits des scharfen politischen Streits signalisierten die aus den Fenstern hängenden weißen Bettlaken der deutschen Friedensbewegung – das populäre Protestsymbol gegen den ersten Golfkrieg nach der irakischen Besetzung Kuwaits – auch eine diffuse Mehrheitsmeinung der Deutschen. Man wollte vor allem in Ruhe gelassen werden. Wieder mal.

Anfang 1991 skizzierte eine repräsentative Umfrage von «Infratest» unter 2000 Befragten Wünsche und Vorstellungen, wie Deutschland im Jahr 2000 aussehen sollte – und ergab das Bild einer erstaunlich sanften, weltoffenen Ökopax-Republik, in der die guten Deutschen endlich gesiegt hätten. Der Umweltschutz war für 86 Prozent Staatsziel Nummer 1, für das Militär dagegen wollte kaum einer noch eine Mark lockermachen – gelebte Hoffnung auf jene «Friedensdividende» nach dem Ende des Kalten Kriegs zwischen Ost und West, die heute nur noch eine Mär aus ferner Zeit ist. 75 Prozent der Bürger wollten keine «Weltmacht Deutschland».

Aus internationalen Konflikten sollte sich die größer gewordene Bundesrepublik lieber heraushalten, dafür umso intensiver die Freundschaft mit Russland pflegen, wie immerhin 59 Prozent meinten. Toleranz gegenüber Ausländern und Andersdenkenden verband sich offenkundig aufs harmonischste mit dem Wunsch nach offenen Grenzen und einem europäischen Bundesstaat, den 71 Prozent für eine gute Sache hielten. Irritierend war allein, dass nur vier Prozent der Befragten «enge Beziehungen» zu Israel wünschten und gerade 29 Prozent mehr «Scham über die Verbrechen des Faschismus» angemessen fanden.

Noch im März 2005 hielten, nach einer «Allensbach»-Umfrage, 25 Prozent der Deutschen Israel für jenes Land, von dem «die größte Bedrohung für den Frieden in der Welt» ausgehe – vor Afghanistan, China, Libyen, Saudi-Arabien und Russland.

Diese merkwürdige Melange aus neuer Weltoffenheit und alten Ressentiments deutet auf ein Phänomen hin, das die neunziger Jahre insgesamt prägte – auf die Gleichzeitigkeit des Ungleichzeitigen, in der sich ganz unterschiedliche, ja gegensätzliche Tendenzen in der Gesellschaft gleichermaßen bemerkbar machen. Auf der einen Seite die Perspektive einer deutschen Zivilgesellschaft, die sich von alten, autoritären Fixierungen befreit hat, auf der anderen Seite jene unbedingte Harmonie- und Friedenssehnsucht, deren Quellen durchaus trübe sind. Hier der Vorschein liberaler Weltläufigkeit und aufgeklärter Individualisierung, dort die alte Verbindung von Angst, Minderwertigkeitsgefühl und deutscher Innerlichkeit, die sich durchaus gewalttätig nach außen zu wenden weiß, wenn der Binnendruck wieder einmal zu groß geworden ist. Stichwort «Gefühlsstau».

Es ist kein Zufall, dass in den wenigen, dramatisch verdichteten Jahren zwischen 1990 und 1994, zwischen Wiedervereinigung, Aufbau Ost und Golfkrieg, Möllemanns «Chip»-Rücktritt, leidenschaftlichen Ossi-Wessi-Kabalen und den brutalen ausländerfeindlichen Ausschreitungen gegen Asylbewerber in Rostock-Lichtenhagen und anderswo immer wieder dieser «Kampf zweier Linien» sichtbar wurde.

Das zarte Pflänzlein Deutschlandgefühl schien hin und her zu schwanken, mal optimistisch und hoffnungsfroh und dann wieder ziemlich welk und deprimiert, mal beschwingt und unbekümmert, dann wieder mit hängendem Kopf, grüblerisch in sich selbst gekehrt.

Konnte man sich eben noch über die Aussichten auf eine neue «Berliner Republik» (Johannes Gross) freuen, die ihre Chancen auf ein neues Selbstbewusstsein nutzt, so lehrten die Bilder von brennenden Asylbewerberheimen und dumpf gaffenden, Beifall klatschenden Männern in befleckten Trainingshosen wieder das gewohnte Fürchten – die Angst vor dem eigenen Volk. «Der rasende Mob – die Ossis zwischen Selbstmitleid und Barbarei» war der Titel eines polemischen Sammelbandes ethnologischer Fallstudien aus dem Jahr 1993. Nicht wirklich überraschend, dass sämtliche Autoren Wessis waren.

Während die einen sich also schon über eine «postnationale Identität» den Kopf zerbrachen, zwischen New York, Berlin-Kreuzberg und Frankfurt am Main pendelten und allenfalls einen wohl temperierten «Verfassungspatriotismus» im zusammenwachsenden Europa für überlegenswert hielten, machte sich bei anderen wieder ein aggressiver Nationalismus breit, der stolz darauf war, deutsch zu sein und das Bekenntnis gleich massenhaft auf T-Shirts drucken ließ, die in Thailand oder Indien zusammengenäht worden waren.

Während die einen schon mittendrin waren in ihren gebrochenen «Patchwork-Identitäten» und komplizierten «Bastelbiographien», ihre Tochter schon mal «Shakira» nannten und noch mit Ende dreißig versuchten, Japanisch zu lernen, gingen andere daran, ihr stolz bekennendes Deutschtum mit Waffengewalt gegen einen vietnamesischen Imbissstand am Bahnhofsvorplatz in Eberswalde oder Königs Wusterhausen zu verteidigen.

Hier und da waren vereinzelte Stimmen einer radikalen Linken zu vernehmen, die sich allerdings meist schon in die unterschiedlichsten Nischen zurückgezogen hatte – von akademischen, taxometrischen und gastronomischen Tätigkeiten bis hin zum Betreiben eines florierenden Wettbüros. Thomas Ebermann zum Beispiel, Ende der achtziger Jahre einer von drei grünen Fraktionssprechern im Deutschen Bundestag, blieb auch dort seiner unzeitgemäßen Überzeugung treu: «Diesem System kein Mann und keinen Groschen. Links sein heißt kein Vaterland haben, nicht um einen nationalen Standort in der Welt rangeln, sondern denen, die in diesem System das Sagen haben, die Pest an den Hals zu wünschen.»

Auf der entgegengesetzten Seite des politischen Spektrums klang die einsame Wahrheit, die der herrschenden Zeit entschieden widersprechen wollte, gar nicht so viel anders. Der Dichter Botho Strauß, der sich aus Protest gegen die «frevelhafte Selbstbezogenheit» des linksliberal-konformistischen Zeitgeists und die «ebenso lächerliche wie widerwärtige Vergesellschaftung des Leidens und des Glückens» fortan einen «Rechten» nennen wollte, formulierte sein vernichtendes Urteil über die Gegenwart in seinem berühmten Essay «Anschwellender Bocksgesang» von 1993: «Das Regime der telekratischen Öffentlichkeit ist die unblutigste Gewaltherrschaft und zugleich der umfassendste Totalitarismus der Geschichte. Es braucht keine Köpfe rollen zu lassen, es macht sie überflüssig. Es kennt keine Untertanen und keine Feinde. Es kennt nur Mitwirkende, Systemkonforme.»

Dazwischen trat immer häufiger ein Herr in mittleren Jahren auf, tiefschwarz toupiert, wohlgenährt und stets mit Hündchen

auf dem Arm: der Münchner Modemacher Rudolph Moshammer, von allen liebevoll «Mosi» genannt. Nie kam er ohne «Daisy», den kleinen Schoßhund mit Chiffonschleife, zur Vernissage,
auf die Gala oder ins Fernsehstudio, nie war er unfreundlich
oder schlecht gelaunt, jedenfalls nicht in der Öffentlichkeit. Er
hatte Stil und Umgangsformen, fuhr Rolls-Royce, genoss das
Leben und hatte sogar noch ein Herz für Obdachlose. Er selbst
kam aus ärmlichen Verhältnissen. Er war, so schien es, ein guter
Mensch, aber kein «Gutmensch», kein Moralist, der die Welt
verändern will. Er hatte seine eigenen Moralvorstellungen, die
offenbar auch mit der Straßenprostitution vereinbar waren, wie
sein gewaltsamer Tod im Januar 2005 nahe legte, aber er drängte sie anderen nicht auf. Kurz, er war – trotz und wegen seiner
skurrilen Eigenarten – ein angenehmer, unterhaltsamer und in
seinem Optimismus durchaus untypischer Zeitgenosse, also das
Gegenteil von Herrn Schulz, dem ewigen Nazi von nebenan.

Aber schon im nächsten Augenblick stand Herr Schulz wieder
auf der Matte. Im Herbst 1995 erschienen Victor Klemperers
Tagebücher von 1933 – 1945 «Ich will Zeugnis ablegen bis zum
letzten». Auf 1800 Buchseiten konnten die Nachgeborenen noch
einmal minutiös nachlesen, welcher schleichenden Entrechtung,
Demütigung und Entmenschung deutsche Juden damals ausgesetzt waren – mitten in Deutschland. Klemperer, ein renommier-
ter Romanist voller Selbstzweifel und patriotischer Deutscher
jüdischen Glaubens, der bis April 1935 an der Technischen
Hochschule in Dresden lehrte, bevor er entlassen wurde, schrieb
Tag für Tag auf, was er erlebt hatte – bis zum bitteren Ende, das
zugleich seine persönliche Befreiung war.

Als hätten sie von all dem noch nie etwas gehört, stürmten
Hunderttausende in die Buchhandlungen und lasen zum Beispiel
den vergleichsweise harmlosen Anfang des Eintrags vom 31. März
1933: «Immer trostloser. Morgen beginnt der Boykott. Gelbe Pla-

kate, Wachen. Zwang, christlichen Angestellten zwei Monatsgehälter zu zahlen, jüdische zu entlassen. Auf den erschütternden Brief der Juden an den Reichspräsidenten und die Regierung keine Antwort. Man mordet kalt oder ‹mit Verzögerung›.»

Das nachgelassene Werk wurde zum Bestseller der Saison, über 330000 Exemplare sind bis heute verkauft worden. Es erntete hymnische Besprechungen und eine geschichtsphilosophische Grundsatzdebatte in den Feuilletons der großen Zeitungen. Wieder einmal war die Nation erregt – ähnlich wie zwei Jahre zuvor bei «Schindlers Liste», Steven Spielbergs Holocaust-Drama über jenen deutschen Emaillewarenfabrikanten, der 1200 Juden vor dem sicheren Tod bewahrt hatte. Eruptionen dieser Art häuften sich in den Neunzigern, auch das eine Erbschaft der wiedervereinten Republik, die sich mehr denn je mit der gemeinsamen Geschichte konfrontiert sah.

Es waren Ausbrüche einer Vergangenheit, die nicht vergehen wollte. Immer wieder brach sie in die unschuldige Gegenwart von Mosi & Daisy, Lippi und Tutti Frutti ein.

Doch genauso unvermittelt, wie sich die überbordenden Emotionen an einem neuen Buch, einem Film oder einer Rede entzünden konnten, verschwanden sie auch wieder. Bis zum nächsten Mal.

Inmitten dieser geistig wie politisch verwirrenden Situation war, fast wie aus dem Nichts, ein relativ langhaariger, oft schlecht gekleideter Gelegenheitsschauspieler mit unreiner Gesichtshaut aufgetaucht. Einst katholischer Chorleiter, Organist und Kabarettist, der fünf Jahre lang beim legendären Düsseldorfer «Kom(m)ödchen» engagiert war und Sendungen wie «MAZ ab!», «Pssst» oder «Schmidteinander» ohne bleibende Schäden absolviert hatte, strebte er nun nach dem Absoluten, auf den Gipfel der deutschen Fernsehunterhaltung – als Moderator von «Verstehen Sie Spaß?», der großen Samstagabendshow der ARD, dem Kilimandscharo deutscher Wochenendfröhlichkeit. Im Herbst 1992 trat Harald Schmidt die Nachfolge von Paola und Kurt Felix an, und allein diese Tatsache war ein klares Zeichen dafür, dass Zweiter Weltkrieg und Nachkriegszeit endgültig vorbei waren. Die deutsche Kriegsgefahr schien für immer gebannt. Wenn man diesen Mann auf die ganz große Fernsehbühne ließ, dann war das Risiko eines nazistischen Rückfalls so gut wie ausgeschlossen. Auch die ideologische «System»-Frage, ob von links oder rechts gestellt, dürfte nun keine Rolle mehr spielen. Die Zeit war über sie hinweggegangen. Wer jetzt noch von «Systemveränderung» sprach, redete von Microsoft, DSL und UMTS.

Alles würde gut werden.

Und tatsächlich, es sah nach einer großen Versöhnung von alt und jung, rechts und links aus: Hier ein schunkelfreudiges, aber grundfriedliches Millionenpublikum mit Hang zum rhythmischen Klatschen, das mit Heinz Schenk und Günther Pfitzmann, Harald Juhnke und Eddi Arent groß geworden war, dort ein schlaksiger Außenseiter fürs Dritte Programm mit Intellektuellenbrille Marke Kassengestell – das genaue Gegenteil von bratwurstgestützter Volkstümlichkeit und glühendem Heimweh nach Schlesien und Ostpommern.

Während im Konkurrenzsender ZDF der verdiente Unterhaltungshaudegen Hans-Joachim Kulenkampff den Charme der sechziger Jahre noch einmal aufleben ließ, repräsentierte der freche Seiteneinsteiger Harald Schmidt die neunziger Jahre: die virtuelle Welt der Mediengesellschaft samt ihrer grenzenlos narzisstischen Selbstbezüglichkeit.

Mit einer gesten- und zitatreichen Selbstironie, der es weder vor Karl Moik und Dieter Bohlen noch vor sich selber grauste, bewies Schmidt, dass er ein bestens integrierter Teil des

Großenganzen war. Dieser Umstand hielt ihn jedoch keineswegs davon ab, das tägliche Medienspektakel in der guten Tradition der Henscheid'schen «Trilogie des laufenden Schwachsinns» mit sarkastischer Unerbittlichkeit zu kommentieren.

Ein Kind der Mediengesellschaft ging seinen Weg.

So wurde er in der legitimen Nachfolge von Loriot und der legendären «Neuen Frankfurter Schule» von Robert Gernhardt, F.W. Bernstein, Chlodwig Poth, F.K. Waechter, Hans Traxler, Bernd Eilert und Eckhard Henscheid zur solitären Kraft, die stets das Böse will und doch das Gute schafft. Zwar gelangen Schmidt, anders als den poetischen Weltdeutern von *Pardon* und *Titanic*, selten Verse und Vignetten, die für die Ewigkeit geschaffen waren wie «Die schärfsten Kritiker der Elche/ Waren früher selber welche» oder auch «Der Bär schaut seinen Ziesemann/ Nie ohne stille Demut an» – doch brachte seine Methode ganz eigene Wirkungen hervor.

Statt die televisionäre Massenunterhaltung, die «TV-Kloake» (Strauß), wie gewohnt auf dem harten Holz des sozialkritischen «Brettl» zu sezieren, setzte er sich geschmeidig an die Spitze der Bewegung und schwamm im Schmutzwasser des Mediums wie der Hecht im Karpfenteich. Eine atemraubende Übung. Vor allem die eingefleischten Freunde der Negation verfolgten mit Staunen, wie zynisch und elegant die Affirmation formuliert werden kann, wenn sie nur intelligent und sprachgewandt ist.

Obwohl dieses subversive Programm in der Stadthalle von Sindelfingen hier und da schweigende Ratlosigkeit hinterließ, so war doch unverkennbar eine neue Ära angebrochen. Hier trat der Phänotyp eines neuen Deutschen ans gleißende Studiolicht – und er brachte einen neuen Ton mit. Er vereinigte konservative Werte mit antiautoritärer Lässigkeit, professionelle Effizienz mit hedonistischer Leichtigkeit. Da redete kein Rebell und kein Moralist, aber auch kein Anpasser, kein zynischer Held grenzenloser Witzischkeit, aber auch kein Prediger des rechten Glaubens, kein Überzeugungstäter und kein Vorbild der Jugend, doch gewiss auch kein indifferenter Opportunist.

Im Gegenteil. Er wusste stets, was er wollte. Seine Botschaft war – er selbst.

Seine Wahrheit lag im scharfen Auge des eigenen Betrachtens. Seine Weltanschauung war keine politische Ersatzreligion, sondern ein unbarmherziger Blick in die nähere Umgebung, gern auch in die unmittelbare Nachbarschaft. Diese ironische Grundeinstellung nährte Witz und Wohlbefinden, vor allem aber den inneren Abstand zu den Dingen – und zur eigenen Rolle im Getriebe. Beobachtungsgabe und präzise Beschreibung waren ihm wichtiger als das Verkünden eines Standpunkts, den schon Millionen andere eingenommen hatten und als ihre persönliche Meinung ausgaben.

Schmidt wollte nichts und niemandem verpflichtet sein als sich selbst – auch nicht linksliberalen «Gemeinplätzen kritischer Bequemlichkeit» (Strauß). Er war das personifizierte Emanzipationsprogramm einer ebenso avantgardistischen wie geschäftstüchtigen Ich-AG – geistiges Eigentum, das in voller Übereinstimmung mit dem Grundgesetz zugleich dem Wohl der Allgemeinheit verpflichtet war.

Der Humorstandort Deutschland, oft genug als Wachstums-Schlusslicht in der europäischen Lachfamilie geschmäht, machte einen großen Sprung nach vorne: Ein historischer Fortschritt und ein kleines ethnologisches Wunder. Es war vielleicht nicht gleich die frohe Botschaft – ‹Deutsch, aber glücklich› –, dafür immerhin: Deutsch, aber locker.

Was in den achtziger Jahren begonnen hatte, schien nun zu einem guten Ende zu kommen.

Die These vom Volk ohne Witz, die sowieso auf schwachen Füßen stand – oder hatte es etwa Georg Christoph Lichtenberg,

Heinrich Heine und Wilhelm Busch, Ernst Lubitsch, Werner Finck, Otto Waalkes und Gerhard Polt nicht gegeben? –, verlor weiter an Überzeugungskraft.

Das scheinbar genetisch verwurzelte Tiefdeutsche und Bier-ernste, der ganze Rest von Ärmelschoner- und Spießermuff, schien wie weggeblasen. Frische Luft zog ein, jedenfalls dort, wo sich eine qualifizierte Minderheit aufhielt, immerhin die künftigen Führungskräfte einer aufstrebenden deutschen Lach-kultur. Es wäre sogar denkbar, dass der in der Einsamkeit der dünn besiedelten Uckermark sinnierende «Bocksgesang»-Poet, auf seine Weise ein Gesellschaftsbeobachter von hohen Graden, zum heimlichen Fan von Harald Schmidt wurde – Telekratie hin oder her. So kommt es auch nicht von ungefähr, dass Ha-rald Schmidt in einer feuilletonistischen Großdenker-Statistik vom März 2005 ganz weit oben rangierte: Unter den «Top 50 des deutschen Intellektuellen-Rankings» belegte er den zweiten Platz – hinter Literaturnobelpreisträger Günter Grass, aber vor Martin Walser, Marcel Reich-Ranicki, Hans Magnus Enzensber-ger, Jürgen Habermas und Wolf Biermann.

Für die anthropologische Langzeitwirkung des Homo Ha-raldiensis spricht auch, dass deutsche Geisteswissenschaftler schon wenige Jahre nach dem ersten Auftreten des Phänomens eine umfassende theoretische Erklärung lieferten. So verfasste Eckhard Schumacher, Jahrgang 1966, zu Zeiten wissenschaft-licher Mitarbeiter am Forschungskolleg «Medien und kulturelle Kommunikation», im Herbst 2002 eine Untersuchung, die der schwer fassbaren Komplexität ihres Gegenstands auch in ihrer absolut ironiefreien Ernsthaftigkeit und eisernen Stringenz völ-lig angemessen war.

Schon ein einziger Satz aus der umfangreichen Expertise zeigt, dass sich die Deutschen auch in der schwierigen Diszi-plin der induktiven Humorfolgenanalyse, der «Gelastologie», von niemandem etwas vormachen lassen – schon gar nicht von jungen neoliberalen lettischen Lachforschern, die ihren Laptop mit den globalen Humor-Inputkennziffern ständig unterm Arm tragen. In diesem Sinne:

«Neben die nur punktuell platzierten Pointen rückt Schmidt eine Form des Witzes, die sich an sprachlichen Merkwürdigkeiten aus dem öffentlichen Diskurs festsetzt, sie mit höchstmöglicher Präzision aufnimmt, in der Kombination mit weiteren tagesaktuellen Kontexten geringfügig verzerrt, über Wiederholungsschleifen mit sprachlicher, gestischer und mimischer Genauigkeit dann jedoch so auf einen zuvor nicht erkennbaren Punkt bringt, dass affirmierende Reproduktion, dezidierte Sprachkritik und sprachspielerische Komik auf verblüffende Weise zusammentreffen.» Ein Satz, wie geschaffen dafür, von Harald Schmidt laut vorgelesen zu werden.

Allerdings soll nicht verschwiegen werden, dass schon im März 1994, angesichts des noch frischen Spaßschocks, auf einer Tagung der Evangelischen Akademie Tutzing am Starnberger See über den kritischen Zustand des Humorstandorts Deutschland diskutiert worden war. Der Titel des Einführungsvortrags von Professor Otto F. Best – «Volk ohne Witz» – war eine einzige Abrechnung mit der historisch zu spät gekommenen Lachnation Deutschland, die sich allzu lange an geistlosem Brechstangenhumor à la «Gaudimax» erfreut habe statt an der feinen Ironie englischer und französischer Herkunft.

Die wichtigste Erkenntnis der zeitgenössischen Lachforschung – «Witzigkeit und Humor erscheinen als Voraussetzung des Lachens» – klang zwar zunächst wie eine gekonnte Loriot-Parodie, doch die folgende Warnung an die verspätete Kicherrepublik nahm sich dann schon ganz ernsthaft aus: «Voraufklärerisches Gefolgslachen» in Tateinheit mit reaktionärem Schenkelklopfen dürfe es nie wieder geben. Denn der Spaß war fruchtbar noch. Deshalb müsse es, so der Lachforscher 1994, das Ziel einer kollektiven Anstrengung aller wohlmeinenden Deutschen sein, das «Ur-Humanum» des «befreiten Lachens» nach Kräften zu fördern und endlich positiv zu besetzen – verstünde man es bloß als «Affekt aus der plötzlichen Verwandlung einer gespannten Erwartung in nichts», wie schon Aufklärer Kant, der berühmte Spaßvogel aus Königsberg, lehrte, beziehungsweise als Resultat des «Kontrasts des Wesentlichen mit der Erscheinung, des Zwecks mit dem Mittel», wie bereits Humorfreund Hegel ausgeführt habe.

So viel geistiger Aufwand wäre allerdings gar nicht nötig gewesen. Während der Homo Haraldiensis der Lektion gewiss nicht bedurfte, waren philosophische Erwägungen von dieser Tiefgründigkeit den meisten Adressaten der neuen Spaßgesellschaft sowieso ganz wesensfremd. Sie ließen sich ja nicht einmal durch populäre Zitate aus Adorno/Horkheimers «Dialektik der Aufklärung» (1944) von ihrem Tun abbringen, in der es klar und deutlich heißt: «Fun ist ein Stahlbad. Die Vergnügungsindustrie verordnet es unablässig. Lachen in ihr wird zum Instrument des Betrugs am Glück.»

Solche Vorhaltungen wollten sich die neuen deutschen Humorarbeiter, im korrekten Branchenjargon: «Comedians», nun gar nicht ans Stand(up)Bein binden lassen. Im Gegenteil. Dirk Bach und Ingo Appelt, Hape Kerkeling und Michael Mittermeier, Rüdiger Hoffmann und Anke Engelke, Wigald Boning und Olli Dittrich inszenierten ihre Parodien und Sketche ohne Rücksicht darauf, ob sie dem «totalen Spaß» im Funbad der betrügerischen Telekratie den Weg bereiteten oder nicht. Es war gerade ihr Markenzeichen, keinerlei gesellschaftskritische oder humortheoretische Erwägungen anzustellen, bevor sie das Wesentliche mit ihrer Erscheinung konfrontierten: «Zwei Stühle, eine Meinung!» Sie probierten einfach aus, was komisch sein könnte. Ironisierung und Persiflage lagen in der Luft, und vor allem die privaten Fernsehsender erfanden immer neue TV-Formate, in denen sich die Comedians und ihre Gagschreiber austoben konnten. Der Kohl-Witz als selbständige politische Einheit des deutschen Kabaretts war längst schal geworden, und auch die Satire im Dienst der Weltrevolution oder wenigstens im Auftrag des progressiven Alltags war in die verdiente Rente gegangen. Nun ging es vor allem um Effekte einer ironischen Identifikation, um Wiedererkennung und Bloßstellung. Hauptsache, der Funfaktor war «konkret krass» und «fett stabil». Wo früher wenigstens ein bisschen Ordnung in die Dinge gebracht werden sollte, wurde nun mit triumphierender Kinderfreude lärmend Unordnung gestiftet. Motto: Das Ganze ist das Absurde. Kult statt Kulturkritik.

So wurde der professionell produzierte Dauerspaß zum sinnstiftenden Massenerlebnis.

«Erlebe Dein Leben!» – der Kultursoziologe Gerhard Schulze («Die Erlebnisgesellschaft») hatte schon die passende Maxime der neunziger Jahre parat. Das hieß auch: Spüre Dich! Mach was aus Dir! Werde Du selbst! Werde endlich «Ich»!

Die Frage war allein: Aber wie? Es gab tausend Möglichkeiten. Partysternchen Ariane Sommer legte sich im Bikini in eine Badewanne aus Mousse au Chocolat, originäre Freizeitbeschäftigungen wie Power-Rafting, Bungee-Jumping, Paragliding und Extreme-Relaxing wurden im Zuge des neuen Erlebnislebens – analog zum «FilmFilm» auf Sat.1 – immer beliebter, und auch die Eiswerbung, stets ein Zeitgeist-Indikator, lag mit dem schaumasanften Selbstverwirklichungs-Slogan «Ich und mein Magnum» voll im Trend.

Das klang schon ganz anders als in den siebziger Jahren, in denen noch um jedes leckere Stück Fettglasur mit harten Bandagen gekämpft werden musste: «Nogger Dir einen!» lautete damals die Parole, die ein wenig an Polizistenbeleidigung und Barrikadenkampf erinnerte.

Hatte ein symptomatischer Buchtitel aus den achtziger Jahren noch über die «Nutzlosigkeit, erwachsen zu werden» geklagt, so wurde nun die «Tugend der Orientierungslosigkeit» gefeiert. Mit ihrer Hilfe formten die neuen Lebensästheten, Halbtags-Bohemiens und Erlebniskünstler ihr autobiographisches Gesamtkunstwerk aus Billig-Jobs und Teilzeit-Kreativität – mobil, flexibel, phantasievoll, aber auch ziemlich desillusioniert und pragmatisch. Im Crossover der unterschiedlichen Subkulturen verwischten sich dabei zunehmend die Grenzen zwischen Hoch- und Alltagskultur. Ob Nietzsche oder Naddel, Bohlen oder Bach, alles war irgendwie Kultur und Unterhaltung. Ein Hype jagte den anderen, ein Trend den nächsten. Techno war die Musik dieser Zeit, und die Love-Parade, die in Berlin alljährlich über eine Million junger Menschen an- bzw. auszog, avancierte zur zentralen Feier der friedlich selbstverliebten Ich-Inszenierung.

Unter den hämmernden Beats, die auch gesunde Herzen in den Sekunden-Infarkt treiben konnten, bewegten sich die nabelfrei flottierenden Elementarteilchen wie in selbstgewählter Trance. Die meist sparsam bekleideten, ekstatisch tanzenden «Raver» waren vor allem von sich selbst entzückt, allein in der zuckenden Masse und doch von einer über allem schwebenden Sehnsucht getrieben. «All you need is love» – aus weiter Ferne klang die Botschaft der Beatles herüber, während der ein oder andere Pornoproduzent die Gunst der Stunde nutzte und hundert Meter weiter, im Gebüsch des lauschigen Tiergartens, ein paar Hardcore-Szenen drehen ließ, über die anschließend in «Wa(h)re Liebe» auf Vox detailgetreu berichtet wurde. Auch dies war kulturelles Crossover – und für Berlin, die endgeile Metropole, eine unbezahlbare Imageförderung.

Ob in der Literatur, im Kino oder Fernsehen: Was eben noch

umstandslos und wahrheitsgemäß als «Schrott», «Mist» oder «Müll» bezeichnet worden wäre, galt nun als cooler «Trash». Man begab sich mit Wonne unter sein Niveau und schaute sich bei der «angenehmen Treibfahrt auf der Oberfläche des Nichts» (Pierre Péju) halb amüsiert, halb erstaunt selber zu.

Eine neue Lust am Banalen machte sich breit – nicht zuletzt unter Intellektuellen, die endlich zugeben durften, dass auch sie mitfiebern können, wenn in Talkshows von Arabella Kiesbauer, Jürgen Fliege, Hans Meiser, Johannes B. Kerner oder Bärbel Schäfer echte Existenzfragen auf dem Programm standen: «Im Urlaub will ich nur das eine!», «Mein Papa liebt einen Mann» oder «Ich brauche keinen Partner, ich hab meinen Hund».

Bei Arabella Kiesbauer bekannte 1997 ein gewisser Rolf, 51, ganz offen «schwanzgesteuert» durchs Leben zu gehen. Immerhin war er damit nicht allein. Im Flieger nach Bangkok, berichtete er, «war'n Leute dabei, die hatten einen Intelligenzquotienten, der war niedriger wie hier die Raumtemperatur». Alles ist eben relativ. Aber Rolf hatte Glück: Mit «Ballermann 6» kam zur rechten Zeit der endfette Film für alle schwanzgesteuerten Tiefflieger mit Raumtemperatur-IQ in die deutschen Multiplex-Kinos.

«Ich bau dir ein Haus aus Schweinskopfsülze», sangen derweil «Die Doofen» alias Wigald Boning und Olli Dittrich, und *Bild am Sonntag* erregte sich schon ehrlich empört über die eigene Klientel: «TV-Irrsinn: Kandidat leckt für 500 Mark Rolltreppen ab.»

Man schaute «Liebe Sünde» und «Peep!», wo die göttliche Verona Feldbusch in atemberaubend kurzen Kleidchen gleichzeitig mit der deutschen Sprache und ihren zwanzig Zentimeter hohen Stöckelschuhen kämpfte, bevor Dolly Buster verführerisch lispelnd das Sex-A-Bä-Tsä vortrug.

«The Body is the Message» – einprägsam variierte die Hamburger Soziologin Gabriele Klein Marshall McLuhans berühmte Medienthese, um die allgegenwärtige Sexualisierung der öffentlichen Sphäre zu beschreiben. Man stand auf nacktes Fleisch in jeder Darreichungsform, auf Proll-Charme und geistige Dekompostierung, ungefähr das also, was der Philosoph Herbert Marcuse einst mit «repressiver Entsublimierung» gemeint hatte. Zu Deutsch: Man ließ gänzlich unliterarisch die Sau raus, ohne sich darum zu scheren, ob es dem Fortschritt der Menschheit, der Nation oder dem eigenen Verstand förderlich sei oder nicht.

«Vor den Würstchenständen und Pommesbuden der Republik, in den Fußgängerzonen und verkehrsberuhigten Flaniermeilen, bei zahllosen organisierten Fress- und Saufgelagen unter freiem Himmel spielen sich wahre Orgien der formverachtenden Einverleibung ab», hatte die Publizistin Cora Stephan beobachtet. «Schlabbern, säfteln, krümeln – der moderne Mensch strotzt nachgerade von Körperlichkeit. Die moderne Gesellschaft ist zutiefst infantil.» Manche sprachen gar schon verächtlich von einer «Tyrannei der Infantilität».

Es war die Ära der überbordenden Multikulti-Straßenfeste mit Riesenpfannen voller Lachs und Scampis, orientalischem Flohmarkt und TÜV-geprüfter Kinderhüpfburg, aber auch die Zeit, da die jung gebliebene Mutter mit der Tochter, beide im grellbunten, hautengen Outfit, auf Inline-Skates durch die Nachbarschaft fegte und grauhaarige Fünfzigjährige in absolut angesagten Adidas-Turnschuhen und verschwitztem Stirnband übers urbane Pflaster jagten, bevor sie im «Zazie» ihren coolen «Energy-Drink» einnahmen – oder gleich einen «Caipi».

Womöglich war dies alles aber auch nur eine nachholende deutsche Entspannungsübung, eine einigermaßen hemmungslose, aber insgesamt gewaltfreie Art und Weise, jahrhundertealte Muff- und Klemmi-Luft abzulassen – ein riesiges Ventil, durch das jede Menge verdrängte sexuelle, infantile und exhibitionistische Leidenschaften ins Freie strömten, die trotz 1968, Sex 'n Drugs 'n Rock 'n Roll, Oswalt Kolle und dem «Schulmädchenreport» Teil 1 bis 13 offenbar noch nicht ausreichend ausgelebt worden waren.

Doch neben den eher vulgären Lockerungsübungen der offenbar in jeder Hinsicht leicht verspäteten Nation gab es auch eine verfeinerte, sanfte Variante der Spaßgesellschaft. Ihr Zentrum befand sich im wohltemperierten Wellnessbereich der Gesellschaft, dort, wo die Kultur der Besserlebenden ihr gepflegtes Zuhause hatte und das Thai-Süppchen mit Koriander und Zitronengras, gern auch der Wildfasan im Dialog mit Kürbismousse, die dunklen Winterabende erwärmte – also irgendwo in der «neuen Mitte», die später Gerhard Schröder wählen sollte.

«Bobos», bourgeoise Bohemiens, hat der amerikanische Autor David Brooks diese global auftretende Spezies menschlicher Hybriden genannt, die sich auch in Deutschland Ende der neunziger Jahre immer weiter ausbreitete, nicht zuletzt dank des Höhenflugs der New Economy.

Einst waren sie die, vor denen ihre Eltern sie immer gewarnt hatten – nun verbanden sie auf scheinbar selbstverständliche Weise Kritik und Karriere, Protestkultur und Profit. Für eine neue Küche gaben sie schon mal 30 000 Mark aus, aber Herd und Geschirrspüler mussten energiesparend sein. Von wegen Klimakatastrophe. Gesunde Ernährung war wichtig, aber richtig gutes Olivenöl gab es eben nicht unter fünfzehn Mark.

Sie waren selbstbewusste Citoyens, Kapitalisten in Turnschuhen und Konsumenten ohne Reue. Politisch und kulturell eher links-, wirtschaftspolitisch eher rechtsliberal orientiert. Werbetexter, Selbständige, Künstler, Medienleute, Architekten, kurz: Holz vom Stamme Haraldiensis. Statt die Widersprüche politisch zu klären, löste man sie nun in einer hausgemachten Lebensstil-Mixtur auf, die im Wok der neuen Alltagsfreude stets frisch zubereitet wurde.

So entstand die Avantgarde eines neuen gesellschaftlichen Mainstreams Marke «milde Sorte» mit Hang zum aufgeklärten Konsens. Zahlreiche «Bobos» waren unter den Wählern der «Grünen» zu finden, viele auch in der blühenden Schwulen-Szene. Das war kein Zufall, denn die Stigmatisierung von Homosexualität hatte sich in den Neunzigern praktisch völlig aufgelöst. Mehr noch: Schwulsein war geradezu *der* gesellschaftliche Trend geworden. An manchen Tagen und an bestimmten Orten waren Heterosexuelle schon ein Randphänomen.

Zuweilen schien es, als sei die fröhliche Gleichgeschlechtlichkeit überhaupt der Königsweg aus den ewigen Kabalen zwischen Mann und Frau: Schwule waren die besseren Männer. Sie sahen besser aus, konnten besser zuhören und besser kochen, hatten besseren Sex, feierten die schöneren Partys und machten unauffälliger Karriere – bis zum Amt des Regierenden Bürgermeisters von Berlin oder des Vorsitzenden der FDP, der später mit seinem «Guidomobil» über Land fahren sollte.

Wenn jetzt von «Schwuchteln», «Warmduschern» und «Hardcore-Tunten» die Rede war – allen voran natürlich wieder in der «Harald Schmidt Show» –, so zeigte dies nur: Die Schwulen waren da angekommen, wo Machos, Heteros und geläuterte Kampflesben längst waren – in der neuen Mitte der Gesellschaft; dabei oft genug in den oberen Etagen, von denen aus sie ihren funkelnagelneuen silbergrauen Roadster auf dem Firmenparkplatz immer schön im Auge behalten konnten.

So war das Feld für die Übernahme bereitet. Am 27. September 1998 gewann Rot-Grün die Bundestagswahl. Helmut Kohl übergab an Gerhard Schröder. Es hatte gedauert: Dreißig Jahre nach Vereinsgründung waren die 68er an die Macht gekommen.

Joschka Fischer hatte gerade seinen langen Lauf zu sich selbst abgeschlossen und war kaum wiederzuerkennen: Er war über dreißig Kilo leichter geworden, dünn wie ein Hemd. Auf dem offiziellen Foto der neuen Ministerriege sah er aus wie ein Konfirmand, dessen neuer Anzug gerade noch rechtzeitig fertig geworden war. Die Bügelfalte glühte noch.

Alte Freunde mussten sich mehrmals am Tag ins Ohrläppchen kneifen, um zu begreifen, dass der zuweilen mürrisch dreinblickende Spontigenosse vom Antiquariat im Keller der Karl-Marx-Buchhandlung in der Frankfurter Jordanstraße nun der oberste Diplomat der Bundesrepublik Deutschland war. Nicht wenige Bewohner von Frankfurt-Bockenheim und angrenzenden Gebieten hatten von Stund an ihren persönlichen Außenminister, einige wenige mit eigener Standleitung. Mehr Identifikation konnte eigentlich nicht sein. Und da war es schon wieder, ein irgendwie neues Deutschlandgefühl.

Ein Jahr später zogen Regierung und Parlament nach Berlin. Nun sollte die «Berliner Republik» endlich beginnen, eine neue Ära nach 16 Jahren Helmut Kohl, ein befreiender Relaunch zehn Jahre nach der Wiedervereinigung: Zivil, demokratisch, selbstbewusst und ein bisschen easy, atmosphärisch irgendwo zwischen Joschka Fischer und Harald Schmidt.

«Hol mir mal 'ne Flasche Bier, sonst streik ich hier!», knurrte der frisch gewählte Bundeskanzler beim Autogrammschreiben in der Sonne Ostdeutschlands.

5. Kapitel

Total normal? Das Deutschlandgefühl 2005

Die Bierlaune hielt nicht lange an. Sie währte genau eine historische Sekunde, einen kurzen Augenblick, in dem die allseits apostrophierte «Berliner Republik» wie eine zweite kleine Kulturrevolution erschien, eine atmosphärische Befreiung, ein halbwegs glückliches Zu-sich-selbst-Kommen, überhaupt: ein Ankommen. Frühlingsgefühle im Herbst. Wenigstens das.

Manche hatten lange genug darauf warten müssen, vor allem die sogenannten «Enkel» Willy Brandts, die schon auf dem besten Weg waren, die ergrauten Großväter ihrer eigenen politischen Ambitionen zu werden. Immerhin, nach 16 Jahren Helmut Kohl im Kanzleramt war ein Knoten geplatzt. Wenn es ein bisschen leise war, konnte man das Geräusch sogar hören. Es machte einfach Plop. Oder war es doch nur der herausgezogene Korken eines Brunello di Montalcino Riserva 1990, den Otto Schily aus seinem privaten Weinkeller mitgebracht hatte? Egal.

Fünfzig Jahre nach Gründung der Bundesrepublik 1949, dreißig Jahre nach der Revolte von 1968 und fast zehn Jahre nach dem Fall der Mauer vermittelten die ersten Auftritte von Gerhard Schröder und Joschka Fischer den Eindruck, ja die berechtigte Hoffnung, nun vollende sich tatsächlich ein langer, beschwerlicher und windungsreicher Weg der deutschen Nachkriegsgeschichte.

Nicht nur der schon sprichwörtliche Weg nach Westen, sondern auch der Weg des vereinten, demokratischen Deutschland zu sich selbst – und der Weg einer ganzen Generation von der eingebildeten Revolution an die echte Regierung, von der Demo zum Dienstwagen.

Endlich, so glaubten viele, werde sich eine freie und selbstbewusste Republik mitten in Europa präsentieren, die nichts mehr vor sich her tragen muss, aber auch nichts mehr hinter sich her schleppt: Weder staatstragend noch gramgebeugt, souverän, ohne aufzutrumpfen, nach vorne schauend, ohne sich aus der Vergangenheit zu stehlen, dabei vielleicht noch ein bisschen besser gelaunt als die Technologiefolgenabschätzungskommission normalerweise erlaubt.

Das zweihundert Jahre alte Urteil von Germaine de Staël, Tochter des berühmten französischen Finanzministers Necker unter Ludwig XVI., schien endgültig widerlegt. Nach ausgedehnten Deutschlandreisen hatte Madame de Staël in ihrem mehrbändigen Erlebnisbericht «De l'Allemagne» geschrieben, die Deutschen seien mit wenigen Ausnahmen «nicht fähig, in Angelegenheiten, die Biegsamkeit und Gewandtheit erfordern, mit Erfolg aufzutreten: Alles beunruhigt sie, alles setzt sie in Verlegenheit.»

Das allerdings konnte man nun weder Schröder noch Fischer vorhalten, weder Otto Schily noch gar Oskar Lafontaine, einem späten Amtsbruder von de Staëls Vater, den es freilich nicht lange auf seinem Posten hielt und der nun seine Revanche sucht. War es vielleicht nur die unverkrampfte und gekonnte Selbstdarstellung des aus einfachsten Verhältnissen stammenden Kanzlers bei «Wetten, dass …?», der einer älteren Dame aus dem Publikum spontan anbot, sie spätabends persönlich nach Hause zu bringen, jene kulturell ungewöhnliche Mischung aus Brioni, Cohiba und Currywurst, die dieses vergleichsweise optimistische und ungewohnt lockere, ja lässige Deutschlandgefühl hervorrief?

Oder doch eher die abenteuerlich zerklüftete Biographie des langjährigen Frankfurter Straßenrevolutionärs, Autodidakten und Taxifahrers Joschka Fischer, der ganz persönlich einen kompletten Bildungsroman aus dem späten zwanzigsten Jahrhundert absolviert hatte und schon wenige Tage nach Amtsantritt dem Kriegsdienstverweigerer, Cannabispaffer und Generationsgenossen Bill Clinton im Weißen Haus die Hand schüttelte?

Ging nun also die Generation Gerd alias «Jeneräischn Joschka» ihren Weg, überwiegend pragmatisch geläuterte 68er, deren Lebensweg wie die Beglaubigung einer in scharfen Widersprüchen gereiften Republik wirken konnte: Ende gut, alles gut? Eine putzmuntere Dialektik der Geschichte? Oder hatten da nur politische Wirrköpfe ihren langen «Marsch durch die Institutionen» im Geiste Rudi Dutschkes erfolgreich abgeschlossen, um jetzt daranzugehen, das Organisations- und Finanzchaos ihrer unaufgeräumten Wohngemeinschaften, in denen nicht einmal der Putzplan richtig funktionierte, auf den sowieso schon hoch defizitären Bundeshaushalt zu übertragen?

Drohte also doch wieder der Untergang des Vaterlandes, wie nicht wenige, etwa im Großraum Fulda oder rund um Passau, ernsthaft befürchteten?

Erfahrenen Beobachtern sagte dieser Wirrwarr der Meinungen und Gefühle vor allem eines: «Die Deutschen sind jetzt ein normales Volk, eine gewöhnliche Gesellschaft wie jede andere». So urteilte jedenfalls der jüdische Historiker Saul Friedländer 1998, und es klang fast wie eine Beleidigung: Eine gewöhnliche Gesellschaft, was ist das schon? Natürlich bezog er sich damit auf die jahrzehntealte, immer wiederkehrende Lieblingsdebatte der Deutschen, ob sie jetzt, endlich endlich, genauso normal sein dürften wie Engländer, Franzosen und Italiener, was gerechterweise auch heißen müsste: genauso verrückt.

Sie durften, wie es schien. Inzwischen hatten mehrere Generationswechsel stattgefunden, die Zeit war eigentlich reif. Aber irgendwie klappte es noch nicht richtig. Frei nach Karl Valentin: Wollen hätten's schon mögen, die Deutschen, aber dürfen haben sie sich nicht getraut. Nach ihrem «kollektiven Ausrasten» (Henryk Broder) zwischen 1933 und 1945 konnte man das durchaus verstehen. Doch eine normale Gesellschaft, so hatte Friedländer weise hinzugefügt, entziehe sich ja nicht der Erinnerung an ihre Geschichte. Ganz im Gegenteil.

Das brauchte er freilich Fischer und Schröder nicht zu sagen. Besonders Fischer verkörperte geradezu die jahrzehntelange Auseinandersetzung mit der nationalsozialistischen Erbschaft. Zu Israel baute er ein auch persönlich intensives und freundschaftliches Verhältnis auf, und zur ethischen Begründung der deutschen Beteiligung am Kosovo-Krieg im Frühjahr 1999, ein Tabubruch in der deutschen Nachkriegsgeschichte, berief er sich ausdrücklich auf die Lehre aller Lehren: Nie wieder Auschwitz!

Allerdings fanden Kritiker gerade diesen Versuch einer politischen Aktualisierung überzogen und unangemessen.

Es waren solche historischen Konfrontationen mit der schwierigen Realität voller Abgründe und Fallstricke, die die Euphorie des Anfangs rasch verfliegen ließen. Die neue deutsche Lockerheit geriet an die Grenzen ihres unschuldigen Spaßwachstums. Die Fernsehansprache Gerhard Schröders zum deutschen Kriegseintritt vom 24. März 1999, bei der der Kanzler fast unwirklich ernst und statuarisch wirkte, beendete den rot-grünen Honeymoon endgültig: «Ich rufe von dieser Stelle aus alle Mitbürgerinnen und Mitbürger auf, in dieser Stunde zu unseren Soldaten zu stehen», sagte er mit brüchiger Stimme.

Der rote Farbbeutel, den ein grüner Kriegsgegner Wochen später auf Fischers rechtes Ohr schleuderte, war erst recht ein schmerzhaftes Fanal für das, was folgen würde. Keine alberne Spaßguerilla trieb da ihre bösen Scherze – es ging tatsächlich um Krieg und Frieden, um die Zukunft Europas und die Rolle Deutschlands in der sich verändernden Welt. Das Pathos klang plötzlich nicht mehr hohl, sondern bedrohlich.

Spätestens mit den islamistischen Terroranschlägen vom 11. September 2001 in New York und Washington war jenes virtuelle «Posthistoire» nach 1989 auch offiziell beendet, die trügerische Windstille der Geschichte mit ihren schönen Friedenshoffnungen und multikulturellen Versöhnungsträumen. Dass ausgerechnet eine rot-grüne Bundesregierung voller Ex-Revoluzzer, Alt-Jusos, Pazifisten und «Dritte-Welt-Freunde» militärische Einsätze der Bundeswehr in Afghanistan, Nordafrika und anderswo, weit außerhalb des NATO-Gebiets, beschließen würde, war eine unerhörte Zäsur.

Die Protagonisten selbst hätten wenige Jahre zuvor daran wohl im Traum nicht gedacht. Andererseits wäre Altkanzler Kohl sicher sehr gerne an der Stelle Gerhard Schröders gewesen, als der am 6. Juni 2004 als erster deutscher Bundeskanzler an den offiziellen Feierlichkeiten zum 60. Jahrestag der Landung alliierter Truppen in der Normandie teilnehmen durfte. In der Umarmung mit dem französischen Staatspräsidenten Jacques Chirac vollzog sich noch einmal symbolisch das «Ende der Nachkriegszeit». Mit diesen Worten kommentierte Schröder selbst den offenbar tief empfundenen historischen Augenblick. Eine neue Epoche hatte begonnen.

So kam es nach dem vermeintlichen Ende der Geschichte zur «Rückkehr der Geschichte». Zufall oder nicht: Genauso lautet der Titel eines Buches, das Joschka Fischer jüngst vorgelegt hat.

Ist Deutschland im Jahre 2005 nun also wirklich total normal, sodass es ganz befreit aufspielen könnte, genau so, wie man es sich von der deutschen Fußballnationalmannschaft im nächsten Sommer wünscht? Eine gewöhnliche Gesellschaft also, die trotz aller Probleme stolz auf ihre Leistungen ist und sich auch endlich den ganz normalen Patriotismus gestatten kann mit Nationalbewusstsein und Heimatliebe, Flaggenschmuck und Hymne? Deutschsein aus vollem Herzen und mit allem Drum und Dran, ohne Hintertürchen, ohne gemurmelte Standardflüche oder flaue Fluchtbekenntnisse à la «Eigentlich-wäre-ich-lieber-ein-Däne»? Quasi voll normal, so normal, dass man aufhören könnte, über Normalität zu diskutieren? In einem Wort: «Die Berliner Republik als Vaterland», wie es im Untertitel eines Essays von Eckhard Fuhr («Wo wir uns finden», 2005) heißt?

Wenn es nur so einfach wäre. Es stimmt ja, dass die deutschen «Identitätsdebatten» der neunziger Jahre «Stationen eines bemerkenswerten Lernprozesses» waren, in dessen Verlauf «der Verfassungspatriotismus in das zunächst verabscheute Gehäuse des Nationalstaats einzog», wie Fuhr schreibt. Doch die positive Bilanz des langen Wegs nach Westen mündet auch hier in die mehrdeutige und interpretationsbedürftige Feststellung, an seinem Ende finde man sich «mitten in der deutschen Geschichte» wieder.

Eben. Aber damit ist die Frage noch nicht beantwortet.

Immerhin wird fleißig daran gearbeitet. Seit einigen Jahren vollzieht sich eine Selbsthistorisierung der Bundesrepublik, die zugleich eine Selbstvergewisserung ist. Vor allem in Büchern, Fernsehdokumentationen und Filmen entsteht ein Bild des Landes, das zum programmatischen Titel eines kleinen Bandes von Peter Brückner aus dem Jahr 1978 zu passen scheint: «Versuch, uns und anderen die Bundesrepublik zu erklären».

Schon die Titel der oft späten autobiographischen Entdeckungsreisen wie «Meines Vaters Land» (Wibke Bruhns), «In den Augen meines Großvaters» (Thomas Medicus), «Am Beispiel meines Bruders» (Uwe Timm), «Auf der Flucht» (Hellmuth Karasek), «stadt land krieg» (Tanja Dückers/Verena Carl),

«Unscharfe Bilder» (Ulla Hahn) oder «Ein unsichtbares Land» (Stephan Wackwitz) zeigen, worum es geht: um Klärung und Selbsterklärung, um den Versuch herauszufinden, wie das heute ist, ein Deutscher oder eine Deutsche zu sein. Dabei fügen sich die unzähligen persönlichen Geschichten aus mehreren Generationen allmählich zu einer lebendigen, nicht-offiziösen deutschen Nachkriegsgeschichte.

An die Stelle politischer Bekenntnisse und moralischer Anklagen treten mehr und mehr Selbsterforschung, Neugier und Spurensuche. In dem Sammelband «Böse Orte» zum Beispiel werden zehn Stätten nazistischer Monumental- und Vernichtungsplanung erkundet, so wie sie sich 2005 darbieten – von überwucherten Resten der begonnenen Reichsautobahn 46 zwischen Fulda und Würzburg im Spessart bis zur «Führerschule der deutschen Ärzteschaft» in einem alten Park von Alt Rehse bei Neubrandenburg, dort, wo zwischen 1935 und 1943 rund 20000 Mediziner in «Rassenkunde» und Euthanasie eingewiesen wurden.

Es ist offenkundig, dass der zeitliche Abstand hilft, Abstand bei der Betrachtung und Beurteilung zu gewinnen. Manches nimmt sich dadurch noch schlimmer und noch unfassbarer aus, manches lässt sich auch besser einordnen und relativieren, eben: historisieren. Brüche und Kontinuitäten treten umso deutlicher hervor. Nicht zuletzt Charakterfragen. Zuweilen entdeckt einer erst nach sechzig Jahren, wie skrupellos seine geliebte Mutter einst kostbares Mobiliar aus enteigneten jüdischen Haushalten an sich gerissen hat.

Auch Filme wie «Heimat» (Edgar Reitz), «Sonnenallee», «Herr Lehmann» (Leander Haußmann) und «Good Bye, Lenin» (Wolfgang Becker), aufwendige Fernsehspiele von Heinrich Breloer über Willy Brandt, Herbert Wehner und Albert Speer ebenso wie TV-Dokumentationen über den Terrorismus («Black Box

BRD») oder die Verfilmung des Untertage-Dramas von Lengede sind Versuche einer Selbstverständigung. Es darf sogar gelacht und geweint werden bei dieser durchaus emotionalen Aneignung der eigenen Geschichte, auch wenn die «Ostalgie»-Welle, die im Sommer 2003 mit Pittiplatsch, Soljanka, Henry Maske und Kati Witt in FDJ-Bluse über Millionen Fernsehzuschauer hereinbrach, eher ein Grund zum Schreien und Davonlaufen war.

Selbst die Revolte von 1968, über die nun wirklich alles gesagt scheint, wird immer wieder in neues Licht getaucht. Während Konservative und Liberale noch die akute Leseschwäche, angebliche Gewaltbereitschaft und klassische Unbildung der nabelfrei herumlaufenden Jugend auf die antiautoritäre Erziehung und die Auflösung aller bürgerlichen Werte in den bösen siebziger Jahren zurückführen, versuchen ehemalige Protagonisten der Protestbewegung, nach all der Zeit ihren eigenen, fast schon vergessenen Motiven noch einmal nachzugehen. So hat der Schriftsteller und Altkommunarde Ulrich Enzensberger, jüngerer Bruder von Hans Magnus, mit seinem 400-seitigen Bericht über «Die Jahre der Kommune I. Berlin 1967 – 1969» (2004) ein minutiöses und anschauliches Bild dieser Episode geliefert, die den Mythos der Epoche mitgeprägt hat.

Die Versatzstücke dieses Mythos zwischen Puddingattentat und ausgehängten Klotüren, Fritz Teufel und Uschi Obermaier zitiert Enzensberger noch einmal im fast dadaistischen Stakkato einer wüsten Selbstbezichtigung: «Wir sind das Schlangenei, aus dem die Rote-Armee-Fraktion gekrochen ist. Wir sind die Erfinder der Spaßgesellschaft. Wir waren die Ersten, die auf den irren Gedanken kamen, ein Kaufhaus in Brand zu stecken. Einer war das Alphamännchen. Wir hatten alle einen Kopfschuss. Gruppensex. Antisemiten. Unser Vorbild war Mao. Alles nicht wahr. Da waren gar keine Frauen dabei. Die hatten Orgasmusprobleme. Terroristen. Das Problem war der Abwasch. Wir wollten schockieren. Spaßguerilla ...»

Auch 37 Jahre danach wird leidenschaftlich gestritten über das, was war – selbst über die Ikone der deutschen 68er, Rudi Dutschke, der im Dezember 1979 an den Spätfolgen des Attentats vom Gründonnerstag 1968 starb. Wochenlang wogte im Frühjahr 2005 in der *taz* eine Debatte über Dutschkes Verhältnis zur Gewalt, zugleich über die historische Bedeutung von «1968» insgesamt.

Es war nicht zuletzt die Gelegenheit zu einer radikalen Entmythologisierung: «Die Studentenbewegung und Dutschke mit ihr haben Deutschland nicht liberalisiert», schrieb Arno Widmann, Publizist und ex-maoistischer 68er-Elch. «Sie haben den Prozess der Liberalisierung dieses Landes verzögert. Sie waren nicht Agenten des Fortschritts. Sie haben ihn aufgehalten. Sie haben bis weit in die Siebzigerjahre hinein versucht, die Welt durch die in den Zwanzigerjahren bereitgestellten Gläser zu betrachten. Es dauerte Jahre, bis sie merkten, dass sie mühsam die Kratzer in ihren Brillen analysierten statt die Welt dahinter.»

Eine schön pointierte Analyse, die auf ihre Entgegnung nicht lange warten musste. Das Ganze war ein weiterer Markstein deutscher Debattenkultur, die in ihrer Akribie und Ausdauer weltweit ihresgleichen sucht. Aber so richtig warm ums Herz wird einem bei alldem nicht. Ein selbstverständlicher, normaler Umgang mit der eigenen Geschichte ist das kaum – und kann es auch nicht sein.

Deshalb versucht es der Bremer Historiker Paul Nolte («Generation Reform»), Jahrgang 1963, einmal ganz anders. Statt der Vergangenheit nimmt er die Zukunft ins Visier: «Eine Nation braucht eine Idee, einen Begriff von sich selbst», schreibt er in seinem Beitrag «für die reflektierte Republik»: «Deutschland denken» (2005) – einen aufgeklärten «Patriotismus der

Zukunftsgestaltung und Selbstverbesserung». Ein «neuer Realitätssinn» müsse sich mit der Leidenschaft für das eigene Gemeinwesen verbinden.

Doch es ist charakteristisch, dass Nolte, der im deutschen Fernsehen oft und gern zur schwierigen Lage der Nation befragt wird, am Ende zu einem Wort des amerikanischen Philosophen Richard Rorty greift, um auf Englisch zu erklären, was er den Deutschen eigentlich sagen will: «Achieving Our Country». Das also ist des Pudels Kern. Achieving our country.

Aber es ist eben auch poodle's problem. «Achieving» heißt Ziel erreichen, ankommen, aneignen, gewinnen. Schon klar, worum es geht: Wo wir uns finden. Gewiss. Aber wo genau? Etwa nach der etwas ungenauen Wegbeschreibung in jenem berühmten Abendlied von 1838, das jeder noch aus seiner Kindheit kennt: «Kein schöner Land in dieser Zeit/ Als wie das uns're weit und breit/ Wo wir uns finden/ Wohl unter Linden/ Zur Abendszeit»? So schön, so einfach schwebend, romantisch, heimatverbunden und naturnah, gleichsam wie von selbst? Die anhaltende Welle deutscher Selbsterforschung spricht eher dagegen.

Es bleibt wohl dabei: Der Weg ist das Ziel. Wenn es sein muss bis «hinterm Horizont, immer weiter», wie Udo Lindenberg, selbst ernannte «Nachtigall» des deutschsprachigen Rock, auf seinem langen Weg von der «Andrea Doria» über den «Sonderzug nach Pankow» bis ins Hamburger Hotel «Atlantic» unverdrossen singt und röhrt und krächzt.

So weit, so gut. Was aber ist denn Heimat? Ganz einfach, sollte man denken – der Ort, an dem man geboren wurde und aufwuchs, dort, wo man die Kindheit verbrachte, zur Schule ging, die erste Freundin hatte und mit jeder Brombeerhecke, jedem Birnbaum und jeder baufälligen Baracke eine Erinnerung verbindet, die einem das Herz zusammenschnüren kann. Den unfehlbaren Heimat-Beweis liefert die unvermeidliche Rührung beim Besuch jener Stätten der Kindheit. Sie haben Spuren hinterlassen, die niemals verwischen. Sie bilden eine Art innerweltlicher Transzendenz, ein unzerstörbares Paradies.

Aber das scheint nicht zu reichen. Nicht denen jedenfalls, die sich auf die Suche nach der Letztbegründung jenes Begriffs begeben, den es zum Beispiel im Französischen gar nicht gibt. Weder «pays», «patrie» noch gar «terroir» bedeutet Heimat. Auf dem terroir wächst vor allem Obst, Wein und Gemüse. Exquisite Gänsestopfleber hat ihr terroir, die Prunes d'Agen ebenso wie das Poulet de Bresse, während die Engländer sowieso nur ihr «home» kennen, das nicht selten auch ihr «castle» ist. Mit oder ohne eigenen Gärtner.

Da muss also mehr sein. Etwas Tieferes, Geheimnisvolleres. Zugleich etwas, das einer verbindlichen politischen Interpretation harrt. Auf einer ganzen Zeitungsseite der FAZ machte sich Christoph Böhr, Jahrgang 1954, immerhin stellvertretender Vorsitzender der CDU und Aspirant auf das Amt des rheinland-pfälzischen Ministerpräsidenten, unlängst großräumige Gedanken zur Heimat und nannte das Ergebnis eine «Skizze über Patriotismus».

Heimat, meint er, sei das «Bekenntnis zu Einstellungen, Tugenden und Regeln, die Fähigkeit, zwischen gut und schlecht unterscheiden zu können – und die Erfahrung, dass diese Fähigkeit missachtet werden kann.» Wem das eine Spur zu vage ist, der findet womöglich in Böhrs Versuch, Patriotismus zu definieren, Halt und Genugtuung: «Patriotismus geht weit über das Territoriale und Geographische hinaus», sagt er. Er sei die «gefühlte und gewollte Bereitschaft zur Behauptung einer Überzeugung vom Wert des Menschen – und von der Vorstellung der Bedingungen, die gewährleistet sein müssen, damit diese Überzeugung kein leeres Wort bleibt». Aah ja, hört man Loriots Knollennasenmännchen murmeln.

Der furiose Schluss des umfänglichen Essays spricht für sich: «In diesem Sinne ist Patriotismus die Triebfeder für ein Handeln, das Maß nimmt an der Einzigartigkeit des Menschen und der Unverwechselbarkeit seiner Würde. Im Patriotismus wächst aus der Selbstachtung eines Menschen die Selbstverständlichkeit der Wertschätzung des anderen, dem wir in gleicher Würde verbunden sind. Wenn die Erfahrung, Heimat zu haben, wesentlich geworden ist, denkt und handelt ein Mensch patriotisch. Patriotismus ist am Ende keine Ausgrenzung, sondern eine Einladung: teilzuhaben an den aus unserer Geschichte erwachsenen, maßgebenden Grundsätzen der Menschlichkeit, des Lebens, Denkens, Fühlens und Handelns.»

Wer jetzt noch Fragen hat, dem ist wohl wirklich nicht zu helfen. Patriotismus und Heimatliebe, so lernen wir aus dieser Exegese, ist im Grunde alles, jedenfalls alles, was gut, wahr und schön ist. Und wieder grüßt die bundesrepublikanische Maxime des Pro bono contra malum: Niemand weh und allen wohl. Statt die Sache abzugrenzen, wie es sich für eine Definition gehört, die immer auch eine Distinktion ist, wird einfach alles pantheistisch eingemeindet.

Jeder kann mitmachen, wenn er nur guten Willens ist. Die frohe Botschaft lautet: Patriotismus heilt am Ende alle Wunden. Gott ist in jedem Patrioten, und jeder Patriot ist bei Gott. In einem Wort: «Wer Heimat hat, ist nicht verloren». Und wer hätte wohl keinen Birnbaum der seligen Kindheitserinnerung? Am Ende bleibt die klassische Tautologie: Der Bäcker backt, der Schneider schneidert, und wer Heimat hat, denkt patriotisch.

Böhrs christdemokratischer Kollege aus Wiesbaden, der hessische Ministerpräsident Roland Koch, der nach Angela Merkel einmal Bundeskanzler werden könnte, liebt es weniger protestantisch, dafür martialischer und gern ein bisschen klirrend. Er spricht lieber gleich von «nationaler Identität», «Schicksalsgemeinschaft» und einer «gelebten Liebe zum Vaterland».

Wer etwa den deutschen Pass nur aus Gründen der Rechtssicherheit anstrebe, warnte er im Frühjahr 2005 in seiner Rede auf einem Landesparteitag der CDU in Marburg, «mit dem müssen wir reden»: Eine «Schicksalsgemeinschaft» sei schließlich «keine Passansammlung».

Gerne würde man erfahren, wie, mit welchem Nachdruck und welchen Argumenten hier «geredet» würde, wahrscheinlich «Tacheles» – und wie der glückliche Inhaber eines deutschen Passes seine «gelebte Liebe» zum Vaterland glaubwürdig und mit guter Sozialprognose unter Beweis stellen könnte. Würde er im positiven Falle automatisch in die deutsche «Schicksalsgemeinschaft» aufgenommen? Und was wäre dann sein eigenes Schicksal? Vergessen wir nicht, er säße auch in einer Schicksalsgemeinschaft mit Rolf, 51, dem schwanzgesteuerten Talkshowgast und passionierten Thailand-Flieger mit dem IQ eines sauerländischen Feldhamsters – aber auch mit dem deutschen Staatsbürger Mustafa, der einen Gemüseladen in Neukölln betreibt, immer «krass drauf» ist in seinem tiefer gelegten schwarzen BMW und nichts gegen so genannte Ehrenmorde an jungen Türkinnen einzuwenden hat, wenn damit bloß die Ordnung der Geschlechter wieder ins patriarchalische Lot gebracht wird.

Auch ohne Sarkasmus und semantische Beckmesserei zeigt sich jedenfalls, dass auf den bisherigen Versuchen, deutsche Vaterlandsliebe gleichsam normativ zu definieren, kein Segen liegt, schon gar nicht Klarheit und Eindeutigkeit. Es sind meist verkrampfte Bemühungen, eine nationale Verkrampfung abzubauen. Dabei sind sie auch noch unhistorisch.

In den vergangenen Jahrhunderten gab es nicht wenige glühende deutsche Patrioten, die es als ihre erste nationale Pflicht ansahen, umgehend eine Revolution gegen die eigene Obrigkeit anzuzetteln, und bis heute gilt, dass es manchmal patriotischer ist, sich zu schämen als zu triumphieren, zu schweigen als lautstark mitzusingen. Manchmal allerdings auch umgekehrt. Ein weites Feld. Und ein schwieriges Terroir.

Die beiden geschilderten Anläufe, durchaus repräsentativ für konservative Versuche, einen deutschen Patriotismus sechzig Jahre nach dem Ende des Nazi-Regimes zu begründen, scheitern nicht zufällig an demselben Problem – daran, dass es hier um ein Gefühl geht, das grundsätzlich Sache des Individuums ist und eben keine Theorie, keine Weltanschauung, keine politische Position, allenfalls eine örtliche Überlieferung, etwas Tradiertes, allmählich Gewachsenes. Eine subjektive Empfindung, die der einzelne teilt oder eben nicht.

Man kann dieses Gefühl nicht definieren, schon gar nicht dekretieren oder zum allgemeinen Maßstab eines erwünschten staatsbürgerlichen Verhaltens machen. Etwas anderes ist es, wenn, wie beim Fall der Mauer im November 1989, Millionen Menschen zur gleichen Zeit ganz ähnliche Empfindungen haben, Freude und Erleichterung spüren. Allerdings hatte da niemand etwas gefordert oder verordnet.

Und selbst damals zerfiel eine angeblich nationale Schicksalsgemeinschaft rasch wieder in Ossis und Wessis, Gewinner und Verlierer, Freunde und Feinde, Deutsche und Nicht-Deutsche, Parteien, Interessengruppen aller Art und viele verschiedene Individuen mit gegensätzlich verlaufenen Biographien – das untrügliche Kennzeichen einer modernen, offenen Gesellschaft. In ihr muss der ehemalige Stasi-Spitzel genauso seinen Weg suchen wie sein Opfer, das wegen ihm jahrelang unschuldig im DDR-Gefängnis saß.

Dazu kommt ein logisches Problem für jene, die Heimatliebe und Patriotismus immer wieder in die politische Auseinandersetzung einführen wollen: Wer einen deutschen Patriotismus von allen ideologischen, erst recht von nationalistischen Bezügen reinigen will und deshalb vornehmlich universell gültige Werte wie Menschlichkeit und Menschenwürde anführt, die genau so oder ähnlich in der Charta der Vereinten Nationen niedergelegt sind, der entleert seinen vermeintlichen Kampfbegriff gleich selbst und gerät schnell ins Ungefähre und Beliebige: Hier die Selbstverständlichkeiten einer demokratischen Gesellschaft, dort die subjektiven Gefühle, die sowieso jedem freistehen.

Dazwischen bleibt nicht viel außer leeren Worten und schillernden Phrasen.

Schon die Debatte über eine «deutsche Leitkultur» im Herbst 2000 litt unter diesem Dilemma des definitorischen Horror Vacui. Denn was «Leitkultur» eigentlich genau sein sollte, konnten nicht einmal ihre vehementesten Verfechter sagen. Gibt es etwa eine deutsche Lebens- und Geisteskultur, auf die man sich einigen und zugleich alle Bürger verpflichten könnte? Existiert etwa ein Kanon dessen, was das politisch-kulturelle Deutschsein ausmacht – Eigenschaften, Vorlieben, ästhetische Besonderheiten, Grundwerte und Sekundärtugenden? Womöglich ein bestimmtes Verhältnis zur Natur oder zur Arbeit, Alltagsgewohnheiten und Freizeitaktivitäten?

Gar die Religion? Bayerische Trinkrituale, ostfriesische Weihnachtsbräuche und die strategische Urlaubsplanung paarungsunwilliger Hamburger Yuppies?

Stehen demnach Freiburger Punks mit gefärbtem Irokesenschnitt, asthmatische Atheisten aus Arkona und unrasierte Gewohnheitstrinker aus Detmold außerhalb des wahren Deutschseins?

«Wer zahlt, wählt, lernt und sich an die Gesetze hält, muss gar nicht mehr integriert werden – er gehört schon dazu» – so bringt der Publizist Norbert Bolz die Sache, zugegeben: ziemlich unromantisch, auf den Punkt. «Mehr an gesellschaftlicher Homogenität gibt es nicht», lautet sein ernüchterndes, fast schon schroffes, aber wohl zutreffendes Resümee. Kurz: Es gehe darum, Kultur nicht als Identität, sondern als Differenz zu verstehen.

Für Intellektuelle mit ausgeprägter New-York-Affinität und dynamische «Bobos» aller Branchen mag dieser Befund eine bloße soziologische Selbstverständlichkeit sein, nicht aber für die Mehrheit derer, die sich auf Handfestes, Vertrautes und Verlässliches stützen wollen, etwas, das nicht dem politischen Tageskampf und den Unbilden der chaotischen und bedrohlichen Weltläufte ausgesetzt ist. Sie brauchen, im Gegenteil, mehr wärmende Homogenität als kühle Differenz, um in den Zeiten ungestümer Globalisierung einen Rest sozialer Geborgenheit zu bewahren. Wer will, könnte auch das ein Bedürfnis nach Heimat nennen.

Doch auch diesen Menschen, unter ihnen viele Ostdeutsche, Rentner, jugendliche Arbeitslose und Hartz-IV-Empfänger, hilft kein patriotisches Thesenpapier über die «gefühlte und gewollte Bereitschaft zur Behauptung einer Überzeugung vom Wert des Menschen». Was ihnen fehlt, ist die Überzeugung, selbst einen Wert zu haben: Selbstwertgefühl und Selbstbewusstsein, und eine Zukunft, auf die sie sich freuen könnten, deren prinzipielle Offenheit anziehend wirkt statt abschreckend.

Bislang aber ist das im Wortsinn multikulturelle Versprechen der Differenz eine Herausforderung, die ihnen eher Angst macht als Lust auf Veränderung. «Heimat Babylon», Titel eines klugen Buches von Thomas Schmid und Daniel Cohn-Bendit über «das Wagnis der multikulturellen Demokratie» (1992), dürfte gerade ihnen ein Schreckgespenst sein. Denn der zivile Umgang mit den unterschiedlichen sozialen und kulturellen Realitäten setzt jenes wache Selbstbewusstsein schon voraus, dem eigentlich erst auf die Beine geholfen werden soll. Wenig gedient wäre auch den eher praktisch Veranlagten, wenn sie hörten, dass offene Gesellschaften eben «ohne substanzielle Mitte» auskommen müssen, «ohne eindeutig definierbaren ethnischen, moralischen, kulturellen oder religiösen Identitätskern», wie der Publizist Richard Herzinger («Republik ohne Mitte») zu Recht formuliert hat. Doch diese Analyse verstärkt naturgemäß die Unsicherheiten und Befürchtungen.

Jenen Menschen, die inzwischen zu einer neuen Unterschicht gezählt werden, die vom normalen gesellschaftlichen Leben in Deutschland weithin ausgeschlossen ist, fehlt gerade ein solcher «Identitätskern». Auf seine scheinbar unaufhaltsame gesellschaftliche Aushöhlung reagieren diejenigen, die sich sowieso schon sozial ausgegrenzt und nutzlos fühlen, zunehmend mit einer Mischung aus Apathie und Aggression. Sie sind tatsächlich nicht mehr richtig «zu Hause» – weder in ihrem eigenen Leben noch in dem Land, in dem sie geboren wurden und dessen Pass sie besitzen. Wie es um ihre gelebte Liebe zum Vaterland bestellt ist, möchte man lieber gar nicht wissen. In ihrer mal offenen, mal unterschwelligen Fremdenfeindlichkeit, die sich gerne mit kruden antiamerikanischen und antisemitischen Ressentiments verbindet, äußert sich zugleich eine unbewusste Selbstablehnung, die bis zur Selbstzerstörung gehen kann. Wer durch bestimmte Straßen in Berlin-Neukölln, München-Haidhausen oder Hamburg-Wilhelmsburg spaziert, der begegnet diesem Phänomen auf Schritt und Tritt – und fühlt sich plötzlich selber in der Fremde, fast in einem anderen Land.

Doch all der Hass, in dem viel enttäuschte Liebe und fehlende Anerkennung stecken mag, ist überwiegend Selbsthass und Misanthropie, eine aggressive Resignation vor dem Leben selbst.

Schon ein kurzer Blick in die nachmittäglichen Talkshows des deutschen Fernsehens offenbart das ganze Panoptikum dieser

Krämpfe Mensch gegen Mensch, einen geradezu hirn- und heimatlosen Höllenzirkus, in dem die einzige Wahrnehmungsweise die zentimeterdichte Nahdistanz ist, Anbrüllen und Demütigung des anderen, Treten und Getretenwerden, eine Ausweitung der Kampfzone bis in die Eingeweide.

Der Vergleich mit spätrömischen Zuständen ist hier nicht völlig aus der Luft gegriffen, und wenn Harald Schmidt, der selbst jahrelang auf Sat. 1 sendete, nun vom «Unterschichtfernsehen» spricht, ist das mehr als böse Selbstironie. Gerhard Schröders coole neue Mitte von 1998 jedenfalls wirkt in dieser sozialen Sphäre nur noch wie ein vexierhaft glitzernder Katalysator gesellschaftlicher Auflösungserscheinungen.

«Von den Visionen ist im Wesentlichen nur die Erregung zurückgeblieben, die sich nun gleichsam ziellos Wege der Energieabfuhr sucht», kommentiert Richard Herzinger diese Entropie. Was bleibt, sind Schübe einer hysterischen Emotionalisierung, die sich nicht zuletzt aus der Desillusionierung speisen, welche die Agenda der Modernisierung mit sich bringt, ganz egal, wer gerade regiert.

Es ist wohl keine allzu kühne Behauptung, dass die Leerstellen, die in den Feuilletondebatten über Patriotismus und Heimatliebe ebenso sichtbar werden wie bei den alltäglichen Anstrengungen, dem Leben einen Sinn, eine vernünftige Perspektive oder gar ein glückliches Ziel abzugewinnen, vor allem mit Hilfe der medial inszenierten Tagesaufregungen gefüllt werden.

Über deren Zynismus ist beinah alles gesagt, weniger über ihre Wirkungen auf die Selbstwahrnehmung und das Selbstbewusstsein der Gesellschaft. Auch wenn das Phänomen weltweit verbreitet ist, fällt es doch in Deutschland auf besonders fruchtbaren Boden.

Die Bereitschaft, sich irre machen und von öffentlicher Erregung in lodernde Flammenmeere geliehener Leidenschaft oder Abgründe von Depression tragen zu lassen, ist groß und klassenübergreifend. Und: Die Anfälligkeit für Tatarenmeldungen aller Art hat nichts mit dem Intelligenzquotienten zu tun. Manchmal sind es gerade die Klügeren und Empfindsameren, die sich mit Wonne und Begeisterung ins Bockshorn jagen lassen. Hauptsache, man hat wieder etwas gespürt und sich mit Feuer einer großen Sache angenommen, auch wenn der Ort des Abenteuers als «inneres Erlebnis» (Ernst Jünger) nur das eigene Sofa ist.

Schon Ende der achtziger Jahre des vorigen Jahrhunderts hatte der Philosoph Norbert Elias in seinen gesammelten «Studien über die Deutschen» festgestellt, dass viele Bundesbürger in ihrer eigenen Gesellschaft offenbar nichts entdeckten, «was dem Leben Sinn, Wert und Richtung geben könnte». Ähnliches war Jahrzehnte zuvor Sebastian Haffner aufgefallen, als er über die krisenhaften, aber vergleichsweise friedlichen zwanziger Jahre schrieb, dass ganze «Jahrgänge junger und jüngster Deutscher daran gewöhnt worden waren, ihren ganzen Lebensinhalt, allen Stoff für tiefere Emotionen, für Liebe und Hass, Jubel und Trauer, aber auch alle Sensationen und jeden Nervenkitzel sozusagen gratis aus der öffentlichen Sphäre geliefert zu bekommen – sei es auch zugleich mit Armut, Hunger, Tod, Wirrsal und Gefahr.»

Damals lagen Kaiserzeit, Weltkrieg, Revolution und Inflation gerade hinter den Menschen, die sich in der Zwischenzeit einer geradezu fanatischen Sportbegeisterung hingaben, während Hitler schon vor der Türe stand.

Heute ist es die geschichtsphilosophische Auszehrung, Enttäuschung und Erschöpfung, die das existenzielle Bedürfnis nach medialer Rundum-Unterhaltung und Dauererregung nährt. Sie wirken wie eine hochdosierte Infusion von Welthaltigkeit, wie

Adrenalinspritzen zur Erzeugung einer wenigstens eingebildeten Lebensintensität. In den ersten drei Monaten des Jahres 2005 zum Beispiel war eine ununterbrochene Abfolge öffentlicher Erregungen zu beobachten, die nahezu das gesamte politische und gesellschaftliche Leben beherrschten. Den Anfang machte die wahrhaft biblische Flutwelle des Tsunami in Südostasien, der 300 000 Menschenleben kostete. Nicht nur die Wirklichkeit dieser Katastrophe, auch die Fernsehbilder von den Verheerungen an den Küsten des Indischen Ozeans bedrückten die Menschen im Innersten. Zugleich schuf die nahezu pausenlose Information einen ganz eigenen Seelenzustand, eine Art permanente Alarmstimmung in den deutschen Wohnzimmern. «Brennpunkt» und «Spezial» rund um die Uhr, Alptraumbilder wie im Dauerrausch, Gefühlsnotstand und geistige Erschöpfung.

Viele Reporter leisteten hervorragende Arbeit – genauso wie die rasch entsandten deutschen Helfer und viele Privatpersonen –, aber schon die erste TV-Spendengala, bei der die Vorstände großer Unternehmen, *Bunte*-Promis und Formel-1-Fahrer publikumswirksam um den millionenschwersten Scheck wetteiferten, der in die Kameras gehalten werden durfte, hinterließ ein unangenehmes Gefühl. Gewiss, es wurde ein Rekordergebnis eingefahren, Deutschland war für einen Moment Spendenweltmeister, was sonst, und die individuelle Trauer war echt.

Doch in ihrer fernsehgerechten Präsentation verwandelte sie sich mehr und mehr in Gefühlskitsch und künstliche Erregung. Entsetzen und Demut vor dem hunderttausendfachen Tod schlugen im Augenblick ihrer Direktübertragung in Koketterie und Eitelkeit um, in Wichtigtuerei und peinliche Betroffenheitssymbolik. Manch einer mochte sich da an Jean Baudrillards Begriff von der postmodernen «Simulationsgesellschaft» aus den achtziger Jahren erinnert fühlen.

Mag sein, dass all das unvermeidlich und niemandem persönlich vorzuwerfen ist. Aber es kommt hier auf Wirkung und Funktion an: Die Bilderflut des Tsunami wurde zu einem Lebensdrama aus zweiter Hand. Wie ein großes Passions- und Ersatzschauspiel leuchtete seine machtvolle Inszenierung bis in den hintersten Winkel der brandenburgischen Provinz und bewegte die einsamsten Seelen.

Dass zur gleichen Zeit Zehntausende Frauen und Kinder in der sudanesischen Provinz Darfur einen elenden, aber weltweit unbemerkten Tod starben, spielte keine Rolle.

Wer diesen Umstand nicht wahrhaben wollte, wurde spätestens in jenem Augenblick eines Besseren belehrt, als der Münchner Modemacher Rudolph Moshammer starb, offenbar von einem Strichjungen ermordet. Nur absolute Zyniker würden sagen: Es passierte gerade rechtzeitig. Doch tatsächlich hatte die sinnstiftende Erregungsmacht des Tsunami nach einigen Wochen deutlich nachgelassen, und so traten, von einem Tag auf den anderen, Mosi & Daisy an die Stelle des Tsunami.

Eine ganze Woche lang nahm der Tod des barock-skurrilen und populären Society-Promis fast die gesamte Aufmerksamkeit der Berliner Republik in Anspruch. Berühmte Friseure zeigten sich genauso bestürzt wie Spitzenpolitiker und Kollegen aus der Showbranche. In der Boulevardpresse wurde spekuliert, ob Daisy den Mörder gesehen habe und ihn mit eindeutigem, gleichsam sprechendem Bellen womöglich identifizieren und erfolgreich überführen könne.

Tausende Tierfreunde sorgten sich derweil um den Verbleib des herrchenlosen Vierbeiners und boten fürsorglich ihre Hilfe an. Es wurde viel getrauert und geweint zwischen Stachus und Maximilianstraße. Mit Mosi war eben auch ein Gutteil der Spaßgesellschaft aus den Neunzigern dahingegangen. Seine pompöse Beerdigung in der überdimensionalen Hausgruft, an der Daisy mit schwarzer Schleife teilnahm, wurde von mehreren Fernsehsendern live übertragen.

Wie bei einer psychologischen Verschiebung waren die Affekte plötzlich auf ein anderes Objekt übergegangen, das gefühlsmäßig ähnlich intensiv besetzt war. Das Drama der «ins Haus gelieferten Wirklichkeit» als «Phantom und Matrize» (Günther Anders) erfüllte zweifellos viele individuelle Sehnsüchte und weckte Erinnerungen an vermeintlich bessere Zeiten – an damals vielleicht, als Harz noch ein schönes Mittelgebirge war, Mallorca fast das siebzehnte Bundesland geworden wäre und Norbert Blüm in bestem Hessisch und genauso unverdrossen rief: «Die Renten sind sischer!»

Doch es blieb kaum Zeit, elegischen Gedanken dieser Art allzu lange nachzuhängen, denn unmittelbar darauf brach die Schiedsrichter-Affäre los, die den deutschen Fußball, den DFB, ja die ganze deutsche Sportnation an den Rand des Abgrunds führen sollte. Jedenfalls für zwei Wochen. Die Korrumpierbarkeit einer Hand voll Männer in kurzen Hosen zog das Land, gut ein Jahr vor der Fußballweltmeisterschaft 2006, in seinen finsteren Bann.

Und wieder bewährte sich die Medienmaschine mit *Bild* und «Glotze» an vorderster Front. Auch ein zweiter Tsunami (den es kurz darauf tatsächlich gab, allerdings weitaus weniger folgenreich) hätte es nun schwer gehabt, gegen die Wucht der Schiri-Affäre anzukommen. Außerdem hätte er den internen Terminplan der orchestrierten Volkserregung durcheinander gebracht.

Mehr als eine Großkatastrophe pro Tag geht nicht – diesen Richtwert nannte vor Jahren schon Hanns Joachim Friedrichs, «Tagesthemen»-Moderator seligen Angedenkens und ein welterfahrener Journalist, der alles andere als ein Zyniker war.

So ergab sich, wie Harald Schmidt als Erster bemerkte, eine

klare, freilich unvollständige und vorläufige Ordnung der Dinge: Tsunami, Mosi, Schiri.

Dass jetzt «Nazi» folgen musste, war nur logisch im sechzigsten Jahr nach Kriegsende, in dem die Erinnerung an Untergang und Befreiung mit kalendarischer Präzision vonstatten ging. Der mediale Ausnahmezustand wegen des NPD-Aufmarsches in Dresden an jenem Februarsonntag 2005, an dem sich die Bombardierung der Stadt durch alliierte Flieger zum sechzigsten Male jährte, war deshalb ein weiterer Höhepunkt intensiv gefühlter Zeitgenossenschaft.

Nicht die berechtigte Empörung ist dabei bemerkenswert, sondern die hysterische, alles andere verdrängende Fixierung auf ein Ereignis, als seien in ihm Wohl und Wehe des ganzen Landes beschlossen. Empfindliche, aber etwas ungenau unterrichtete Gemüter in Übersee mussten glauben, der Führer sei wiederauferstanden und marschiere nun, wie einst Napoleon über Grenoble nach Paris, mit seinen Getreuen über Dresden und Luckenwalde zurück in die deutsche Hauptstadt, um die schmählich verlorene Macht endlich wieder an sich zu reißen.

Nachdem einen Tag später alles vorüber und die Republik wieder einmal gerettet war, zog umgehend und übergangslos ein neues klingendes Kürzel die öffentliche Aufmerksamkeit in seinen Bann. Nach Tsunami, Mosi, Schiri und Nazi hieß es jetzt rund um die Uhr «Visa» «Visa» «Visa»! Sofort wurde ein Untersuchungsausschuss des Deutschen Bundestages eingerichtet, eine bewährte Bühne für überlange Kammerspielaufführungen mit Laiendarstellern, die am Ende keiner mehr sehen will. Missstände bei der liberalisierten und per Erlass vereinfachten Visum-Erteilung vor allem an der deutschen Botschaft in Kiew, die fünf Jahre zurücklagen und, wenn überhaupt, einen schwer messbaren Schaden angerichtet hatten, wurden nun zu einem einzigen apokalyptischen Bild verdichtet: Hunderttausende Drogendealer, Zwangsprostituierte und Mafiakriminelle, die per massenhafter Visa-Erschleichung aus der Ukraine ins ahnungslose Deutschland eingesickert waren, um dort offenbar namenloses Unheil anzurichten.

Im Visier des «Visa-Skandals» war allerdings nur einer: Außenminister Joschka Fischer, eben noch für sein Tsunami-Krisenmanagement gelobt und seit Jahren Deutschlands populärster Politiker. Natürlich forderte die Opposition seinen sofortigen Rücktritt, wenn nicht Schlimmeres.

Sein anfänglich ungeschicktes Taktieren – ziemlich spät gestand er brummend eigene Fehler ein –, gab der medialen Skandalisierung noch Zucker, und so kam es, dass «Visa», der Plural kontrollierter Reisefreiheit in Europa, zur Großmetapher für Zwangsprostitution und Schwarzarbeit wurde, während der frisch gewählte ukrainische Präsident, noch gezeichnet von einem heimtückischen Giftanschlag seiner einst mächtigen Gegner, vor dem Deutschen Bundestag um die Aufnahme seines Landes in die Europäische Union warb.

Dann allerdings hätte sich die Visa-Frage endgültig erledigt.

So weit war man aber noch nicht. Noch während die Affäre auf mittlerer Temperatur weiter köchelte und der Schiri-Skandal fast schon vergessen war, erregte die Gemüter urplötzlich etwas Neues. Die spektakuläre Rekordarbeitslosigkeit von 5,2 Millionen Menschen, in erster Linie eine buchhalterische Folge der Hartz-IV-Umstellungen, brachte die CDU/CSU-Opposition blitzartig auf die Idee, eine PR-Kampagne in eigener Sache zu starten: «Pakt für Deutschland».

Das klang gut, das klang nach Weitblick, Patriotismus und Tatkraft. Nun aber.

Kanzler Schröder musste reagieren. Seine Antwort war der «Job-Gipfel». Das klang auch nicht schlecht. Jetzt sollten alle an einem Strang ziehen. Schließlich ging es um Deutschland.

Wieder einmal war die Aufregung groß, die Spannung wuchs ins Unermessliche.

Wenig später war sie, wie vorauszusehen, komplett in sich zusammengefallen.

Das politische Ergebnis selbst blieb unterhalb der Messbarkeit. Apropos: Ein paar Tage nach dem Job-Gipfel und kurz vor Ostern 2005 brach wie aus heiterem Himmel der Feinstaub-Alarm aus. Unwillkürlich fasste sich jeder zweite Deutsche an die Brust, spürte ein Kratzen im Hals und bekam es mit der Angst zu tun. Denn eines machte die Sache noch unheimlicher: Feinstaub ist unsichtbar, dafür aber exakt nachzuweisen und bis aufs Nanogramm genau messbar. Feinstaub ist die Hölle.

Zwar zeigten seriöse Umweltstatistiken, dass die Feinstaub-Belastung in Deutschland seit vielen Jahren stetig rückläufig ist, aber eine drei Jahre alte EU-Richtlinie hatte eben neue, schärfere Grenzwerte gesetzt, die die deutschen Behörden offenbar nicht so richtig ernst genommen hatten.

Nun war die Not groß und das Fernsehen voller dramatischer Berichte, die selbst den guten deutschen Staubsauger als erstrangige Emissionsquelle gemeingefährlichen Feinstaubs entlarvten.

Manche Experten rieten gar, lieber auf die Straße zu gehen als zu Hause Staub zu saugen.

Auf dem heimischen Wohnzimmerteppich sei es noch viel gefährlicher als an der vierspurigen Durchgangsstraße mit Schwerlastverkehr.

Bayerns Ministerpräsident Edmund Stoiber reagierte sofort und rief Umweltminister Schnappauf (!) aus dem Osterurlaub im grünen und praktisch feinstaubfreien Irland zurück nach München. Dort war der erste Alarm ausgelöst worden. In seinem feinstaubbelasteten Büro musste der arme Mann nun mit Hochdruck Pläne und Konzepte ausarbeiten, vom lokalen Fahrverbot über ausgeklügelte und juristisch wasserdichte Staubsaugerabluftfeinfilterverordnungen bis zum steuerlichen Anreiz für BMW-Cabrio-Fahrer, nur noch Autos mit serienmäßig eingebautem Dieselrußpartikelfilter zu kaufen.

Mitten im allergrößten Feinstaubwirbel ahnten jedoch besonders aufmerksame Fernsehzuschauer, dass ein neues, noch viel größeres Ereignis bald alle Aufmerksamkeit auf sich lenken würde. Ein unzweideutiges Menetekel: Am Nachmittag des 30. März 2005 erschienen zwei von drei Top-Meldungen des ARD-Teletextes direkt untereinander:

«Papst wird künstlich ernährt»/«Maradona schon 11 Kilo leichter.»

Drei Tage später starb Johannes Paul II., und von Stund an wurden, so schien es jedenfalls, alle Deutschen zu Katholiken. Das Fernsehen selbst glich einer einzigen ökumenischen Messe – wenigstens bis zum Ende der weltweit ausgestrahlten Trauerfeierlichkeiten. Kaum ein kurzfristig greifbarer und rhetorisch halbwegs versierter Pfarrer im Großraum Köln-Mainz, der nicht als Co-Kommentator ins TV-Studio geholt wurde.

Kurienkardinäle und andere hohe Würdenträger der römischen Kirche, eben noch als reaktionäre und frauenfeindliche Finsterlinge in der Tradition der Heiligen Inquisition geschmäht, wurden zu Helden des ergreifenden Augenblicks, und Antje Vollmer, grüne Bundestagsvizepräsidentin, forderte mit gläubigem Augenaufschlag die nachträgliche Aufnahme eines christlichen Bekenntnisses in die Europäische Verfassung. Nebenher entdeckte sie gleich noch eine bislang geheim gehaltene Verschwörung der amerikanischen Regierung gegen Johannes Paul II.

Als schließlich Joseph Kardinal Ratzinger zum ersten deutschen Papst nach fast 500 Jahren gewählt wurde, war die Kette der Sensationen komplett. «Wir sind Papst!», titelte *Bild* voller Nationalstolz, dessen geistiges Niveau im umgekehrten Verhältnis zur Menge der verwendeten Druckerschwärze stand.

Alle Deutschen saßen nun irgendwie mit auf dem Heiligen Stuhl in Rom. Habemus Papam Benedikt XVI. aus Marktl am Inn. Ein völlig neues, geradezu erhebendes Gefühl, auch wenn die englische Presse ihrem Ruf als sensible Beobachterin deutschen Weltmachtstrebens wieder einmal gerecht wurde und von «Panzerkardinal» Ratzinger und «Gottes Rottweiler» sprach. Die Schlagzeile der «Sun» fasste den Lebensweg des beinah Achtzigjährigen gewohnt prägnant zusammen: «Vom Hitler-Jungen zu Papa Ratzi».

Derweil wurde in Marktl am Inn schon das erste «Papst-Bier» ausgeschenkt.

Über Nacht buken die örtlichen Bäckereien leckere «Papst-Mützen» und duftendes «Vatikanbrot». Die Fernsehteams aus aller Welt griffen dankbar zu. «This is a spiritual thing für our town», sagte der Bürgermeister einem amerikanischen Reporter in fließendem Englisch.

Tsunami, Mosi, Schiri, Nazi und Feinstaub versanken derweil tief ins kollektive Unbewusste. Nach der fast dreizehnstündigen Vernehmung Joschka Fischers vor dem Untersuchungsausschuss des Bundestages am 25. April 2005, von mehreren TV-Sendern live übertragen, fiel auch die Visa-Affäre wie ein angestochenes Soufflé in sich zusammen.

Über die Diät-Fortschritte des argentinischen Fußballstars Diego Maradona wurde zunächst nichts weiter bekannt.

Dies alles wäre wenig mehr als ein schöner Stoff für ätzende Satiren, ginge es nicht zugleich um eine realistische Selbstwahrnehmung der Gesellschaft, um ein Selbstbewusstsein, das in der Lage ist, auch Stimmungen und Gefühle zu ordnen – um das grundlegende Bild, das sich die Bürger von ihrem Land und seiner Zukunft machen.

Es ist offensichtlich, dass die mediale Dauer-Rallye beliebig austauschbarer Gefühlsaufwallungen eine vernünftige Urteilsfähigkeit, in der Wichtiges von Unwichtigem zu scheiden wäre, kurzfristige Erregung von langfristigen Problemen, Einzelheiten von Zusammenhängen, immer mehr beeinträchtigt und in den Hintergrund all der aufgeregten Kurzzeit-Debatten drängt. Statt Lupe und Fernglas regieren Fieberthermometer und Pulsfrequenzmesser.

Der stetig wachsende Prognose- und Was-wäre-wenn-was-meinen-Sie-rufen-Sie-an-Wahnsinn treibt die Leute von einer virtuellen Ohnmacht in die nächste und anschließend in die Depression, irgendwo zwischen negativem Alltagsstress, diffusem Dauerleistungsdruck und schleichender Gefühlstaubheit. Jeder vierte Deutsche leidet inzwischen unter entsprechenden Symptomen. Psychische Erkrankungen nehmen gerade in der Altersgruppe der 20- bis 29-Jährigen massiv zu. Doch statt nüchterner Analyse und kritischer Überlegung, die auf Handeln zielen, dominieren nach wie vor sinnlose Hektik und Sensationsmacherei – pure Gruseleffekte, der Feinstaub der Mediengesellschaft.

Längst sind die Fieberkurven der Börse zum Maßstab auch der politisch seriösen Tagesanalyse geworden. «Der Massenboulevard wird fernsehartig», kommentierte Volker Zastrow im Leitartikel der FAZ, «also bildhaft, grob und vulgär moralistisch. Auch frühere Qualitätszeitungen folgen kurz, flach und bunt. Fernsehen, Boulevard und politische Illustrierte entwickeln sich in Deutschland unübersehbar zu einem Kartell. Darin wird rund um die Uhr in glänzendes Blech geprägt, was gut ist und was böse, was ‹in› ist und was ‹out›, wer oben und wer unten ist, was denkbar ist, was nicht.»

Dabei ist das Motto ganz schlicht, aber wirkungsvoll: Und täglich grüßt das Murmeltier. Selbst die Schlagzeilen ernst zu nehmender Zeitungen haben oft eine Halbwertzeit unterhalb der Nachweisgrenze, wenn sie nicht von vorneherein grob irreführend oder rein spekulativ sind und in ihrer Sprunghaftigkeit eher dem Minutenverlauf des Dax an der Frankfurter Börse entsprechen als dem selbständigen Denken der Redakteure, die es abends beim gemütlichen Bier selbstverständlich besser wissen. Aber sie wissen auch: So läuft das Geschäft.

Vor allem das lukrative und populäre Geschäft der pseudowissenschaftlichen Voodoo-Vorhersage, das in Deutschland immer noch mit dem kollektiven Unbewussten von irrwitziger Inflation und verheerender Massenarbeitslosigkeit zu Zeiten der Weimarer Republik verbunden ist.

Wo die Visionen fehlen, übernehmen die Zahlen das Kommando – eine sinnstiftende Ersatzfunktion, mal als buntes Karussell, mal als Horrorkabinett. Naturgemäß gehen sie heute hoch und morgen runter, ziehen die Stimmung in den Keller oder machen ein bisschen Hoffnung, wenigstens bis zur nächsten Ausgabe von «Börse im Ersten» oder dem ZDF-Politbarometer. 1,5 Prozent Wachstum oder 0,7 Prozent – das ist hier die Frage. «Kurse gestiegen, Kurse gesunken, der Herr hat noch ein Glas Wasser getrunken», sang Friedrich Hollaender 1927 in seinem Kabarettprogramm «Bei uns um die Gedächtniskirche 'rum». Den Ifo-Geschäftsklima-Index aus München konnte er allerdings nicht kennen.

Alle vier Wochen meldet der gefürchtete Klima-Index die gefühlten Erwartungen der großen Wirtschaft. Für die kleinere Wirtschaft gibt es das KfW-Ifo-Mittelstandsbarometer. Dann dräut schon der Gfk-Konsumklima-Index am Horizont, der den Verbrauchern und ihrer aktuellen Stimmungslage mindestens so professionell nachspürt wie ein jemenitischer Handaufleger. Dazwischen rührt sich, jeweils im Abstand weniger Wochen, der europäische Einkaufsmanager-Index, der DZ-Bank-Euro-Indikator und der DZ-Bank-Index.

Die Vorhersagen vieler Wirtschaftsforschungsinstitute wie DIW, WSI, IW, IfW, RWI und HWWA wollen da keinesfalls zurückstehen und versuchen tapfer, sich gegenseitig den astrologischen Rang abzulaufen. Besonders dickleibige Dokumente der ökonomischen Wahrsagerei sind die Frühjahrs- und Herbstgutachten der sechs führenden Wirtschaftsforschungsinstitute; aber auch die regelmäßigen Veröffentlichungen von Weltbank, Internationalem Währungsfonds, Bundesbank, Europäischer Zentralbank und der OECD halten mit und recken auf ihre Weise den Prognose-Finger in den Wind.

Die *FAZ* publiziert ihren monatlichen Konjunkturindikator praktischerweise gleich auf hauseigenem Zeitungspapier, und auch der Deutsche Industrie- und Handelstag (DIHT) hat seine Sicht der Wirtschaftslage immer pünktlich parat – genauso wie die großen deutschen Geschäftsbanken mit Research-Abteilung.

Selbstverständlich ist dies nur eine kleine Auswahl jener unzähligen Informationsquellen, aus denen pausenlos Zustandsbeschreibungen und Vorhersagen der wirtschaftlichen Entwicklung auf das verwirrte Publikum niederprasseln, wie unterschiedlich und unvergleichbar die jeweils angewandten Parameter auch sein mögen. «All diese Konvente und Konzile bilden eine einheitliche Gesellschaft zur Verbreitung des Glaubens», resümierte Guillaume Paoli im Feuilleton der *FAZ* das Treiben dieser mächtigen Trend-Expertokratie. «Ihre einzig erkennbare Leistung ist die Massenbeeinflussung des Verhaltens.»

Und so macht sich die deutsche Hysterie- und Panik GmbH inmitten dieser Flut täglicher Wasserstandsmeldungen immer wieder selber kirre. Selbst nachdenklichen Zeitgenossen wird es zuweilen ganz wuschig im Kopf, wenn das Stakkato aus Eilmeldungen, Gewinnwarnungen, Wachstumseinbrüchen und flüchtigen konjunkturellen Hoffnungsschimmern sich wieder einmal metaphernsatt überschlägt. Dem einen oder anderen mag da nur noch ein heißes Bad, eine persönliche Feng-Shui-Beratung oder, bei gutem Wetter, ein Spaziergang in frischer Luft seelische Erleichterung verschaffen.

Nur auf den hinteren Seiten der Wirtschaftsteile liest man dann und wann ein nüchternes Urteil über das ausufernde ökonomische Schamanentum, dessen offensichtliche Irrtumsanfälligkeit noch einer gründlichen Erforschung harrt.

«Wir gucken auf die Konsumklimaindizes eigentlich nur deshalb, weil die Finanzmärkte darauf schauen», bekannte im April 2005 ein führender Volkswirt der Commerzbank. Und warum schauen die Finanzmärkte darauf? Keine Ahnung, er weiß es auch nicht: «Warum die Märkte da so sehr darauf achten, ist uns auch ein Rätsel ... Für unsere Prognose der wirtschaftlichen Entwicklung spielt das Konsumklima keine Rolle.» Dafür sorgen die Stimmungskurven regelmäßig für einen schönen Sturm im Wasserglas und die anschließende Diskussion, ob das Glas nun halb voll oder halb leer sei.

Das offizielle Pontifikalamt der deutschen Wasserglasdebatte hat einen festen Ort und eine feste Zeit. Immer wieder sonntags ab 21.45 Uhr, wenn die Nation durch den soeben zu Ende gegangenen «Tatort» seelisch noch ganz aufgewühlt ist, wird das Ganze definitiv und für alle verbindlich zusammengefasst.

Die Christianisierung der deutschen Politik ist die perfekte Programmergänzung zum grassierenden Prognose-Wahn, das kongeniale Hintergrundrauschen zum Parkettlärm der Polit-Börsianer. Wer sich nach einer harten Arbeitswoche die letzte Deutschland-Dröhnung geben will, der ist hier genau richtig. Bei «Sabine Christiansen», dem kakophonen TV-Konklave aus journalistischen Profi-Durchblickern, die die einst wortführenden Intellektuellen weitgehend verdrängt haben, Spitzenkräften des rasenden Politbetriebs und ausgesucht redefreudigen Paradiesvögeln, wird jeden Sonntagabend das glänzende Blech der Woche zu Altmetall verarbeitet, das sieben Tage später wieder, neu ausgewalzt und frisch lackiert, auf den Tisch des Hauses kommt.

Eine knappe Stunde lang stieben die Funken, dann ist das Werk wieder vollbracht. Und das Blech klingt jeden Sonntagabend gleich: So kann es nicht weitergehen, so darf es nicht weitergehen, danke fürs Mitmachen, guten Abend und bis zum nächsten Sonntag!

Woche für Woche, so scheint es, steht Deutschland vor demselben Abgrund, kommt aber keinen Schritt voran. Ein Stillleben mit fünf Krawattenträgern und einer Dame. Ein deutsches Standbild. In ihm steckt die ganze Lage der Nation.

Die ganze? Nein. Von wegen. Das Stillleben ist auch eine Karikatur. Ein groteskes Zerrbild.

Das Problem ist nur: Die Nation findet den «Aus»-Knopf zu selten. Das stille Auge des Taifuns. Den Moment der Ruhe, in dem sich Linien und Konturen abzeichnen. Dann sähe sie klarer. Zuallererst würde sie das geradezu unverschämte historische Glück begreifen, das die Deutschen seit 1945 gehabt haben – trotz der ausgebombten und zerstörten Städte, trotz Vertreibung und Nachkriegselend.

Dieses Glück ist tatsächlich alles andere als normal und selbstverständlich. Es ist ein Wunder. Von ihm könnte man zehren, wie man von einer glücklichen Kindheit zehrt. Orientierung und Sicherheit gewinnen. Vor allem in Zeiten der Krise.

Selbstverständlich ist Deutschland in den vergangenen Jahrzehnten lockerer, ziviler, ja «mediterraner» geworden. Zum Beweis genügt ein vergleichender Blick ins Fernsehprogramm an einem verregneten Sonntagnachmittag, wenn die Spielfilmwiederholungen mit O. W. Fischer, Maria Schell und Ruth Leuwerik die fünfziger Jahre originalgetreu vor Augen führen.

Doch immer noch fehlt es nicht nur an einer realistischen Selbsteinschätzung, sondern auch an einer Einstellung zum Leben insgesamt, an einer Haltung, die bei allen Schwierigkeiten Gelassenheit mit Zuversicht verbände, die den Augenblick gelten ließe, auch wenn er mal nicht von kommenden Schrecken und Ungewissheiten kündete, sondern nur der Augenblick wäre, der zum Verweilen verführte. Er wäre immer auch der Augenblick einer Hoffnung, die neue Kraft verleiht, die dem Leben Substanz abtrotzt, am Ende vielleicht sogar Identität und Selbstbewusstsein, also auch Witz und eine Leichtigkeit des Daseins, die nicht mit Beliebigkeit zu verwechseln ist.

Etwas Ähnliches könnte der in England lebende deutsche Gelehrte Lord Ralf Dahrendorf im Sinn haben, wenn er davon spricht, dass in Deutschland «die Atemluft der Freiheit» fehle.

Dabei gibt es sie. Um sie zu spüren, reicht es manchmal schon, einfach vor die Tür zu gehen. Auf die Straße, in den Park, unter Leute. Und in den Abendhimmel zu schauen. Spielenden Kindern zuzusehen. Durchs Fenster ins Restaurant zu blicken, wo lachende Gäste ihre Gabeln mit der rechten Hand flink um die Spaghetti-Achse drehen. Sich aufs Fahrrad zu setzen und einfach loszufahren. In den nächsten Biergarten zu gehen. Bei der Eröffnung der Hannover-Messe 2005 Zeuge zu sein, wie ein Kosaken-Chor das «Niedersachsenlied» neu interpretiert. An einem sonnigen Donnerstagvormittag mit dem perfekt sächselnden «Käse-Berti» aus Annaberg-Buchholz im Erzgebirge am «Tiroler-Standl» auf dem Hackeschen Markt in Berlin auf die Geburt seines ersten Sohnes anzustoßen – selbstverständlich mit Rotkäppchen-Sekt. Den «Supergau Deutsche Einheit» für einen Moment zu vergessen und vom wunderbar restaurierten Schlosspark Babelsberg aus auf die Glienicker Brücke zu schauen, mit dem Auto die aufstrebende Uckermark zu erkunden oder am Berliner Spreeufer durch das fertig gestellte und frisch begrünte Regierungsviertel im Tiergarten zu spazieren. Mal wieder im Stadtmagazin *Zitty* zu blättern, wo die 30-jährige Schauspielerin Franka Potente («Lola rennt») nach einem Jahr in Los Angeles ihre deutschen Wurzeln offenbart: «Das habe ich auch am Umgang mit Handwerkern in den USA gemerkt. Wenn zum Beispiel ein Rohr verstopft ist. Da kommt einer, stellt sich davor, macht ‹hmmm› und kratzt sich am Kopf. In Deutschland kommt einer vom Fach und macht das einfach. In den USA bezahlt man hingegen unheimlich viel für solche Typen, die sich am Kopf kratzen.» Judith Holofernes von «Wir sind Helden» zuzuhören, Stefanie Kloß, der Sängerin von «Silbermond» oder Eva Briegel, der «Juli»-Sonne mit der «perfekten Welle». Auch Annett Louisan, die ja nur spielen will. Einen Abend mit dem Kabarettisten Dieter Nuhr zu verbringen. Alle «Pisa»-Studien zu vergessen und einfach wieder mal den eigenen Briefkasten zu öffnen und das «Große Deutschland-Quiz» der Post mit «Dankeschön-Paket» zu bearbeiten. Zum Beispiel Frage 5: «Wie heißen die beiden deutschen Dichterfürsten, die die Weltliteratur nachhaltig geprägt haben? Schiller & Goethe, Hauser & Kienzle oder Hennes & Mauritz.» Sich noch mal an Christian Ulmen und seine somnambulen Kreuzberger Tresen-Exzesse in «Herr Lehmann» zu erinnern und dann wieder mal zum Thai ins sonnenbeschienene «Goodtime» Chaussee-/ Ecke Torstraße zu gehen, von wo aus der Blick beim scharfen Hühnercurry Nr. 23 nach schräg gegenüber geht, zu Wolf Biermanns alter Wohnung Nummer 131, in der er sich in den sechziger Jahren selber Mut zusang mit Zeilen wie «Du lass Dich nicht verhärten/ In dieser harten Zeit», während sich unten die frierenden Stasi-Spitzel gegenseitig auf die Füße traten.

Jahrzehnte später – nach seiner Ausbürgerung durch das SED-Politbüro, nach Mauerfall, Wiedervereinigung, Stasi-Streit und zahlreichen persönlichen Beiträgen zur Grundsatzdebatte, wes des Deutschen Vaterland sei – hat Biermann sein Verhältnis zur nationalen Gretchenfrage in seiner unverwechselbaren wilden Liebe zur Dialektik wie zu Deutschland in Worte gefasst, denen schwer zu widersprechen ist:

«Wir können doch gar nicht anders, als dieses Land, in dem wir leben, zu lieben. Deshalb hassen wir es ja auch so.»

Über die Sache mit dem Hass, der oft eine Mischung aus Minderwertigkeitsgefühlen, Unwissen und schlechter Laune ist, könnte man ja noch einmal reden. Am Ende, nach weiteren fünfzig Jahren intensiver Identitätsdebatten, käme es womöglich so weit, dass die Bundesrepublik Deutschland tatsächlich ein ganz gewöhnliches, stinknormales, völlig harmloses, vielleicht sogar durch und durch langweiliges Land würde.

Ob die Deutschen dann glücklich wären?

Nachbemerkung

Es ist ein Selbstversuch der besonderen Art, sich monatelang fast ausschließlich mit Deutschland zu beschäftigen. Normal ist das jedenfalls nicht. Zwar ist Schreiben, neben der unabdingbaren Disziplin, immer mit einer eigentümlichen Ungewissheit verbunden, doch in diesem Fall hat sich das Objekt der Betrachtung während der Arbeit auch noch selbsttätig verändert.

Wer konnte etwa Anfang 2005 ahnen, dass die rot-güne Ära in einer derart hasardeurhaft untergangsbereiten Neuwahlentscheidung ihr Ende finden würde? Wer konnte ahnen, wie schnell Angela Merkel zur neuen deutschen Hoffnungsgestalt aufsteigen würde? Und wer hätte geglaubt, dass der nächste Papst aus einem kleinen Nest in Bayern stammen und in ganz Deutschland eine neue Begeisterung für den katholischen Glauben auslösen würde – selbst bei der sonst so unverständigen Jugend, die sich eben noch halb nackt auf der Berliner Love Parade gedrängelt hat. Womöglich war es auch kein Zufall, dass die über Jahre weltweit größte Techno-Party, die im Juli 2005 wieder stattfinden sollte, kurz nach der Amtseinführung von Benedikt XVI. endgültig abgesagt wurde. Was ist bloß geschehen, dass junge hübsche Mädchen plötzlich ganz verzückt von der starken Ausstrahlung eines Achtzigjährigen schwärmen, der rote Schuhe trägt, im Dienst vorwiegend Lateinisch spricht und keine Ahnung hat, wer oder was «Fettes Brot» ist?

Andererseits feiern deutsche Jugendliche den heiligen Karfreitag neuerdings als PS-starken «Car-Freitag». Statt sich demütig an die Kreuzigung Jesu zu erinnern, rasen sie mit qualmenden Breitreifen in den tödlichen Auto-Crash an der Bordsteinkante.

Aber auch der Autor dieses Buches, unweigerlich Teil seines Gegenstandes, sah sich immer wieder damit konfrontiert, dass seine Sichtweise auf das Thema heftigen Schwankungen unterworfen war. Von einer halbwegs exakten Versuchsanordnung konnte also keine Rede sein – ganz abgesehen davon, dass der Untersuchungsgegenstand sowieso jeden Rahmen sprengt und eigentlich gar nicht zu fassen ist.

Was ist zum Beispiel mit diesen gut aussehenden weltgewandten jungen Deutschen, die jahrelang im Ausland waren, drei Fremdsprachen sprechen, ein Dutzend Praktika hinter sich haben, beziehungsmäßig zwischen London, Madrid und München pendeln, nach jedem zweiten Satz «okaayy» sagen und trotzdem keinen passenden Job finden?

Was ist mit dem angeblich ewigen Ossi-Wessi-Streit, dessen atmosphärische Tiefenwirkung fürs Deutschlandgefühl so schwer zu beurteilen ist – trotz immer neuer Bücher zum Thema? Ironie der Geschichte: Nach jüngsten Erhebungen scheint Willy Brandt Recht zu behalten: Allmählich wächst tatsächlich zusammen, was gar nicht zusammengehören will. Aber darauf kann der sozialistische Gang der Dinge keine Rücksicht nehmen.

Und was ist mit den Millionen Nicht-Deutschen in Deutschland, den Ausländern, Migranten, Asylbewerbern, Schwarz- und Leiharbeitern, den Illegalen und Russlanddeutschen, die kein Deutsch sprechen, den ehemaligen «Gastarbeitern», die nie zurückkehrten und jetzt im Rentenalter sind? Einerseits längst Teil der deutschen Gesellschaft, sind sie andererseits bis heute Fremdkörper geblieben. Was bedeutet einem 18-jährigen Türken zum Beispiel der sechzigste Jahrestag der deutschen Kapitulation?

Mein eigenes Deutschlandgefühl hing allerdings von ganz profanen Dingen ab – zum Beispiel davon, ob ich gut geschlafen hatte, wie das Wetter war und welche Servicekraft gerade am Postschalter Dienst tat, wenn ich ein Einschreiben abholen wollte.

Da gab es Tage, wo sich der Optimismus wie von selbst einstellte – eine freundliche Sachbearbeiterin bei der Bank, ein gut gelaunter Weinhändler, der gerade eine schöne Flasche Moselriesling offen hatte und die Meldung, dass in einer weltweiten Untersuchung urbaner Lebensqualität Nürnberg deutlich vor New York rangiert. Na bitte. Da will man gar nicht mehr wissen, welche Kriterien hier angewandt wurden – ein hoher Lebkuchen-Faktor war sicher dabei. Trotzdem wird mir immer ein Rätsel bleiben, warum im innerdeutschen Wohlfühl-Ranking Agglomerationen wie Stuttgart, Dortmund, Hannover und Essen stets weit vor Berlin liegen. Nebbich.

Am Tag darauf aber nervt schon wieder die Dauerbaustelle vor der eigenen Haustür, während die Zeitungen den ökonomischen Niedergang des Landes derart unisono prophezeien, dass selbst der Cappuccino im «Einstein» bitter schmeckt. Wenn dann noch zwei Polizeibeamte, offensichtlich bereits auf dem gemütlichen Weg in den verdienten Feierabend, nichts Besseres zu tun haben, als mich beim Überqueren einer vielbefahrenen Straße an der grünen Fußgängerampel darauf hinzuweisen, dies sei ein Fußgängerüberweg und kein Radweg, ist es wieder so weit: «Typisch deutsch!», fluche ich in Gedanken, während ich denen, die mein früheres Ich «Scheißbullen» genannt hätte, lautstark einen schönen Feierabend wünsche. Prost Mahlzeit auch. Und schon war ich selbst wieder einer jener typischen Deutschen, die sich zu Recht inoffizielle Beschwerdeweltmeister nennen dürfen. Andererseits: So weiß ich wenigstens, wovon ich spreche.

Aber es war auch ein Problem, das sich gleich im ersten Kapitel offenbarte: Das Vorhaben, endlich einmal, gegen alle Gewohnheit, das wunderbare Deutschland zu loben, hatte mit nicht unerheblichen Schwierigkeiten zu kämpfen, objektiven und subjektiven gleichermaßen. Denn natürlich ist vieles kritikwürdig in Deutschland, und der Materialnachschub schlechter Nachrichten versiegt nie. Ganz objektiv.

Der subjektive Faktor aber wiegt kaum weniger schwer. Man ist kritisch, auch wenn man noch so positiv sein will. Optimistisch und der Zukunft zugewandt, das schon. Aber immer wieder tauchen Fragen auf: Wohin, wieso, weshalb? Das kriegt man nicht mehr raus, dieses in der Wolle gefärbte Kritikastertum, das unentwegte Rumgezweifle, das Ja, aber …

Da können die Motivationsgurus in den Mehrzweckhallen der Republik noch so oft über glühende Asche laufen – der Deutsche ist selbst noch in Zeiten fortschreitender medialer Verblödung ganz tief unten ein geborener Infragesteller, ein handgeschöpfter Kulturpessimist und bolzenbrechender Ikea-Kantianer. Immer fehlt etwas: hier eine Schraube, dort der Imbusschlüssel. Er ist einer, der mit dem Schlagbohrer tanzt und durch Betonwände will, am Ende aber doch erst mal ein Bier aufmacht. Ein nörgelnder Bumskopp vom Baumarkt, ein Besserwisser und Pedant, der im nächsten Augenblick die ganze Welt einreißen will, nur weil das Regal schief steht.

Vielleicht gibt es wirklich nur ein Rezept, daran etwas zu ändern: Selbsterkenntnis auf dem Umweg über eine Weltreise. Sie sollte Pflicht für alle Deutschen werden, forderte jüngst der Weltreisende Harald Schmidt, inzwischen bekennender «Deutschland-Fan». Er ist sicher: «Zehn Prozent kämen nicht mehr zurück, weil sie es woanders besser finden – und der Rest kommt über die Grenze und sagt ‹Danke, dass ich wieder rein darf›.»

Und von irgendwoher nahe der Elbe bei Hamburg-Altona

hörte man dann vielleicht noch einmal jenes Lied von Wolf Biermann, das lange vor dem Fall der Mauer entstand:

Und als wir ans Ufer kamen
Und saßen noch lange im Kahn
Da war es, dass wir den Himmel
Am schönsten im Wasser sahn
Und durch den Birnbaum flogen
Paar Fischlein. Das Flugzeug schwamm
Quer durch den See und zerschellte
Sachte am Weidenstamm
am Weidenstamm
Was wird bloß aus unsern Träumen
In diesem zerrissnen Land
Die Wunden wollen nicht zugehn
Unter dem Dreckverband
Und was wird mit unseren Freunden
Und was noch aus dir, aus mir –
Ich möchte am liebsten weg sein
Und bleibe am liebsten hier
am liebsten hier

aus: «Alle Lieder» von Wolf Biermann
© 1991 by Verlag Kiepenheuer & Witsch, Köln